"互联网 +"新形态立体化教学资源特色教材



# 中职语文名篇选讲

主　编　黄海燕
副主编　骆　丽　林　海
参　编　张义顺　吴章燕　谢陶生　王晓玲

中国轻工业出版社

图书在版编目（CIP）数据

中职语文名篇选讲 / 黄海燕主编. —北京：中国轻工业出版社，2024.1

“互联网+”新形态立体化教学资源特色教材

ISBN 978-7-5184-4592-9

Ⅰ.①中… Ⅱ.①黄… Ⅲ.①语文课—中等专业学校—教材 Ⅳ.①G634.301

中国国家版本馆CIP数据核字（2023）第203136号

责任编辑：张文佳　　责任终审：高惠京　　整体设计：锋尚设计
文字编辑：李金慧　　责任校对：晋　洁　　责任监印：张　可

出版发行：中国轻工业出版社（北京鲁谷东街5号，邮编：100040）
印　　刷：三河市万龙印装有限公司
经　　销：各地新华书店
版　　次：2024年1月第1版第1次印刷
开　　本：787×1092　1/16　印张：14.5
字　　数：290千字
书　　号：ISBN 978-7-5184-4592-9　定价：49.80元
邮购电话：010-85119873
发行电话：010-85119832　010-85119912
网　　址：http://www.chlip.com.cn
Email：club@chlip.com.cn

221698J3X101ZBW

# 序

黄海燕老师希望我为《中职语文名篇选讲》写篇序，得知该书是讲文本解读教学的，我就先说说文本解读。

去年，九年义务教育即小学、初中的语文新版课标颁布后，我在有关的培训讲座上，专题介绍了新版课标与文本解读的关系。我详细阐述了新版课标对文本解读的强化，介绍了新版课标最主要的新理念是“核心素养”，所有文理科目，核心素养重点都是三句话：正确价值观、必备品格、关键能力，前二句是各科公共的，第三句是各专业的，就语文学科而言，就是众所周知的听说读写能力。我认为，听说读写是基本能力，尤其是阅读是最基本的，也就是叶圣陶说的阅读是基础，但是，20多年前，在尚未课改的“大纲”时代，语文大纲的提法就只有“听说读写”，是一种不带倾向要求的中性表述。2001年开始的课改，出台的语文课程标准就带明确的倾向要求了，如“写”和“说”统称为“表达与交流”，也就是无论是书面的表达（“写”）还是口头的表达（“说”）都必须达到“交流”的目的，而不是漫说漫去，随写随去。再如“说”“听”，不是孤立地分开讲，而改称为“口语交际”，同样是听、说之培养必须达到“交际沟通”的效果，而不是漫说漫听，各行其是。而阅读呢，不再孤立称作“读”，而称作“阅读与鉴赏”，不是无目的、无要求、无倾向地随意读读，而是要达到“鉴赏”的目的。

以上说的还是旧版课标，新版课标呢，明显进一步强化了。早于2017年出台的高中新版课标，有关鉴赏的具体表述与要求，从旧版（2003年版）的不到50项，增加到近100项。九年义教课标，不仅数量翻一番，从旧版的15项猛增至40项，而且延伸到起始年级，即过去旧版课标，小学1～4年级的阶段目标，只一般性地提“阅读”二字，而去年出台的新版课标，从第一学段即小学一二年级开始，就明确表述为“阅读与鉴赏”，从娃娃抓起，就要求阅读时有明确的鉴赏意识，这无疑是非常重要的变化。鉴赏，实际就是我们这20年来常说的文本解读，区别只是，解读是比较学术性的语言，鉴赏或赏析，是比较普及性、通俗性的语言。如果按哲学一点，或者说与数理化各科共同的语言，就是“分析”，亦即过去我们国家培养、要求各方面人才必须具备的“分析问题、解决问题的能力”（语文新版课标，尤其是高中语文新版课标，“分析”一词也比旧版课标明显增多）。按操作性的语言，还有“文本细读”等。而用20世纪80年代涌现的老一辈著名特级教师于漪、钱梦龙等当年的语言，他们从解读、分析的结果的角度，多称为抓住作品的“特点、精妙”（钱梦龙）、“精要”（宁鸿彬），“拈精摘要”（洪镇涛），“讲出作品的精彩、精华、精要所在”（陈日亮、王立根），甚至像最著名的于漪先生，直指文学本源，直接用文艺理论的本位语言，就叫作“语言文字运用的奥妙”“语言的魅力”“思想的精髓”乃至要“穷尽其中的奥妙”。

特别是钱梦龙，2001年我采访他时，问他借班上课（即被外校请去上公开课，他是借班上课最著名的名师）上过多少节课？他想了想，说大约1000节（初听令人吃惊，细想想，半个月被人请去一次，一年就24次，每次就算上2节课，一年就48节课。80年代初至当年的2001年，20年，至少960节）。钱梦龙的课，当年以其深入浅出、举重若轻、精彩绝伦的教学设计著称于世。我特地请教他教学设计在教学中是不是第一位的。钱先生郑重其事地告诉我，不是的，不是首先是设计，而是首先要抓住作品的特点、精要，他还具体说过，早年备课，甚至一篇课文要反反复复看几十遍，才领悟到作品的特点，然后才是教学设计。这才是典型的名副其实的钻研教材。

这就是华东师范大学教授王荣生先生在其名著《语文科课程论基础》中说的“教学内容是第一位的”，也是课改中影响很大的重要理论。事实正是，如果教学方法是第一位的，那就数理化语数英，所有学科都寄挂在教育学科名下就好了。不是的。无论如何，教学内容是最重要的，第一位的。当然，教学方法、教学设计也极其重要，这是另外一个话题，这里不展开。

作为第一位的教学内容，于语文学科，就是文本解读。近20年，文本解读及其他的各种变身如“鉴赏”等，已成为基本理念，成为“大国”，成为无数教有成就者的共识。“解读为王”，不仅在大陆影响深广，而且广泛影响到我国台湾语文界，著名解读大师、福建师范大学教授孙绍振先生的解读专集，不仅在大陆重印高达23次，而且早年间网上购书不方便时，其有关古典诗词的一本解读专集送给台湾一位教师，转手间就被其台湾的“粉丝”拿去复印了几十本；我国台湾出版的两岸合编语文教材，请孙绍振担任第一主编，每一篇课文都由孙先生亲自解读，精彩的解读及其围绕解读所组编的丰富资料、教学设计使该合编教材成为广受台湾师生欢迎的特色教材。

文本解读不仅一二十年来，普及深入到普通中学，而且广泛影响到了中职领域的语文教学。一方面文本解读的历史潮流，浩浩荡荡；另一方面，它又绝非轻而易举，乃至殚精竭虑，不得其门而入。所以，我惊喜地看到了黄海燕老师及其团队撰写的《中职语文名篇选讲》。

解读之难，一是需要大量实践，二是需要科学方法。近20年的不断深入的语文课改（包括修订和推出新版语文课程标准，推出部编语文教材），大批高校著名学者，包括文艺理论的专家也深度参与了语文课改和文本解读，比如孙绍振、北京大学教授钱理群、学者王富仁、复旦大学教授陈思和、华东师范大学教授方智范、山东大学教授温儒敏、东南大学教授王宁等人。他们还推出了有关文本解读的方法，其中，孙绍振影响最大、成效最著。孙先生在完整解读了超过五六百篇中学课文的基础上提出了系统的解读方法，我在我的有关拙著中，归纳为孙氏十二法。其中，孙老师的还原法、换词法在中小学影响最大，使用者最多。

我高兴地看到，黄海燕老师团队撰写的这本《中职语文名篇选讲》生动地运用了这二法解读文本。

如书中的《归园田居》文本解读教例指出诗中的“误落尘网中，一去三十年”，陶渊明实际为官“十三年”，却有意“误写”成“三十年”，表现了心理时间的漫长，对官场的厌倦。这用的就是还原法，即还原作品所写对象的原生态，看看进入作品后，发生了哪些强化、弱化、排除等变异，以洞察作者的创作意图，发现作者要表达的情感思想。这里，本来是“十三年”，却强化、变异为“三十年”，由此可见陶渊明对官场的厌弃，一心归隐田园的决心。

该解读教例又指出，诗人为什么选择的是“落”而不是“入”？教例旁征博引地分析、解读后指出，“落”是被动承受的结果，“入”是主动发生的行为，可见陶渊明做官实际是不情愿的。这用的就是换词法，换一个词与作品原文比较，看看原作的表述好在哪里。自然，不是随随便便找一个词，就可以进行此换词法比较解读的，必须是很挨近的，要能比较出原文的好处，即比较出原文所用词句“非此莫属”者，才可用此法解读教学。这都得花时间、花功夫。前面的还原法亦如是，必须查找有关资料，弄清陶渊明实际做官多少年，才能实施这一还原法解读教学。

这样的例子书中很多，细读全书即可知悉。

书中还提到了我的“多元有界”观（即我根据北京师范大学教授童庆炳先生的《文学理论教程》引申出的“一千个读者有一千个哈姆雷特，但一千个哈姆雷特还是哈姆雷特”），并以《项链》的解读教学为例，作了详尽展示。文本解读首先是多元的，该书的《项链》教例，根据有关资料，列出了十几种主题说，此即多元；但又是有界的，十几种主题说中，影响最大的是“虚荣说”“命运说”“人性说”三说，这就是“界”，有主有次，并非十几种主题说等量齐观；又指出，“阶级斗争”说就显得牵强，这更是“界”，即此解读过度了，“越界”了。又如书中的《劝学》教例，有认为是比喻论证，也有认为是类比论证，该书明确认为主要是比喻论证（孙绍振老师解读此篇，认为最大的特色就是比喻论证），也就是各种观点不是平分秋色，不是不分对错，而是有是非、有标准，多元有界就是明确反对解读的无是非、无真理、无中心。

上面所举各例，有的涉及作品的内容意蕴（《项链》），有的涉及艺术表现形式（《劝学》），有的是内容意蕴与艺术形式（包括精妙词语）难以分割，融在一起（《归园田居》），文本解读就应如此，意蕴、形式皆有。用理论话语，就是我在有关拙著中反复提到的歌德名言：

> 内容人人可见，意蕴只有经过一番努力才能找到，而形式对于大多数人

是一个秘密[①]。

第一个“内容”指的就是表层内容，就是王富仁说的，好文章一看就懂。的确如此，选入中小学课本的名篇佳作，皆脍炙人口，正如老一辈特级教师欧阳代娜当年描述的，新课本一到，数理化课本没有老师讲看不懂，学生急着看的就是语文课本，如痴如醉，一口气，大半本看完了。但正如于漪先生当年批评的，学生“认为现代文一看就懂，不认真咀嚼，不体会文字运用的奥妙”[②]，所以需要老师教，需要教师的文本解读教学给予引导，需要如歌德说的，找到那两个秘密（深层的内容意蕴秘密和更大的形式秘密）。无疑，作为文学，作为文字构成的经典文本，最根本的秘密揭示，也是别的学科不负责而独由语文学科负责的，就是寻找“艺术表现形式秘密”。歌德的表述也表明了这一点，但是决不能唯形式论，内容意蕴、表现形式，二者不可偏废，甚至，由于大量经典文本、经典文学所深蕴的意义是其他文字作品无法替代的，我们只要领悟出其中的深刻意蕴就足够了，就像千百年来人们读《论语》，主要吸纳的就是其博大精深的思想。就黄老师寄给我的详细样章来看，该书兼顾了内容意蕴和表现形式，并未偏废。

更值得肯定的是，该书不是止于文本解读，而是转化为详明的教学操作，不仅运用了大学专家的解读方法，而且探讨了某一类作品的解读思路，尤其是教学内容和教学方法，正如黄海燕老师在前言中说的，凝聚了她和参编的高校教师、中职一线教师十几年的教学思考与研究心得。

综上，《中职语文名篇选讲》不仅是高校科研成果落地中职语文教学的有益尝试，就我有限的阅读，在中职语文教学研究领域，像这样既注重文本解读又具有很强可操作性的书并不多见，可以说是具有某种开拓性的创举，也是作为文本解读重镇的福建语文界的新成果。

赖瑞云<br>（福建师范大学教授）<br>2023年4月2日 于福州

---

① 伍蠡甫. 中国画论研究［M］. 北京：北京大学出版社，1983：255.

② 刘国正. 我和语文教学［M］. 北京：人民教育出版社，1984：22.

# 前言

新修订的《中华人民共和国职业教育法》（2022）第五章第四十五条提到“鼓励设立专门的职业教育师范院校，支持高等学校设立相关专业，培养职业教育教师”，福建技术师范学院是福建省唯一一所培养职教师资的应用型本科高校。该校的汉语言文学师范专业的培养目标是“能在城乡各类职业学校和其他文化教育机构从事语文教学、研究与管理工作的高素质职业教育教师”。本书注重把对文本的解读与职业学校的语文教学实际联系，促成师范生领会从普通读者向语文教师角色转变的门径，引导师范生把握将文本的“原生价值”转化为“教学价值”的方法，着力于师范生语文教学技能的提升，同时也给一线中职语文教师提供教学参考。

本书从中等职业教育国家规划语文教材（包括四个版本：高教社、人教社、语文社、外研社。四套教材均根据《2009年中等职业学校语文教学大纲》编写）中精选27篇课文，基本囊括了教材涉及的所有文体，并有选择性地选取不同时期、不同风格的作品进行个案分析，希望通过经典作品的分析，探讨某一类作品的解读思路与教学方法。

本书按照选文的文体分为三编：第一编是文学作品，共四章，分别为诗歌、散文、小说、戏剧；第二编是实用文；第三编是文言文。每一章有五个板块，第一板块是导语，结合中职语文课标要求与选文的文体特征，提出该类文体的阅读教学方法与策略，是总的理论分析与教学指导，是纲要，解决的是“这类课文该怎么教”的问题。第二、三、四、五板块是针对某一篇课文做个案分析与指导，解决的是“这篇课文该怎么教”的问题。其中第二板块是“课例综述”，了解“目前一线教师教了什么”，编写组从相关网站充分搜集并整理现有的教学设计、教学实录、教学课件、文本解读等资料，明确教学现状，梳理本课的教学内容，为后面的“教学建议”奠定思考的基点；第三板块是“教例展示”，呈现“优秀教师教了什么”，展示一线教师处理教学重难点的精彩课堂片段（“教学镜头”）、教学设计片段或教学思路，给读者提供示范参考（编者注：本书引用的优秀教例来自一线教师公开发表的论文文献，在此表示感谢）。第四板块是“教学建议”，探讨“可以教什么以及如何教”，针对本课的教学重难点，运用课程论和教学论的相关知识，并引入高校教师的研究成果，针对本课的教学提出可行性建议，既注重文本细读方法的引导，又注重课程论教学论层面的思考，切实地助力提升高校师范生和一线中职语文教师的教学技能。第五板块是“综合实践活动设计”，针对中职语文课标提出的培养学生的动手能力与实践能力的要求，结合中职语文的职业特点、学生的专业所长以及课程思政教育理念等，提供综合实践活动方案。

本书接受福建技术师范学院2022年度职业教育教材项目资助，也是2021年度福建省职业技术教育中心职业教育教改课题“高职本科师范生混合式职业技能训练模式研究与实践”（项目编号：GB2021026）、“中高本贯通培养下的语文一体化课程体系的建构”（项目标号：GA2021001）和福建省教育科学“十四五”规划课题“基于高校教学改革的‘雨课堂+微信公众号’移动学习模式实践研究”（项目编号：FJJKBK21-044）的阶段性研究成果。

本书由黄海燕（福建技术师范学院）担任主编，由骆丽（福建省邮电学校）和林海（福建技术师范学院）两位老师担任副主编，张义顺（福建技术师范学院）、吴章燕（福建技术师范学院）、谢陶生（福建技术师范学院）、王晓玲（福清元洪高级中学）四位老师参编。团队集合了教育界各个领域的有经验的教师，他们把多年积累的教学智慧和理论成果倾注笔端，才孕育了本书。

要特别感谢福建技术师范学院2020级汉语言文学专业的同学们，他们为书稿的撰写做了大量的前期资料整理工作。感谢福建技术师范学院参与示范朗诵的三位同学，2019级汉语言文学专业的陈樱滋朗诵了《荷塘月色》《劝学》两篇课文，2022级网络传媒专业的贾云鹏朗诵了《沁园春·长沙》《短歌行》《登高》《念奴娇·赤壁怀古》四篇课文，2022级汉语言文学专业的张鑫鑫朗诵了《六国论》。

另外，感谢福建师范大学文学院的赖瑞云教授在百忙之中为本书题序。感谢福建技术师范学院学前教育专业的陈飞旻老师为本书诗歌朗诵的配乐提供了宝贵建议。感谢福建技术师范学院奇异影视工作室的广播电视编导专业的同学们，他们负责为本书的朗诵视频进行录音与后期制作。感谢中国轻工业出版社的张文佳编辑以及其他编审老师，本书能如期付梓刊行，也离不开他们的辛苦付出。

黄海燕<br>2023年3月8日于融城五马山

# 目录

# 第一编

# 文学作品

日常生活中，人们总要量体裁衣，力求衣服合身得体，文学作品亦是如此，作家必须据文体创作，教师必须依文体教学，不能马虎。什么是“文体”？简单地说，文体就是文章的体裁。刘勰在《文心雕龙·定势》中指出：“夫情致异区，文变殊术，莫不因情立体，即体成势也。[①]”意思是作者会因情感和思想的差异选择不同的表达方式，并依托不同的文体形成不同的气势。著名文艺理论家童庆炳更明确地概括：“文体是指一定的话语秩序所形成的文体体式，它折射出作家、批评家独特的精神结构、体验方式、思维方式和其他社会历史、文化精神。[②]”可见，作者创作离不开文体的考量，教师也必须依文体实施教学。

本编选入的是文学作品，包括诗歌、散文、小说和戏剧四种文体。与实用文相比，文学作品在语言文字、结构形式、思想内涵上都有极高的审美价值。丹麦文学评论家勃兰兑斯对审美价值与实用价值、理论价值作了区分：“我们观察一切事物，有三种方式——实际的、理论的和审美的。一个人若从实际的观点来看一座森林，他就要问这森林是否有益于这地区的健康，或是森林主人怎样计算薪材的价值；一个植物学者从理论的观点来看，便要进行有关植物生命的科学研究；一个人若是除了森林的外观没有别的思想，从审美的或艺术的观点来看，就要问它作为风景的一部分其效果如何。[③]”文学作品的阅读教学应侧重审美价值的挖掘与感悟。

《中等职业学校语文课程标准》(2020年版)“中外文学作品选读”专题也提到“文学作品的阅读，应侧重于审美发现与鉴赏，要引导学生在阅读作品时充分调动联想、想象、思维、情感等心理因素和审美经验，逐步提高对审美对象的感知能力、理解能力和鉴别能力”。

文体不同，教学内容的选择就不同。教师必须具备文体意识，把诗歌教成诗歌，把散文教成散文，把小说教成小说，把戏剧教成戏剧。比如，诗歌教学要引导学生反复诵读，把握诗人的情感脉络，品味意境；散文教学要带领学生走进作者的内心世界，体悟作家独特的情感体验以及独特的言语表达形式；小说教学应注重文本细读，体会故事情节的安排、人物形象的塑造、主题思想的阐发；戏剧教学要注重戏剧冲突、人物形象和戏剧语言，把戏剧教学与小说教学区分开来。

---

① 吴世常. 美学资料集［M］. 郑州：河南人民出版社，1983：424.

② 童庆炳. 文体与文体的创造［M］. 昆明：云南人民出版社，1994：1.

③ 勃兰兑斯. 十九世纪文学主潮：第1卷［M］. 侍珩，译. 北京：人民文学出版社，1958：166.

第一章

# 诗歌

导 语

## ——把握诗歌的灵魂——意境

彝族有句谚语："诗歌就是语言中的盐巴。"盐巴是人类生活的必需品，诗歌也是一个民族不可或缺的，它凝聚了一个民族最精粹的东西。随着商业社会的发展与媒体资讯的发达，诗歌衰落迹象非常明显，但在学校教育知识体系中，诗歌有其不可替代的价值。"发展心理学认为，青少年的生理和心理成长过程，恰似人类发展过程的复演，诗歌在人类文明发展初期所起到的作用，恰恰也适用于青少年教育……儿歌对青少年成长的教育价值，就非常类似于孔子时代《诗经》对社会的教育价值。①"诗人王家新说："诗是一个民族心灵的呈现……离开了诗，我们就很难对学生进行真正意义上的心灵的启蒙。从多方面来看，诗，应是中学语文教学的重心所在。②"随着语文课程改革进程的推进，诗歌在中职（包括中小学）语文教材中占有越来越大的比重，诗歌教学必须承担起提高学生人文素养和审美素养的重任。

诗歌被称为"文学艺术之冠"，很多时候，教师面临的问题是：能看懂诗歌，但就是讲不出味道。诗歌教学如何找到适宜的、精准的教学内容，使诗歌教学真正具有"诗味"？这是每个语文老师必须思考的问题。

关于"什么是诗"这个问题没有满意的答案。诗人徐志摩说："诗是人世间的基本现象之一，同美或恋爱一样，不容分析，不能以一定义来概括的……只有各人自己体验去。你自身体验去，是唯一的秘诀。③"但可以明确诗歌的文体特征，这样才能依体教学，避免把诗歌与其他文体搞成一锅粥。

《诗歌十二讲》一书给"诗"下了简单的界定："诗是一种文艺体裁，它除借形象

① 郑桂华．诗歌阅读教学内容确定的关键［J］．语文学习，2012（04）：11-13.

② 王家新．让诗歌照亮语文教学——回答《语文建设》记者关于新诗教学的几个问题［J］．语文建设，2008（06）：8-9.

③ 肖向云．民国诗论精选［M］．杭州：西泠印社，2013：53-54.

集中地反映生活外，还要有饱满的感情与鲜明的节奏。[①]”“饱满的感情”与“鲜明的节奏”分别从内容和形式两方面把诗歌与其他文体区分开来，这大致是不错的。上海师范大学郑桂华教授则更加全面地谈到诗歌的本质：“诗歌阅读的主要目的，应该超越学知识的阶段，回归到诗的本质：情感体验、形象思维、节奏韵律、语言精致。[②]”下面，从诗歌的抒情本质、形象思维、节奏韵律、语言艺术四个方面谈谈诗歌的文体特征。

首先谈诗歌与抒情的关系。诗歌的本质是抒情，这是中国历代诗论者的共同信条。如果把情感比作水，那么诗就是盛满水的缸，正如英国诗人华兹华斯所说，诗是强烈情感的自然流露。当情满四溢时，诗情就迸发而出，文学作品往往离不开情感的抒发，但诗歌要求具有饱满的情感。现代诗人艾青曾谈到诗歌情感的特殊性：“作为诗，感情的要求必须更集中，更强烈；换句话说，对于诗，诉诸情绪的成分必须更重。[③]”当诗人的情感不可遏制的时候，他的诗才会具有震撼力和生命力。

实际上，中国古代诗歌还有一个“诗言志”传统，“诗言志”是中国诗歌理论的开山纲领。“诗言志”的表述最早出自《尚书·虞书·舜典》：“诗言志，歌永言，声依永，律和声。”其中的“志”字从字源上解释是“停在心里的，留在心里的”的意思，既可以理解成情感、情思（即“情”），也可以理解为思想、志趣（即“志”）。因为“志”字的内涵丰富，导致古典诗论中产生两种不同的观点：“诗言志”和“诗缘情”，后者产生于走向文学自觉的魏晋时期，西晋陆机在《文赋》中提出“诗缘情而绮靡”，他针对“言志说”提出诗的重点不在“言志”而在表达个人情感。

“诗言志”和“诗缘情”经常唱对台戏，“志”与“情”的确有不同的侧面，“志”偏指志向怀抱，“情”泛指人的喜怒哀乐等各种情绪。“言志”侧重表达文人修齐治平的志向怀抱，强调诗的教化功能，更多的是传承儒家思想的致用传统和服务于现实的精神；“缘情”侧重表达个人的喜怒哀乐，是诗人内在情绪的抒发，更注重感情的微妙曲折变化。朱自清强调两者的不同：“诗言志”关乎政教，“诗缘情”关注政罗教网之外的东西，“可见‘言志’跟‘缘情’到底两样，是不能混为一谈的”[④]。

但“志”与“情”真的是泾渭分明、互不相容的吗？也不尽然。周作人借用汉代《毛诗序》中的表述，“诗者，志之所之也。在心为志，发言为诗。情动于中而形于言”，他认为这里的“志”指“情志”，“志”与“情”两者本来就是一回事，“言志”与“缘情”可以相互浸渍。实际上，诗作为一种文学样式，既能表达治国平天下的远大抱负，也能表达个人的情感。中国传统文人的人生理想首先是“立德”“立功”，

---

① 徐有富．诗歌十二讲［M］．长沙：岳麓书社，2012：3.

② 郑桂华．诗歌阅读教学内容确定的关键［J］．语文学习，2012（04）：11-13.

③ 徐有富．诗歌十二讲［M］．长沙：岳麓书社，2012：4.

④ 朱自清．民国学术文化名著诗言志辨［M］．长沙：岳麓书社，2011：27.

最后才是“立言”，中国的文官制度使文人“学而优则仕”的观念根深蒂固，他们的诗歌往往带有政教色彩。所以，“言志”与“缘情”虽然表达的内涵不同，但是“两者都是通过人的内心所传递出来的情感，更何况，‘志’与‘情’两个方面除了艺术在生活中的表现外，对于人的精神层面来说，也是相互融通的”[①]。这表现的是古代文人的两种心态，即强调“理”与“情”的统一，也表达了传统诗人的双重人格，一方面是作为政治参与者的责任感，一方面是作为自然人的情感。“‘言志’与‘缘情’是不同的两面，但其统一，才构成了一个诗人的‘庐山真面目’”[②]。

因为有“诗言志”传统的存在，中国诗歌常常将情（情感抒发）、事（事件片段）、理（人生哲理）融合在一起。苏轼的《念奴娇·赤壁怀古》描绘大好山河，咏叹英雄人物的宏伟业绩，但“江山如画”“小乔初嫁”都是虚景，苏轼表达的是他对人生意义的深层思考，年少有为的周瑜早已成为过眼云烟，“我”近五十年来四处奔波，早生华发，“多情”者，仍执着于功名，岂不是自作多情？这其中有对自己年华虚掷而功业无成的幽怨，有对韶华易逝、青春不再的人生感慨，也有对摆脱名缰利锁获得精神解脱的渴望。这首词是情、事、理三者融合的佳作，堪称千古绝唱。

所以，一首诗歌的所言之志和所抒之情需要从不同层面上把握。时代背景、诗人的个人情感或政治抱负与诗歌的文学性需要依据文本细加考量，学者刘智毅谈到两种不同的解读思路，“缘情之异于言志，在于后者更多依赖时代的共鸣，用宏大的历史概念整合文学的各条分支，沿着‘时代—文学—文学家’的思路向下切入；前者则需要细化考量抒情者的主体性，从文学家个人的视角对其潜在抒情发生同感，沿‘文学家—文学—时代’的路径向外突出”[③]。

教师需要特别注意的是，不要因为偏重诗歌的思想意义，把诗歌课教成思想政治课。要从审美的层面引导学生进入诗歌，真正把诗歌当成诗歌来教，不能忽视诗歌本身独特的审美价值和艺术内涵。

再谈诗歌的形象思维。“形象思维”是用具体事物的形象来表达抽象的思想感情。诗歌的本质是抒情，诗人最主要的思维方式是情感性的形象思维，诗人把难以直言的情感寄寓在具体可感的事物上，让抽象的东西具体化、形象化。这自然联系到“意象”和“意境”这两个诗学概念。首先说“意象”，“意象”是中国诗学中最重要的术语之一，源自《易经》的“圣人立象以尽意”。“意”指诗人的主观情思，“象”是“意”的客观对应物，“意象”是主观情思与客观物象的结合。意象即表意之象，是创作主体将情感与观念移入客观物象，形成的一种艺术形象。因为景物融注了作者的情感和思想，所以，景物实际上是作者心境的物化和感情的载体。作者创作时以心

---

① 夏燕靖，张婷婷. 中国古典艺术理论体系建构研究（上）[M]. 北京：中央编译出版社，2018：250.

② 谢谦. 国学词典 [M]. 北京：中国人民大学出版社，2018：411.

③ 陈思和，王德威. 史料与阐释 总第5期 [M]. 上海：复旦大学出版社，2017：165.

迎物，根据自己的主观情志去选择、驾驭甚至重塑了这些自然景物，这种融入了作者主观情思的客观物象，就是意象。面对相同的物象，作者的主观情感不一样，所创造出的意象就会不一样，所谓“一切景语皆情语”。比如《沁园春·长沙》中的湘江秋景图，一扫古典诗歌的悲秋气息，开启颂秋新气象，诗人选择的物象与杜甫《登高》中的物象就不一样。“意象的基本规定就是情景交融。用今天的话来说，意象就是一个包含着意蕴于自身的一个完整的感性世界”[①]。

关于“意境”，有一个大众的定义，诗歌的意境就是诗人的主观世界与客观世界在诗歌中结合交融所形成的艺术境界。意境是诗歌中融入诗人所抒之情、所言之志、所说之理的艺术境界，说通俗一点，就是句中有余味，篇中有余意，读者可以通过诗人已抒之情和已写之景，玩味所抒之情，想象未写之景。因此，意象与意境是有区别的，北京大学教授叶朗谈到，意境除了一般的规定性（情景交融）之外，还有自己特殊的规定性，“境”也是“象”，但它是“象外之象，景外之景”，“境”是“象”和“象”外虚空的统一。所谓“意境”，就是超越具体的有限的物象、事件、场景，进入无限的时间和空间，从而对整个人生、历史、宇宙获得一种哲理性的感受和领悟。“这种象外之象所蕴含的人生感、历史感、宇宙感的意蕴，就是‘意境’的特殊的规定性。[②]”有意境的作品与一般艺术作品的区别在于，它要超越具体的事物和事件，从一个角度揭示整个人生的意味。

学者张少康认为诗歌意境构成内容不同，有的以写物为主，有的以写情为主，有的以写意为主。王昌龄《诗格》中有物境、情境、意境三境说，实际上，王昌龄所说的三境都是意境。“物境”指以客观地描写景物来构成的意境，即近代学者王国维所说“无我之境”；“情境”指以抒写诗人感情状态而构成的意境，是一个意念空间，即王国维所说“有我之境”；“意境”指以内心意念来构成的境界，三种意境构成内容不同，但都给人以无穷遐想的艺术空间[③]。晚唐诗人司空图说的“象外之象，景外之景”，第一个“象”和“景”是实的，第二个“象”和“景”是虚的，是由实的景象启发而产生于读者的想象之中的。虚的部分是无法具体描绘的，它必须依靠实的部分的比喻、暗示、象征来呈现，虚实结合才能构成生动的艺术意境。

美学家朱光潜说：诗的境界是理想境界，是从时间与空间中执着一点而加以永恒化与普遍化。“诗的境界在刹那中见终古，在微尘中显大千，在有限中寓无限”[④]。诗歌的最高美学层次是意境，意境是诗歌创作所追求的最高艺术目标。

需要注意的是，很多教师的诗歌教学流于表面，常规的诗歌教学流程都有，但往

---

① 叶朗．说意境［J］．文艺研究，1998（01）：16-21.

② 叶朗．说意境［J］．文艺研究，1998（01）：16-21.

③ 张少康．论意境的美学特征［J］．北京大学学报，1983（04）：50-61.

④ 朱光潜．朱光潜美学文集 第2卷［M］．上海：上海文艺出版社，1982：50.

往缺乏打动人心的力量，根本的原因之一是缺乏对诗歌文本的深度解读。诗歌是抒情的艺术，把握诗人的情感脉络应是解读诗歌的关键。引入“意脉”这个概念探讨如何把握诗人的情感，“意脉”是孙绍振提出的概念。意脉即作者的情感脉络在文本语言层面的表现，意，既有作者感觉层面的因素，又有思维层面的因素；脉，则是作者情感思维在文中曲折、矛盾、隐秘的表现。“意脉分析的要害是把思想、情感作为一个发展、转化的过程，曲折转化的临界点，就是关节点，有了多个关节点，就可以看出文章的思绪不是一个静止的、僵化的、固定的平面”①。单独孤立的意象不足以表现情感特征，故意象往往以群落的形式出现，而情感的运动则隐于意象群落之中，此谓意脉。情感有了运动变化：第一，更能显示出不可重复的、唯一性的特征；第二，情感有了节奏感。因而意脉的变化、起伏、显隐，是形象的生命所在。一望而知的只是显性的表层，只有通过专业地对意脉运动的具体分析，才能洞察其隐性的情感节奏②。品读李白的《将进酒》，需要从首联逐句分析，注重把握诗人多次的情感变化，从而理解诗人悲喜交织的复杂情感。杜甫的《登高》也需要逐句解析，把握诗人的情感脉络，体会诗人“沉郁顿挫”的诗歌风格。

第三，诗歌的节奏韵律。具有鲜明的节奏是诗歌形式上区别于其他文体的最主要特点。“节奏”本是音乐术语，诗歌创作中有规律地运用语言会形成诗歌的节奏，主要表现在押韵、大体整齐的语言形式、有规律地使用声调以及运用某些修辞手法等方面。诗与音乐关系最接近，故“诗”与“歌”并称，中国很多古诗词配有音乐，歌词要求有韵脚、旋律，句式相对整齐，形成一种有规律的变化，便于感受、记忆以及口头流传。诗歌是声音的艺术，诗歌的节奏韵律与内在的音乐性结合在一起。朱光潜说：“诗是具有音律的纯文学。”因此，在诗歌教学中不妨训练学生掌握朗读的技巧，读出节奏，感受诗歌的形式美。

第四，诗歌的语言艺术。诗歌的语言是最凝练的，具有反常规性，诗人为了抒发饱满的情感，往往打破常规，使语言具有表现力，最大限度地激活词语的潜能。散文、小说、戏剧剧本的语言遵循字词句的语法规范表情达意，符合通常的表达习惯，诗歌则不同，为了更好地表达诗人难以传达的幽眇之思和音乐美，它往往偏离语言的规范，如语序变换、词性活用、词语省略等。如李商隐的《无题》中的诗句：“春心莫共花争发，一寸相思一寸灰。”“相思”不能以尺寸计量，“灰”也不能与“一寸”这个数量词搭配，但诗人用了，读者也认可，而且觉得用得很妙，因为这能将幽居女子爱情上的伤痛丝丝入扣地表现出来，规范的用语达不到这种偏离的效果。戴望舒说：“情绪不是用摄影机摄出来的，它应当用巧妙的笔触描出来。这种笔触又须是活的，千变

---

① 郭跃辉．还原文本［M］．广州：广东高等教育出版社，2017：105．

② 孙绍振，孙彦君．文学文本解读学［M］．北京：北京大学出版社，2015：202．

万化的。[①]”诗歌的语言越能调动读者的想象，越有质量。但诗歌的想象性与语法往往存在着矛盾，比如马致远的《天净沙》中几个名词意象并列，连介词和谓语动词都没有，但不妨碍读者在脑海中把它想象成一幅图画。如果把句子成分补全了，反而妨碍诗意的完整，孙绍振认为，“正是由于意象浮动，不确定，才有利于诗人和读者的自由想象双向互动……这就叫作‘意象密度’。密度越大，越是精练。[②]”诗歌是一种语言的艺术，很多教师教学诗歌偏重于“意义”，忽略语言本身，或关注某种思想结论，忽略审美过程本身。诗歌的意义不是抽象的，而是和语言结合在一起的，诗歌的语言不是简单的交流工具或手段，它本身具有独立的审美意义。文学语言的特性在于它是一种“自主符号”，这种语言创造出它自身的“现实”。法国诗人瓦雷里曾说，散文是走路，诗歌是舞蹈，走路有目的地，即功利目的，舞蹈以本身为旨归。

总的看来，与其他文体相比，诗歌在情感的抒发、意境的营造、节奏的处理、韵律的生成、语言的凝练等方面都有独特之处，诗歌教学应关注诗歌的这些文体特征，以免与其他文体教学相混淆。

① 舒静庐. 雨巷诗人戴望舒作品精选［M］. 东营：中国石油大学出版社，2017：88.
② 孙绍振. 名作细读 微观分析个案研究［M］. 上海：上海教育出版社，2009：8.

# 《短歌行》：感受不一样的曹操

朗诵视频

曹操（155—220），字孟德，小名阿瞒。汉献帝时任丞相，封魏王，谥号“武王”。沛国谯县（今安徽亳州）人，汉末杰出的政治家、军事家和文学家。文学上，他一反两汉传统，诗文慷慨沉雄，开建安诗文风气之先。

《短歌行》是一首脍炙人口的四言乐府诗，全诗通过宴会的歌唱，以沉稳顿挫的笔调抒写了诗人求贤若渴的思想和统一天下的雄心壮志。这首诗是政治性很强的作品，政治内容和意义完全熔铸在浓郁的抒情意境中。全诗内容深厚，庄重典雅，感情充沛，准确而巧妙地运用了比兴手法，达到寓理于情，以情感人的目的，历来被视为曹操的代表作。

## 课例综述

从公开发表的40多个课例（包括课堂实录、教学设计、课文解读等）可以看出，《短歌行》的教学基本从知人论世、主题探究、艺术特色等方面展开，具体如下。

### 1．知人论世

介绍曹、刘、孙三分天下的时代背景，回顾学生初中学过的曹操的《龟虽寿》《观沧海》等诗歌，从政治家、军事家、文学家的身份介绍诗人。关于本诗的写作时间，多数教师采用本诗写于建安十四年至十五年间的说法，强调赤壁之战后曹魏政权内外交困，曹操急需贤才共谋大业。借助知人论世环节可以帮助学生了解诗歌的创作背景。

### 2．主题探究

引导学生将本诗划分为四个部分，分析每部分“忧”字内涵。第一部分从“对酒当歌”到“唯有杜康”。第二部分从“青青子衿”到“鼓瑟吹笙”。第三部分从“明明如月”到“心念旧恩”。第四部分从“月明星稀”到“天下归心”。这四个部分从忧“去日苦多”到忧“青青子衿”，从忧人才“何时可掇”到忧何时“天下归心”，进而明确本诗“忧”的主题。

### 3．艺术特色

关于艺术特色的教学，多集中在引用、用典、意象等手法上。

引用：引用《诗经·郑风·子衿》中的“青青子衿，悠悠我心”表达对贤才长久的渴望。引用《诗经·小雅·鹿鸣》中的“呦呦鹿鸣，食野之苹。我有嘉宾，鼓瑟吹笙”想象贤才来到诗人身边，诗人盛情款待贤才的场面。

用典：借用“周公吐哺”的典故，表达自己和周公一样求贤若渴，重视人才。

意象：主要抓住“酒”“朝露”“明月”“乌鹊”这四个意象解读赏析。

## 教例展示

### 教例一：对不同类型的诗歌进行比较阅读

将《短歌行》与《归园田居》（其一）进行比较阅读，两首诗形式不同，风格不同，感情的强烈程度与思想差异也很大。中职语文教材一般都会选编这两首诗歌，按照时间顺序一前一后编排，这也给学生提供了比较阅读的机会。学生学完《短歌行》后，带着对四言诗、对曹操的理解学习陶渊明的五言诗——《归园田居》（其一）。

不少教学设计将两首诗歌进行比较阅读，引导学生分析诗歌情感、风格、思想的不同。通过比较可以发现，两首诗感情一“浓烈”一“深邃”，风格一“重”一“清”，思想一是求贤若渴，劝人建功立业，二是淡泊名利，主张远离官场，回归田园。表面上矛盾，实质上却相互补充。在诗歌比较阅读中拓宽学生的文学视野，培养文化思辨能力，提高学生的语文能力，加深对人生意义的理解与感悟。

（参考文献：徐婷. 两种诗风、两种人生向往的并美交辉——曹操《短歌行·对酒》与陶渊明《归园田居》（其一）的两点比较［J］. 名作欣赏，2014（35）：93-94.）

### 教例二：诗歌原版与删减版比较

这首诗的情感有忧有喜，忧喜交织，不少人读起来有不顺之感。唐代欧阳询特意将这首诗进行了删减。教师引导学生对两个版本的诗歌进行比较。

**教学设计片段**

《短歌行》

对酒当歌，人生几何！譬如朝露，去日苦多。
明明如月，何时可掇？忧从中来，不可断绝。

月明星稀，乌鹊南飞。绕树三匝，何枝可依？
山不厌高，海不厌深。周公吐哺，天下归心。
（编者注：以上为欧阳询的删减版）

通过对比，学生发现欧阳询删去了描写欢乐心情的诗句：①慨当以慷的直接抒情；②鼓瑟吹笙的欢聚畅饮；③契阔谈讌的热闹非凡；④天下归心的胸襟抱负。还删掉了诗歌中激情满怀、心情愉快的宴客和畅谈的部分。学生经过讨论认为删除以后诗人求贤若渴的情意淡了，慷慨激昂的诗味薄了，天下归心的形象弱了。

（参考文献：吴传松.《短歌行》第二课时教学设计[J]. 学语文，2021(01)：34-35.）

以上两个课例都是诗歌比较阅读，一个是不同诗歌的比较，另一个是同一诗歌不同版本的比较。诗歌比较阅读是加深学生对诗歌主题、艺术手法感受的有效途径，比较中要注重选择有可比性的两首或多首诗歌，如同一时代不同诗人的作品比较，同一主题不同诗歌的比较，同一诗人不同时期的作品比较，相同意象在不同诗歌中的运用比较等。比较的内容要具体、针对性强，不必面面俱到。如果能将新学的诗歌与学生之前学过的作品比较，不仅能温习旧学，还能加深对新学诗歌的理解。

## 教学建议

### 一、介绍作者及创作背景，引出教学重点

作为一位历史名人，曹操对于学生来说并不陌生，通过“说说你所认识的曹操”这个话题导入，创设交流氛围，鼓励学生畅所欲言。可能受小说《三国演义》、影视作品等影响，学生对曹操的印象较为概念化、扁平化，多简单地认为他是生性多疑、奸诈狡猾的一代枭雄。教学中要让学生领略曹操作为文学家的杰出才华、作为政治家的雄图大志以及积极进取的人生态度。这首诗以乐府古题创作，其创作的年代有多种说法，最早的是建安十三年（208年），晚的是建安二十一年（216年），最早与最晚的两个年代对应曹操的年龄分别是53岁和61岁，都属于曹操的晚年。

教学中请学生初读诗句，结合课前预习和课文注释，猜测本诗是创作于曹操青年、中年还是晚年时期，并说明原因。教师在学生回答的基础上强调，曹操写这首诗时已近花甲之年（或已过花甲），虽然已经平定北方，但没有安于现状，而是始终希望自己能统一天下，正如他在《龟虽寿》中所吟诵的：“老骥伏枥，志在千里，烈士暮年，壮心不已。”诗人远大的抱负、豪迈的气概、奋斗的热情使《短歌行》跨越两千多年依然激励人心，鼓舞后世。诗中昂扬向上的人生态度具有很强的思政育人价值。通过知人论世这一环节，加强对学生的思政教育，引导学生感受曹操的志向和追

求，鼓励中职生志存高远，坚定人生信念，用奋斗装扮青春，使自己成为高素质劳动者和技术技能人才。

## 二、把握重点字词，读懂诗句内容

借助课文注释，学生基本能掌握诗句大意，教学中要关注重点诗句和易错知识点。

**1．唯有杜康的“唯”字写法**

此处是“学考”（中职学校学业水平考试）默写考点，需强调此处不是“惟”。注意“去日苦多”“青青子衿”“慨当以慷”“越陌度阡”“枉用相存”“契阔谈䜩”“何枝可依”等诗句的翻译。

**2．比喻**

把人生比作“朝露”，形容时光短暂。“明明如月，何时可掇”一句用明月难以摘取比喻贤才难得。“月明星稀，乌鹊南飞”比喻贤才投主，“山不厌高，海不厌深”比喻渴慕多纳贤才。

**3．引用**

“青青子衿，悠悠我心”一句引自《诗经·郑风·子衿》，原文是“青青子衿，悠悠我心。纵我不往，子宁不嗣音”，诗人引用第一句表达对贤才的渴望，有意省略了“责怪”贤才不主动投靠的后句。“呦呦鹿鸣，食野之苹。我有嘉宾，鼓瑟吹笙”引自《诗经·小雅·鹿鸣》，表达礼遇贤才的态度。典故的运用是诗人表现思想的重要方式，如果只单纯指出诗句出处，学生只能停留在对“典故”这一词语的认知，难以将典故与诗歌主旨联系在一起，也就体会不到引用的好处，教师要引导学生领会典故的深层含义。

**4．意象**

分析诗歌意象中蕴含的情感。“子衿”表达对贤才的思慕，“鹿鸣”表明礼遇贤才的态度，“明月”倾诉人才难得的苦恼，“乌鹊”抒发对贤才的诚挚期待。

## 三、梳理诗歌结构，感受诗人愁绪

《短歌行》用四个章节阐述了作者对人才归顺的渴望和完成南北统一霸业的期望。

第一章节是前八句，诗歌的前四句“对酒当歌，人生几何？譬如朝露，去日苦多”，以反问的形式描绘了一边喝酒一边感叹的场景，表达了作者人生苦短的感慨。后四句“慨当以慷，忧思难忘。何以解忧？唯有杜康”，写席上歌声激昂，而现实的状况却让人忧心，加之未来还有很多的不确定因素，使得悲伤涌上心头。用什么可以排解此时心中的忧愁呢？只有饮酒可以获得暂时的解脱。

第二章节是第九句至第十六句，这八句话表达了作者对人才的渴望，与前面内容相呼应，解释了诗人借酒浇愁的原因。

第三章节是第十七句到二十四句，前四句“明明如月，何时可掇？忧从中来，不可断绝”，作者将明月比作人才，进一步说明对人才的渴望，人才就像是明月，高不可攀，不知道什么时候能将他们招揽过来。一想到这种现实，诗人心里感到无比惆怅。而后四句“越陌度阡，枉用相存。契阔谈谎，心念旧恩”，作者从幻想的角度，想象众多朋友和人才，通过纵横交错的小路，与诗人欢聚在一起，饮酒畅谈，重温往日的恩情。现实与幻想结合，表达出作者的急切心情。

第四章节是最后八句，作者描绘乌鹊南飞时绕树的场景，把乌鹊比作人才，许多有才华的人也不知道该怎么选择自己的道路。作者想对那些寻找“明主”的贤才说，请来归附于我，我现在如周公般求贤若渴，一定会礼贤下士，重用人才。

贯穿四个章节的情感主线是反复出现的“忧”字，全诗表达三个方面的“忧”。

一忧人生苦短（譬如朝露，去日苦多）；

二忧贤才难得（青青子衿，悠悠我心）；

三忧功业未成（周公吐哺，天下归心）。

对人生苦短和贤才难得的“忧”合力指向第三个“忧”。希冀生命长久、人才云集是为了能统一天下。从字数上看，这三“忧”中篇幅最多的是“贤才难得”。对于人才的渴求是诗歌的主旋律，作者希望贤才能归附于自己，并表示对待贤才一定会礼遇有加，要“鼓瑟吹笙”地欢迎。但贤才难得，如同“明月”，故而转向那些离开自己的旧相识，期待他们能“心念旧恩”再次回到自己身边，实现平生志向。

## 四、感受豪迈情感，强化思政育人

（1）早于曹操的其他作家作品，比如《古诗十九首》，当写到人生苦短时，常常劝导人们及时享受，实际上是消沉的无奈之举。当曹操意识到人生“去日苦多”时，并没有延续前人“为乐当及时，何能待来兹[①]”的化解途径，而是走向了积极面，即抓住光阴建功立业，实现抱负，不虚此生。在《短歌行》中，人生不是因为享乐才不至于虚度，而是因为努力奋斗，执着追求，实现生命的价值才有意义。这种对待“人生苦短”的豪情也影响了后世的文学创作，教学中应该强调《短歌行》中积极的人生观。

---

① 朱祖延. 引用语大辞典增订本［M］. 武汉：武汉出版社，2010：243.

（2）诗人直抒胸臆，饱含深情地表达对人才的渴望，即使是“一代枭雄”也需要人才辅佐，可以说整首诗就是一封真诚的“求贤令”。教学中启发学生认识到无论哪个时代，人才都是社会极其宝贵的资源，青年阶段正是人生成长的关键时期，一定要珍惜光阴，学好知识，苦练本领，增长才干，让自己成为有一技傍身的有用之才。

（3）本诗结尾用周公典故，表达渴望天下一统的愿望。诗人用“归心”而不是“归一”的表达，说明曹操渴望的不仅仅是地理疆域上的一统，而是民心的归顺，得民心者得天下，民心的归顺才是真正的统一，这体现了曹操作为政治家的远见卓识。

## 综合实践活动设计

### 活动方案一：编曲唱诵

结合学生专业特长，让有音乐基础的学生参与诗歌编曲，以自己理解的方式诠释诗人的情感。

### 活动方案二：有感情诵读

在充分领悟诗人情感的基础上读好诗句的重音、停顿、节奏、语气，读出诗歌传达的情感，录制诵读（音）视频，上传到学习平台，班内交流学习。

### 活动方案三：曹操诗歌交流会

搜集曹操的诗歌，自行查阅诗句内容，按照主题分类，撰写阅读心得，小组内交流学习。

# 《归园田居》（其一）：从质朴的语言中品出“诗味”

陶渊明（365？—427），东晋诗人，字元亮，后更名潜，江州寻阳柴桑（今江西九江）人。出身于没落的官僚家庭，自幼博览群书，有济世之志。曾任江州祭酒、镇军参军、彭泽县令。41岁，出任彭泽县令仅八十余日，因不愿折腰媚迎督邮，辞官归隐，躬耕田园，谥为“靖节”。他开创了田园诗一体，其清淡自然的风格，情与景会、意与境合的艺术境界，对后世产生了深远影响。

《归园田居》是陶渊明的组诗作品，一共五首，本文为第一首。诗歌从对官场生活的强烈厌倦，写到田园风光的美好动人，农村生活的舒心愉快，流露出一种如释重负的心情，表达了对自然和自由的热爱。陶渊明是中国第一位田园诗人，其诗自然、平和、淡雅、深刻，可谓“初看若散缓，熟看有奇句”（苏轼评）。

## 课例综述

从搜集的课例看，一线教师关注的重点内容有诗歌主题、艺术特色两个方面，归纳如下。

### 1. 诗歌主题

对《归园田居》（其一）的主题探索主要从三个角度展开，一是表达对田园生活的由衷喜爱，以及摆脱官场羁绊后的欢欣愉悦；二是表达诗人的田园情怀和表现追求自由独立的精神品格；三是表现作者反抗黑暗，辞官归田，不与世俗同流合污的精神。

### 2. 艺术特色

关于本诗的艺术特色主要从三个方面分析。

首先从写法上看，诗人勾画出一幅恬静幽美、清新喜人的图画，向人们展示了一位清高孤傲、向往田园、淡泊名利的高洁之士的形象。

其次从内容上看，作者将官场比作尘网，生动地描绘了既拘束又黑暗的官场生活。自从辞官归田之后，诗人非常享受田园生活的乐趣，他纵情于自然，渴望没有官场纷扰的生活。

最后从语言上看，该诗语言朴实自然，不见丝毫雕饰，表现出陶诗平淡醇美的艺术特色。

## 教例展示

### 教例一：通过诵读特定诗句感受诗人情感

学生诵读“误落尘网中，一去三十年”后教师范读，对比师生诵读中“重音”的不同，在此基础上分析这句诗的情感。

**教学镜头**

**学生活动** 齐读“误落尘网中，一去三十年”。

**教师范读后发问** 我朗读的版本跟你们有什么区别？

**学生** 老师更强调“三十”这个词。

**教师** 我为什么会用重音和节奏强调“三十”？大家看教材注释提供的两个解释：一是“三十”是“十三”之误，二是这是虚指多年。（教师呈示朱光潜的研究，朱光潜认为陶渊明仅仅做了几年官。）

**教师** 很反常啊，同学们不觉得很反常吗？几年做官要说成“三十”年。

**教师设问** 短短几年，为什么会有那么“漫长”的表达？

**教师启发** 时间有两类，一类是物理时间，一类是心理时间。

学生会较快认知到，“三十”实际上表达的是陶渊明身处官场的无聊无奈、漫长难挨的情绪。

**教师** 同学们看，我们抓住一个看上去普普通通，实际上有点反常的地方，仔细体味，发现里面充满了复杂的情思，这样诗味就被我们慢慢琢磨出来了。

（参考文献：李奇．诗味从哪里来——《归园田居（其一）》创新教学设计［J］．教育教学论坛，2021（19）：37-39．）

### 教例二：通过角色扮演创设情境，走进诗人的内心世界

教师引导学生扮演不同的角色（如小孩、农夫爷爷、家人……）与陶渊明对话，让学生在角色扮演中理解诗人的情感。学生与同桌、前后桌同学合作分工扮演不同的角色，在立足文本的基础上发挥想象，完成对话设置，展示对话过程。

**教学镜头一**

陶渊明归隐路上遇到乡间小孩，与之对话。

**小孩** （疑惑状）爷爷好呀，您是从哪里来的呀？我怎么没有见过您呢？

**陶渊明** （微笑着）小朋友你好呀，我是从“尘网”“樊笼”归来的哦。

**小孩** （疑惑状）爷爷，我没听懂。

**陶渊明** （哈哈笑）小朋友，爷爷以前是个做官的，现在呀，终于可以和你一样在这田野上散步了。

**教学镜头二**

农夫爷爷与陶渊明对话。

**农夫爷爷** 渊明啊，歇会吧，吃个俺家里种的香瓜吧！

**陶渊明** 谢谢，田园里的瓜真甜啊。

**农夫爷爷** 你说你呀，放着好好的官不做，非要回来吃这份苦，哎，何必呢。

**陶渊明** 没办法呀，“少无适俗韵，性本爱丘山”，“守拙”也是一种幸福吧！

**农夫爷爷** 我听不懂哦，你不后悔就好，中午来我家吃饭吧，我和老婆子挺喜欢你们一家人呢！

**陶渊明** 谢谢，不用了。家里应该已经烧好饭了，您看我家那袅袅炊烟……

（参考文献：朱永红，陈红.《归园田居（其一）》的情境化教学［J］.中学语文教学参考，2021（12）：49-50.）

角色扮演有助于调动学生的学习兴趣，学生在设计对话过程中走进人物的内心世界，从而加深对诗歌情感的理解，这是一种很好的教学尝试。但要注意的是不能仅停留于扮演的形式，教师可挑选典型对话，启发学生分析对话内容是否符合人物身份和情感，如农夫爷爷的年龄设置是否合适？陶渊明对农夫爷爷吟诵诗句是否符合真实场景？对话过程能否体现陶渊明的人生追求？

## 教学建议

陶渊明的诗歌语言平淡质朴，学生在阅读中很难感受到陶诗的艺术魅力，好懂但不知道好在哪里。教师应该通过分析关键字、典型意象等方法引导学生感受陶诗“质而实绮，癯而实腴”（苏轼）的艺术特点，发现诗歌丰富的意蕴，感受“诗味”。

## 一、从诗眼着手，串联诗歌内容

以“归”字为核心研读课文。诗句题目为《归园田居》，本诗围绕“归”字展开，正确读法：归//园田居。据记载，“园田居”是陶渊明住宅的名字。根据诗眼“归”字可设计以下问题：从何而归？为何而归？归向何处？归去如何？

学生已学习过陶渊明的《桃花源记》，教师可温故导入，通过辨析“桃花源”的虚构性特点，引出陶渊明的人生经历、所处的时代背景，特别是陶渊明最后一次辞官“不为五斗米折腰”的故事，帮助学生了解诗歌的写作背景，结合第一句“少无适俗韵，性本爱丘山”的讲解回答“归”有关的问题，从何而归？（从官场生活中归来）为何而归？（厌恶官场）归向何处？（归向田园）归去如何？（身心自由）

## 二、借助关键词，感受质朴中的“诗味”

### 1．关键词“落”

不少学生在课后背诵《归园田居》（其一）时，将“误落尘网中”中的“落”背成“入”。教师针对学生易错点发问，诗人为什么选择的是“落”而不是“入”？“落”和“入”有何不同？经过思考和讨论，学生隐约感到“落”有被动的意思，“入”是主动的，但无法证明这个看法。教师抓住“愤启悱发”的关键时刻，从造字本义、词语搭配、诗人生平、词语对比等四个方面引导学生。

首先，从造字本义上看，“落”是“艹”头，本义指树叶掉下来、往下降。树叶掉落，随风飘散，“落”的地方、方式有被动、不受控制的意思；“入”为指事字，最初写为“内”，指用锋利尖锐的楔形符号刺入物体内部，“入”的主体需主观有意识地用力才能实现目的，“入”含有主动为之的意思。

其次，从词语搭配看，在“名落孙山、自由落体、落难”等词语中，“落”的结果往往是不好的但又是无法回避的，主体要被动承受“落”的结果。在“登堂入室、破门而入、入木三分”等成语中，“入”的主体是主动的，目的明确。《归园田居》（其一）开头点明做官实属无奈：“少无适俗韵，性本爱丘山”。正因为“爱丘山”不是“爱做官”，辞官归隐田园后的陶渊明回顾“三十年”的官场生活，用“落”表达当初被动、情非所愿的入仕心态。

再次，引用陶渊明在《归去来兮辞》中描写做官感受的文字：“余家贫，耕植不足以自给。幼稚盈室，瓶无储粟，生生所资，未见其术。亲故多劝余为长吏，脱然有怀，求之靡途。会有四方之事，诸侯以惠爱为德，家叔以余贫苦，遂见用于小邑”，帮助学生认识到热爱自由生活的诗人因为家庭贫困，抚养孩子的压力以及亲友家族的重托，加上中国古代知识分子“兼济天下”的使命和官宦家庭的影响，他最终违背了自己内心，“落”进官场。

最后，选取陶渊明作品中含“入”的句子对比。辞官后，他“携幼入室，有酒盈樽”（出自《归去来兮辞》），这里用的“入”字含有作者积极主动地进入的含义，与“落”字情感意义不同。

**2．关键词“罗”**

本诗在展示田园恬静舒适的环境时，重点写榆柳桃李四种树：榆柳荫后檐，桃李罗堂前。很多学生读不出句中深藏的作者对田园生活喜爱之情。教师可以启发学生榆柳“竞自由”般生长，枝繁叶茂，遮阴蔽日。与“榆柳”自由生长相呼应的是“桃李”。诗人用“罗”字概括了桃李的生长状态。“罗”字常被简单地理解成“排列整齐”，这是对“罗”字的误解。

首先，从造字本义看，甲骨文中“罗”字上部是“网”字，下部是“隹”，指“鸟”。两部分合在一起，表示用网捕鸟。与捕兽、捕鱼的“网”字不同，因鸟在天空飞，鸟体型通常较小，捕鸟的网不仅大，而且网眼密集，所以“罗”应该强调的是数量多，分布密集。

其次，从词语搭配看，在“天罗地网”“星罗棋布”等词语中，“罗”都突出数量之多。汉字中通常用“列”字来表达整齐分布的意思，“列”从刀，本义指割、分，引申为归类分布、排列。

最后，从前后句联系看，八九间草屋的堂前是“桃李”，可见桃李树数量之多，种植之密集。从“榆柳荫后檐”中榆柳的生长状态可以推测出本诗写的是夏天，夏天正是桃李果实成熟的季节。试想满院桃李，硕果累累，这是多么愉悦的画面，陶渊明回归田园的快乐呼之欲出。

抓住诗句中的关键字深入分析，不仅能帮助学生认识到文字的准确含义，还能让学生掌握鉴赏诗歌的具体方法，实现提高诗歌鉴赏能力的目标。

## 三、分析典型意象，提高鉴赏能力

本诗共有四个动物意象：（羁）鸟、（池）鱼、狗（吠）、鸡（鸣）。（羁）鸟和（池）鱼是归隐前的意象，狗（吠）和鸡（鸣）是归隐后的意象，两组意象形成对比。对于这两组意象的分析，很多课堂只停留于羁鸟、池鱼被束缚的特点以及狗、鸡是田园中常见的动物的表层理解，没有关注这些意象的深层意义。教师不妨设置问题：被束缚的动物很多，如圈养的牛、羊、马等，为何诗人选的是“羁鸟”和“池鱼”呢？乡村中的家禽有猪、鸭、马、牛等，为何入诗的是深巷中的“狗吠”和桑树颠的“鸡鸣”？

孙绍振先生认为：“出现在诗里的系列意象，表面上很自然……实际上已被加工过、创造过，与原始的生活状态有质的不同。[①]”深入分析发现，本诗的动物意象是诗人精心选择的，并非随意拼凑。诗歌采用比喻的修辞手法，把官场中的自己比作笼中鸟、池中鱼。选择“鸟”和“鱼”是因为这两种动物生性是自由的，正所谓“天高任鸟飞，海阔凭鱼跃”。一旦它们被关进狭小的笼子、狭窄的鱼塘，生存的环境发生天翻地覆的变化，前后对比鲜明，被束缚而丧失自由的特点非常明显。圈养的马、牛、羊等动物因为世代被人类驯化，早已没有原始自由奔放的天性，且这些家畜并非每时每刻都在被关押中，它们尚有自由的时候，而“羁鸟”“池鱼”可能要被关押到失去生命的那一刻。陶渊明用“羁鸟”“池鱼”比喻官场中的自己，表达他对官场的厌恶，对回归的渴望，对自由的追求。

本诗表现归隐后闲适自由的生活时采用了“狗吠”和“鸡鸣”这两个动物意象。“狗吠深巷中，鸡鸣桑树颠”化用汉乐府《鸡鸣》中的句子，原句“鸡鸣高树颠，狗吠深宫中”写的是宫廷生活，陶渊明化用后更符合田园生活。古诗文中“鸡鸣狗吠”常用来表现田园生活的宁静、美好。陶渊明在《桃花源记》中用“鸡犬相闻”描绘理想中的社会。教学中可启发学生思考：诗人为什么强调狗吠声是从“深巷”中传来，鸡鸣声是从“桑树颠”上发出？当狗的叫声从遥远的巷子中传来，实则衬托田园生活的宁静，以动写静，与“蝉噪林逾静，鸟鸣山更幽”有异曲同工之妙。除了写出乡村的宁静，狗吠声能从遥远的巷子传来，可见狗在吠叫时是多么自由自在、无拘无束。本诗中的“鸡”不是在庭院悠闲散步或是在田间啄虫，而是在桑树顶上放声鸣叫。这个意象的选择大有深意，古人喜欢在住所周围种植桑树，桑树一般不高。这只“鸡”飞入桑树顶端，自由鸣叫，充满生命活力。“狗吠”“鸡鸣”的自由与“羁鸟”“池鱼”的被约束形成鲜明对比，诗人选用“狗吠鸡鸣”意象是为了表达回归后的愉悦以及对自由生活的赞美。

通过深入分析（羁）鸟、（池）鱼、狗（吠）、鸡（鸣）这两组动物意象，强化学生对诗歌意象的认知，使学生进一步掌握意象分析的方法，为后续诗词学习打下基础。

## 综合实践活动设计

### 活动方案一：讨论陶渊明的人生选择

如何看待陶渊明辞官归隐田园？有人认为这是积极勇敢地追求内心的自由，也有人认为这是消极避世，是不明智的做法，你是如何看的？

---

① 孙绍振．月迷津渡：古典诗词个案微观分析［M］．上海：上海教育出版社，2012：205.

### 活动方案二：绘制田园美景

在品读诗句的基础上，将课文描写乡村图景的八句诗用绘画的形式展示出来。

### 活动方案三：撰写导游词

假如你是一名乡村生态游的导游，请根据本诗写一段导游词。

### 活动方案四：评论陶渊明的“朋友圈”

陶渊明辞官后很多人表示关心或不理解，假设陶渊明生活的时代有微信，他写下《归园田居》（其一）一诗发到朋友圈，想想不同的人（陶渊明家人、朋友、同事、邻居、粉丝等）看了后会作何感想，尝试写下不同身份人物的评论内容。

# 《将进酒》：对酒当歌不是及时行乐

李白（701—762），字太白，号青莲居士，祖籍陇西成纪（今甘肃天水秦安），有一说法是李白生于安西都护府碎叶城（今吉尔吉斯斯坦境内），约5岁时随父迁居绵州昌隆（今四川江油昌隆）青莲乡。青年时离蜀漫游，天宝初供奉翰林，不久遭谗去职。安史之乱时，因参加永王李璘幕府，被牵连得罪，流放夜郎，途中遇赦东还。晚年漂泊于东南一带。

《将进酒》本是汉乐府的曲调，内容大多咏唱饮酒放歌之事，属汉乐府《鼓吹曲·铙歌》旧题。李白写的《将进酒》沿用乐府古体，写于天宝十一年（752年），向来被视为李白的巅峰之作，此时距李白被唐玄宗"赐金放还"已有八年之久。其内容主要写李白与朋友岑勋和元丹丘一起饮酒作歌而产生的一系列感慨，全诗176个字，把酒席间李白的悲欢交织的情感与雄浑豪放的诗风展现得淋漓尽致。

## 课例综述

通过在相关网站搜集的20多个课例，包括课堂实录、教学设计、课文解读等，发现一线教师主要围绕以下教学内容实施教学，具体如下。

### 1. 诵读诗歌

通过诵读，感受诗歌的情感基调。教师提出诵读要求：读准字音、读出节奏、读出情感，并初步体会诗人悲喜交织的情感。有的教师注意引导诵读方法，比如诗歌韵律主要体现在：音顿的疏密、音尾的长短、音高的抑扬、音量的强弱等几个方面，平声延长，仄声停顿。借助节奏停连、语调的轻重、高低、快慢、长短五个方面的处理，体现四声音调平上去入多重变化，产生音乐节奏和韵律的变化，从而表达丰富的情感。这方面比较突出的是曹永军①、耿文超和程翔老师②的教例。

---

① 曹勇军.《将进酒》课堂实录［J］. 语文教学通讯，2020（16）：25-28.

② 卜凡舒. 程翔、曹勇军、耿文超《将进酒》课例比较研究［D］. 聊城大学，2022.

### 2. 情感脉络

诗人情感复杂，需要分层次把握诗人情感起伏的脉络。大多教师能引导学生把握诗人情感起伏变化的多个层次：①时光流逝之“悲”（“君不见黄河之水天上来，奔流到海不复回。君不见高堂明镜悲白发，朝如青丝暮成雪”）；②及时行乐之“欢”（“人生得意须尽欢，莫使金樽空对月。天生我材必有用，千金散尽还复来”）；③视金如土之“狂”（“烹羊宰牛且为乐，会须一饮三百杯。岑夫子，丹丘生，将进酒，杯莫停。与君歌一曲，请君为我倾耳听”）；④怀才不遇之“愤”（“钟鼓馔玉不足贵，但愿长醉不复醒。古来圣贤皆寂寞，惟有饮者留其名。陈王昔时宴平乐，斗酒十千恣欢谑”）；⑤古今贤士失意之“愁”（“主人何为言少钱，径须沽取对君酌。五花马，千金裘，呼儿将出换美酒，与尔同销万古愁”）。不同教师梳理情感脉络的方式不同，莫立杰老师围绕“愁”字，分别从“有哪些愁”“为何会有这些愁”以及“怎样来解愁”三个方面来把握诗人的情感变化[①]。王长福老师用“三个问题”：“李白劝谁喝酒”“李白如何劝酒”以及“李白为何如此劝酒”来梳理诗人的情感变化[②]。

### 3. 诗人形象

通过知人论世，分析诗人形象。这是本课的重难点。大多数教师通过介绍李白的生平经历和创作背景，引导学生分析李白悲伤无奈、乐观自信、积极用世的复杂形象。实际上，关键是理解李白与“酒”的联系，如何看待李白的狂放？这是不是一种及时行乐的思想？有的教师认为李白纵情饮酒蕴含着深层的社会原因，盛唐社会政治黑暗、官场腐败与诗人追求美好政治理想的矛盾才是李白纵酒狂欢的深层社会原因，李白被赐金放还，又不甘庸碌一生，理想与现实的矛盾唯有寄情于酒了。有的教师认为李白诗中的酒不仅仅是一种心灵的寄托，更是唐代酒文化的真实写照，酒对唐代诗歌产生重要影响，“诗是酒之华，酒乃诗之媒”[③]。

## 教例展示

### 教例一：运用“因声求气”法教学诗歌

曹老师运用“因声求气”法，以三遍诵读为框架，先感其豪放，次品其沉痛，后

① 莫立杰.《将进酒》课堂教学设计［J］. 文学教育（下），2008（07）：64-65.
② 王长福. “三个问题”拎起《将进酒》［J］. 学语文，2011（05）：24.
③ 葛景春. 葛景春学术文集［M］. 郑州：大象出版社，2017：378.

赏其飘逸。下面展示的是教师引导学生通过诵读品味诗人情感的片段。

**教学镜头**

师　这个豪迈之情里就有了一种新的力量感，你感觉到痛苦之情郁结在心中，表达在诗句里，有一种沉重的压抑的东西做底子，有一种力量感、气势感。现在我们第二遍朗读诗歌，希望大家能够把这样一种悲喜交集的情感读出来。读的过程中，曹老师随时会给大家做一些指导。这次我们声音要放开。

（生齐读。“君不见黄河之水天上来……朝如青丝暮成雪。”）

师　停。这个地方既然已经转入深沉的痛苦之中，处理的时候，声音就应该跟前面有所区别。表达痛苦之情，声音可以低缓一点，低一点，慢一点。（师示范）有一种顿挫之感，感觉到人生不容易，感觉到人生痛苦的煎熬。

（师带领，生齐读。“君不见黄河之水天上来……天生我材必有用，千金散尽还复来。”）

师　“天生我材必有用，千金散尽还复来。”这是何等的自信！这句话悲喜交集，应该如何读？（师示范）来，不然声音扬起来的感觉没有。

（生齐读。“人生得意须尽欢，……与尔同销万古愁。”）

师　这里有两个地方，大家体会一下。第一，“陈王昔时宴平乐，斗酒十千恣欢谑”。“欢谑”，快乐到了极致啊，所以读的时候你用这样平平淡淡的声音能传递出来吗？或者说，你这样的声音能传递出诗人那种借着酒力最后表达出的想摆脱人世间的牢笼和束缚的心意吗？“陈王昔时宴平乐，斗酒十千恣欢谑。”很开心，非常忘我，这个地方可以夸张一点。第二，“五花马、千金裘，呼儿将出换美酒，与尔同销万古愁”。“万古愁”怎么读？应该低点，一字一顿。最后歌唱完了，人坐在那儿，重又回到了痛苦的现实中。我们一起来试试，就从“陈王昔时”开始。

（生齐读。“陈王昔时宴平乐……与尔同销万古愁。”）

师　“与尔同销”，停顿一下，“万——古——愁——”。大家体会一下，就是这样的悲喜交集，忽悲忽喜，大开大合，跌宕起伏，我们仿佛触摸到了诗人痛苦挣扎的灵魂。我问大家：为什么我们喜欢读这首诗？仅仅是为了体会李白的痛苦吗？不，我们觉得这首诗很有味道，李白很可爱，他痛饮狂歌，一副醉态。诗里面哪些句子写的是李白“高阳酒徒”的醉态，是喝醉了酒的人说的话？……

师　……第一次我们读，试图体会他的豪放；第二次我们读，试图体会他的悲喜交集，那样一种力量感、沉郁感。这第三次读呢，我们试图传递出，或者说更好地去体会一下里面的飘逸感。曹老师忽然想起来，《赤壁赋》里面“苏子与客泛舟，游于赤壁之下”，“浩浩乎如冯虚御风，而不知其所止，飘飘乎如遗世独立，羽化而登仙”，就是这种飘逸的感觉。我们读的时候，看看能不能把它传递出来。我们坐在那儿会感觉到受压抑，胸腔不能打开。我们站起来，放开自己的喉咙。会背诵的同学尽量背诵。

（生起立。齐读。）

（参考文献：曹勇军.《将进酒》课堂实录［J］. 语文教学通讯，2020（16）：25-28.）

## 教例二：将诵读与鉴赏有效结合

教师采用“诵读与鉴赏相结合”的教学原则，通过“浅味——品味——深味”三个环节层层深入，品味诗人哀而不伤、悲而能壮的思想感情。学生分小组讨论，按照“内容+手法+情感”的方式分析诗句。

### 教学镜头一

生　我们小组读到了一位“自信”的李白，从“天生我材必有用”这句能读出来。这句是说即使我不做官了，也可以在其他方面发挥自己的优势。

师　也可以说诗人即使被贬官了，也依然很自信。那么诗人是用怎样的抒情方式来表达的呢？

生　直抒胸臆。

师　“直抒胸臆”有什么好处呢？

生　能更直接地表达出诗人的思想感情。

师　记得文学评论家严羽曾经这样评价李白：别人写诗是用笔一句一句地写，李白只需张口喷出胸中之气即可，大概说的就是“直抒胸臆”的妙处吧。

师　同学们谁能把这句诗中表达的“自信”之情读出来？

师　读这一句哪几个字应该重读？

生　“必有用”“还复来”。

师　我们全体男同学挺直腰板再读一遍。

比较李白《南陵别儿童入京》《行路难》《将进酒》三首诗中诗人饮酒态度及情感的变化，引导学生理解李白三个人生阶段的情感变化，由初入京的志得意满到赐金放还时的失落到最后的难销万古愁，每分析完一首诗，学生齐读该诗。

### 教学镜头二

生　我们小组认为《南陵别儿童入京》表现了诗人的激情洋溢。因为这首诗是在他被唐玄宗征召入京时写的，他觉得理想能够实现了，所以很高兴。最能体现他的人生态度的诗句是“仰天大笑出门去，我辈岂是蓬蒿人”。

（学生齐读“仰天大笑出门去，我辈岂是蓬蒿人”。）

生 《行路难》是诗人被唐玄宗“赐金放还”时所作，感觉有一点愤懑，“停杯投箸不能食，拔剑四顾心茫然”一句能体现他饮酒的态度，但最后一句“长风破浪会有时，直挂云帆济沧海”还是表达了诗人那种自信。

（学生齐读“长风破浪会有时，直挂云帆济沧海”一句。）

生 写最后一首《将进酒》时作者被“赐金放还”已达八年之久，这时喝酒就是“会须一饮三百杯”了，感情是“天生我材必有用”“与尔同销万古愁”。

师 从三首诗的比较，我们可以清晰地看到一个嗜酒的李白，一位感情矛盾而又复杂的李白。

（参考文献：耿文超，厉复东.《将进酒》课例赏鉴［J］. 语文教学通讯，2011（Z1）：70-73.）

## 教学建议

李白是少有的天才诗人，杜甫的诗句“笔落惊风雨，诗成泣鬼神”形象地描绘出李白诗歌包孕日月的宏阔艺术境界，《将进酒》颇能代表其豪放飘逸的诗歌风格。作为诗歌名篇，一线教师大多能依据诗歌的体式特征实施教学，但要引导学生读出“这一篇”别样的抒情之处，对文本做更深层次的探析，却并不是那么容易的事情。下面将从以下几个方面提供深入探析的思路。

### 一、关注诗歌形式，发挥诵读作用

《中等职业学校语文课程标准》（2020年版）的专题1“语感与语言习得”提到“引导学生在诵读中体会作者的思想感情、行文思路，以及文本的语言特点、意境、风格等”。专题4“古代诗文选读”要求“引导学生重点在诵读中培养语感，理解内容，品味语言”。

李白是唐代公认的古乐府诗歌创作的名家，无人能望其项背。《将进酒》是如何将个人情感与乐府诗歌的特点融合起来的？

#### 1．开展各种形式的诵读

理解这首诗首先从朗诵开始，教师可以采用音频、视频材料让学生感受这首诗的豪放风格，比如《经典咏流传》中凤凰传奇的摇滚说唱，会给学生以极大的视觉和听觉震撼。教师在课堂上可以引导学生开展多种形式的诵读，如全文读、片段读、集体读、个人读等，在播放音视频的示范诵读之后，鼓励学生放出声音，把诗歌的情感气韵在诵读中充分表现出来。还可以欣赏网络上广为流传的陈涌海教授的《将进酒》弹唱，他唱得荡气回肠，充分体现了此诗气势磅礴、苍凉豪迈的风格。

《将进酒》是乐府旧题，一般写豪饮欢畅，李白继承了基本含义，又注入了“天生我材必有用”的狂放自信，超越了单纯的酒肉享乐之气，也冲破了儒家中正平和的传统，其昂扬向上的进取精神和充分肯定自我价值的生命意识在诗行中倾泻喷薄，这是李白在诗歌内容上的推陈出新。播放音频、视频只是一个辅助手段，教师仍然要引导学生深入理解作者情感表达的形式。

### 2．结合诗歌形式特点进行诵读

《将进酒》是汉乐府曲调名，共九句，前八句全是三字，末句七字，形式比较规整。李白这首诗全诗176个字，形式上大胆创新，以七言为主，兼有十言、五言、三言，参差不齐的长短句，显得错落有致，伴随诗人激荡的情感产生跳跃之感。其中“丹丘生，将进酒，杯莫停”这样的稚拙口语入诗，犹如散文语句打破了诗的拘束，显得灵动活跃，同时拉近了作者与读者的距离，这充分体现了乐府诗自由灵活的特点，也正好与李白豪放壮阔的情怀和复杂多变的情绪相合，情感与诗行水乳交融，浑然天成。教师可以引导学生通过节奏、重音的变化读出诗人的情感变化。比如开头两联，“君不见”两句是比兴，可以读得从容、亲切，“不复回”“悲白发”要重读，读出声势。“岑夫子”以下六句，是劝酒语，读得亲切，节奏加快，重音落在“莫停”“歌”“倾耳听”等字上，突出急切之意。

### 3．因声求气法

曹勇军和耿文超两位老师都很重视诵读，特别是曹老师强调运用“因声求气”法教学诗歌，的确难能可贵。“因声求气”法是清代早期桐城派刘大櫆提出的，“声”指节奏、音调、平仄、押韵，“气”指情感、气势，“因声求气”就是通过感受诗文语言的节奏来把握作品的精神，是很值得提倡的中国传统的读诗方法。

## 二、梳理诗歌意脉，理解诗歌内容

通过对诗歌内容的理解和艺术手法的分析，进一步感受作者的情感脉络：悲凉——欢快——狂放——激愤——愁怨。

### 1．“黄河之水天上来”四句渲染人生苦短的悲凉感

难点：前两句与后两句的承接关系。后两句选取身边之事，朝暮之间，青丝白发，意思很清楚，写青春易逝的可悲，那么前两句中的黄河之水与时间流逝之间有什么关联？可以引入孔子名言“逝者如斯夫，不舍昼夜”，说明用江水比喻

时间的流逝是中国古代文学传统。黄河之水从天而降，但奔腾入海之后，就了无踪迹，就像从未出现过一样，来势越猛，地势越高，消失得越快，李白的这个比喻非常有冲击力，一方面感叹时光飞逝不复回，另一方面用黄河反衬个体生命的渺小。

**2．“人生得意须尽欢”四句写诗人纵情欢饮，转悲凉为欢快**

难点：“人生得意须尽欢”是不是一种及时行乐的消极人生观？诗人前面提出人生苦短的难题，这四句是解决办法——对酒当歌。李白此时功名未成，何来“得意”？在李白心目中，“得意”不一定是功成名就，与老友岑勋、元丹丘相聚饮酒也是人生快意之事，更何况“天生我材必有用”，“我辈岂是蓬蒿人”，即使是当前怀才不遇，但未来可期，金钱又何足惜？这不是消极，而是建立在对个人价值极度肯定基础上的自信与乐观。

**3．“烹羊宰牛且为乐”至“请君为我侧耳听”转为狂放**

让学生模拟李白的醉态吟诵这几句诗，体会诗人的醉人醉语。“岑夫子，丹丘生，将进酒，杯莫停！”几个短句如同白话，让人身临其境，好像诗人酣意正浓，完全忘形，甚至要“与君歌一曲”，完全是醉人醉语，是内在激情的直接表露。叶嘉莹先生认为此处“将”不是“请”的意思，而是呼朋唤友的口语“jiāng”，也显露出诗人狂放的情感。

注意诗中用典，诗人引用了《世说新语》中郑玄的典故，郑玄是酒徒，宾客三百人敬酒，他并没喝醉，李白此时希望自己像郑玄一样，只管痛饮，不管其他，为后面的“饮者留其名”蓄势。

**4．“钟鼓馔玉不足贵”六句转为激愤**

难点：“但愿长醉不复醒”是消极避世吗？“古来贤者皆寂寞，惟有饮者留其名”两句是什么意思？教师可以介绍曹植的经历和李白的晚年参军的经历，引导学生理解李白此时的矛盾心境。很多古之圣贤郁郁不得志，活得不如那些享受荣华富贵的狗苟之徒，李白希望像“陈王”曹植那样豪饮，还能留下个酒徒之名。为何独说曹植？因为曹植与李白同样是才子忧愤。这里可以看出李白的自信与不平之气，正是醒着，所以“但愿”长醉。结合李白61岁还请缨作战的个人经历理解，虽然李白因病还家，第二年去世，并未参战，但这说明李白始终未放弃“济苍生”“安社稷”的理想，饮酒作乐只是一时的激愤之言。

**5．“主人何为言少钱”至结尾转为愁怨**

重点理解：“万古愁”。教师提问：历史上有哪些怀才不遇的贤人志士？李白的“愁”有何独特性？引导学生理解李白之愁乃是古之圣贤共同的愁怨，李白并不孤单，这其中含有李白看破世俗功名的自慰意味。龚自珍评价李白，说他兼具庄子逸世高蹈、天马行空的自由之魂与屈原孤傲忠介、上下求索的倔强个性，这两种“古来不可兼”的文化性格在李白身上“聚”在了一起，外在的潇洒自在与内在的政治怀抱就这样矛盾地结合在李白身上。教师可以从这方面引导学生理解李白的形象。

## 三、对比阅读，品味“酒”意象的独特性

《中等职业学校语文课程标准》（2020年版）专题4“古代诗文选读”要求“学习中国古代经典诗文，阅读并了解作品内容，体会其精神内涵、审美追求和文化价值”。本诗最突出的意象是“酒”，可以带领学生了解中国的“酒”文化，品一品“酒”意象的独特性。

### 1. 对比阅读

借酒抒怀的诗歌有哪些？这些诗歌中“抒怀”的具体内容是什么？引导学生在对比阅读中品味“酒仙”李白奔放的才情。借酒抒怀并非李白独创，曹操《短歌行》中的“何以解忧，唯有杜康”，“忧”的是统一天下的抱负何时实现；东晋名士饮酒避世，是身处乱世之中无奈的选择；陶渊明《饮酒》中表现的是隐居田园的恬淡闲适……这些与李白的醉酒抒怀不同，《将进酒》展现的是李白不灭的生命意识与狂放不羁的自由灵魂。

### 2.“酒”文化

引导学生从“酒”文化的层面理解，李白正是在沉醉之中摆脱了现实的苦闷，获得了精神的自由，这里带有庄子的摆脱世俗羁绊的自由思想，又带有积极有为的观念，具有尼采所说的“酒神精神”的某些重要特质，即对痛苦本身的肯定，对生活本身所有值得怀疑和陌生的东西的肯定，从无意义中创造出意义，“人生得意须尽欢”“天生我材必有用”，这是对个人生命价值的最深刻的认识。曹勇军老师课堂的最后一个环节，让学生找出李白的醉人醉语，品味其“自由感、解放感”，实际上就是往“酒神精神”这个层面靠近，听课老师认为这是曹老师课堂的创新之处。曹老师在评课时自述：“好的教学设计就是把自己揉碎了，把生命投入进去，才会有课堂上的生命表达。”（见上面教例展示：曹勇军的《将进酒》课堂实录）的确，文本的素读、细读，还有深厚的知识储备，是教师课堂创新的重要前提。

## 综合实践活动设计

### 活动方案一：导游元丹丘故居——嵩山颍阳山居

学生分小组开展活动，负责设计导游词，并扮演李白及好友，再现饮酒场景。这一活动旨在还原写作背景，加深学生对诗歌内容的理解。

### 活动方案二：诗歌朗诵大赛

以班级为单位开展诗歌吟诵大赛，形式不限，可以吟诵，也可以朗诵，这一活动旨在强化诗歌朗读对理解诗歌内容的重要性。

### 活动方案三：绘制人物形象

结合专业特点，如让美术、设计等专业或有画图基础的学生为李白画像，感知人物形象。这一活动旨在深化学生对人物形象的认知，实践中突出中职语文的职业特点。

# 《登高》：经典诗歌如何教出深度？

朗诵视频

杜甫（712—770），字子美，因曾居长安城南的少陵以西，故自号“少陵野老”，世称“杜少陵”，又因其曾任检校工部员外郎，后世称“杜工部”。唐代伟大的现实主义诗人，与李白齐名，世称“李杜”。其人有“诗圣”之誉，其诗有“诗史”之称。其诗大胆揭露了当时的社会矛盾，反映出唐代由开元盛世转向衰微的历史过程。

《登高》作于唐代宗大历二年（767年），当时诗人寓居夔州（今重庆奉节），已经55岁。长年颠沛流离的生活，加之心情抑郁忧愤，使得诗人身患重病。重阳节这天，杜甫登上夔州白帝城外的高台远眺，百感交集，写下了《登高》这首旷世之作，被赞为“古今七言律第一”（胡应麟《诗薮》）。

## 课例综述

通过搜集《登高》的教学设计、课堂实录、课文赏析等资料，发现一线教师的教学内容基本涉及诗歌的创作背景、艺术特点、情感意蕴三个方面，归纳如下。

### 1．创作背景

很多教师将创作背景放在课堂导入环节，虽能为学生理解诗歌内容作铺垫，但不如放在学生理解诗人悲情的“愤”“悱”之时，比如在体会诗人“作客”的身世之悲时，可引入杜甫四处漂泊、寄人篱下的生平经历，在品味“常”字时，可以展示安史之乱后杜甫漂泊西南的路线图，这样有助于引领学生深入体会诗人的羁旅愁情和身世之叹。另外，有的教师运用知人论世法流于形式，无法让学生身处其境，实际上，除了用生动的语言，也可以借助图画、视频、音频等资料还原创作背景，比如韩军老师在课堂导入环节，一边播放背景音乐，一边饱含深情地还原杜甫的创作经历，拉近了学生与诗人之间的心理距离，激发了学生学习诗歌的兴趣①。

### 2．艺术特点

主要有两点：情景交融的表现手法和“沉郁顿挫”的艺术风格。让学生找出首联

① 韩军.《登高》课堂实录［J］.中学语文教学，2001（07）：32-35.

和颔联中的八个物象：风、天、猿、渚、沙、鸟、落木、长江，思考：诗人如何通过写景表达“铺天盖地的悲愁”（闻一多语）？学生用自己的语言描绘秋景图，从而领会诗歌情景交融的艺术特点。运用诵读法，让学生感受杜甫“沉郁顿挫”的诗风。

**3．情感意蕴**

这是教学重难点。很多教师结合宋代罗大经《鹤林玉露》中所说的八层悲境，让学生分组讨论自己所感受到的悲情，理解诗人忧国忧民的伟大情怀。有的教师运用对比法，将杜甫不同时期的诗歌进行对比，梳理出较为完整的杜甫形象，进而把握本诗表达的情感意蕴。有的教师将课文与其他登高诗歌进行对比，帮助学生体会本诗的情感，如余映潮老师改变单篇教学模式，将杜甫晚年的《登高》《登岳阳楼》《旅游抒怀》三首诗歌进行对比阅读，加深学生对杜甫忠君爱国、忧国忧民形象的理解①。

## 教例展示

### 教例一：感受“沉郁顿挫”的诗歌风格

教师概括杜甫“沉郁顿挫”的诗歌风格，再引导学生从杜甫表达的多层悲意理解“沉郁”，从节奏、结构、意境等层面理解“顿挫”。

**教学设计片段**

人们经常用“沉郁顿挫”来概括杜甫晚年的诗歌风格特色，那么，何谓沉郁顿挫？（PPT显示）“沉郁顿挫”本是杜甫《进雕赋表》评扬雄、枚皋辞赋的词语，后人以之指杜诗的风格特色。清人吴瞻泰说：“沉郁者，意也；顿挫者，法也。”（《杜诗提要》）一般认为，“沉郁”，主要指诗歌内容深广，意境雄浑，感情深沉；“顿挫”，主要指诗歌表情达意抑扬跌宕，音调声情起伏迭变。

其实，刚才我们已经在反复诵读中体会到了杜诗“顿挫”，那么何谓“沉郁”？

（1）诵读，找出全诗的诗眼。明确：悲。

（2）你在诗中读出了杜甫的几重“悲”？明确：六重“悲”——地远、悲秋、久旅、年迈、多病、无朋。

总结：杜甫的悲情如此深厚，同时又无法一下倾吐出来，仿佛有个东西梗塞其间，几重反复诉说后，郁积的情感才得以淋漓尽致地表达出来，这就是古人所说的“沉郁”。

（参考文献：石柳.《登高》教学设计［J］. 中学语文教学，2018（01）：66-68.）

---

① 余映潮，毛永秀.《杜甫晚年悲歌联读》课例赏鉴［J］. 语文教学与研究，2017（07）：133-139.

## 教例二：引导学生理解诵读的技巧

教师示范朗诵课文，然后引导学生把握诵读的技巧：一是理性地把握诗歌内容；二是善于通过语言、语调、表情、动作等感性地表达情感。

### 教学镜头

生　老师，你很动情。你感染了我们大家，我们被不知不觉感动了。

师　那么，老师为什么很动情？

生　你很了解杜甫，很了解这首诗。

师　了解还是理解？

生　理解。

师　对，要想读好，首先得理解诗的作者，理解诗的内涵，必须走进作者的内心中去。我们常说一句话，叫作“文如——”

生　文如其人。

师　“言为——”

生　言为心声。

师　我有这样一个观点，不知对不对？即，要想读好一首诗或一篇文章，你就把你自己当成作者，化身为其人，就当这首诗或这篇文章就是你自己写的。老师在读这首诗时就真是这么想的，我想我就是杜甫，就是那个老病孤苦的杜甫。我就站在长江边上，衣衫褴褛，蓬头垢面，登高望远，怀想家乡，思念亲人，牵挂祖国，同时更凄凉地想自我和人生，想自己这一辈子。

……

师　老师形象而动情的语言描述，是非常重要、非常关键的。老师力图造成一种氛围，用这来“冲击”大家，使大家受到感染。（板书：形象的语言描述）仅靠语言吗？还有没有其他因素？

生　还有老师的语调、表情。

生　再加上动作。

师　语调、表情怎么样？动作又怎么样？

生　语调低沉、忧伤。

生　朗诵到“潦倒新停浊酒杯”时，你有一个动作，你端起杯来似乎想喝酒，又放下了。

师　对，语言、语调、表情、动作，这都非常关键。（板书：语言 语调 表情 动作）

（参考文献：韩军.《登高》课堂实录［J］. 中学语文教学，2001（07）：32-35.）

## 教学建议

《登高》是诗歌名篇，一线教师大多能依据诗歌的体式特征实施教学，即通过诵读感知诗歌的情感基调，通过梳理意象品味意境，运用知人论世等方法引导学生感受“沉郁顿挫”的诗歌风格。学生对作者和作品相对熟悉，如何引导学生进入“最近发展区”？这首诗歌被称为“古今七律第一”，形式与内容完美结合，能否从形式和内容两个方面品析诗歌魅力？杜甫的悲情不是一悲到底，也不是直抒胸臆，如何把握诗人的情感脉络？杜甫“沉郁顿挫”的诗风在这首诗中如何体现？对此，给出以下建议。

### 一、了解律诗形式特点，注重诵读

诗歌情感的表达与诗歌形式密不可分，本篇诗歌是否可以从诗歌形式层面把握诗人的情感表达？可介绍律诗相关知识，并开展多种形式的诵读，注重引导学生在诵读的过程中品味诗人情感。

**1．注重诵读**

很多教师不够重视诵读，诵读往往流于形式，很难真正发挥诵读的效果。钱梦龙谈到中学高年级古典诗词的教学应该做好三件事：“其一，引领学生进入诗人的心灵世界，感受诗人用诗的语言所营造的瑰丽奇妙的意境；其二，通过吟诵（或朗诵）体会古典诗词所独有的韵律美；其三，讲授必要的古典诗词常识，如诗体、格律等，使每一个高中毕业生对中国古典诗词这一全世界独一无二的文学样式有一个大体的认知。[①]”钱老师说的后两件事尚未引起语文教师足够的重视，或因语文教师自身修养所限，如不懂诗词格律、不会吟诵（或朗诵）等，导致心有余而力不足。

**2．把握七言律诗的特点**

七言律诗是七言绝句的扩展，共八句，五十六字，正好是两首七绝合成一首七律。按粘对规律，中间四句用对仗，而且要对得工整。头两句和末两句一般不用对仗。隔句用韵，以平韵为常。七律定型于初盛唐，杜甫是集大成者。杜甫七律诗有百首以上，超过盛唐七律总和。

用字方面，本诗首联的六个意象（名词）并置，用一个“哀”字统摄串联，“意象并置”是中国古典诗歌的特色，是对常规语法的反叛，这种组合生发出的悲秋意境，言简而意浓。颔联采用虚字，如“无尽”“不尽”等，这违背了律诗不用虚字的

---

① 钱梦龙．古典诗词就应该这样教——曹勇军老师《将进酒》课例点评［J］．语文教学通讯，2020（16）：29-30.

常规，但杜甫用了，反而显得流畅自然，情感抒发无碍。

格律方面，杜甫也有创新，本诗的每一联都是对仗的，四联句句押韵，皆为工对，首联对起，至尾联对结。前三联呈现出并列意象的对比，特别是第一联，不但句间相对，而且句中还有对——“风急”对“天高”，“渚清”对“沙白”，近乎“四柱对”，使诗歌的对仗呈现出密集性。第二联虽然每句只有一个意象，但是“无边”和“萧萧”、“不尽”和“滚滚”，既有对仗构成的时空转换，又各有相对的独立性。最后一联“艰难苦恨繁双鬓，潦倒新停浊酒杯”，前后句带有一定的因果关系，大体上属于“流水对”。总而言之，本诗真可谓“一篇之中，句句皆律，一句之中，字字皆律”。

需要注意，律诗形式的特点应在学生诵读的过程中慢慢渗透，并引导学生体会诗人情感如何通过诗歌形式表达出来，而不是让学生识记抽象的知识点。

## 二、梳理诗歌意脉，感受诗人悲情

本诗前两联书写诗人登高所见之悲景，后两联抒发诗人登台所怀之悲情。全诗起于“悲”终于“悲”，“悲情”贯注于诗行之中。诗歌表层结构是一望而知的，但流于表面，无法品出“诗味”，必须对诗人的情感曲折变化作具体分析。“悲”是全诗的情感基调，但“悲”的情感色彩有所变化，需要具体分析。

### 1．首联写诗人因内心悲哀而登高抒怀

引导学生梳理六个意象，抓住“急”“高”“啸”“清”“白”“回”“无边”“不尽”这些词把握意象特点，化身成杜甫，想象诗人笔下的秋景图。

①第一句，深秋九月，四川夔州的白帝城位于瞿塘峡口的高处，自然风大袭人，诗人登高最强烈的感觉就是秋风了，“急”字写出风势之凶猛，实际上是写诗人内心的悲凉；②“天高”与“风急”对仗，诗人仰视长天，视野开阔起来，内心疏阔，个人哀愁有所释放，但也不乏身处广阔天地之间个人的渺小感与孤独感；③急风之中传来猿猴的叫声，“啸”字强调声音绵长，有穿透力，给人紧迫感。巫峡多猿，李白“两岸猿声啼不住，轻舟已过万重山”中的“啼”字说明阵阵猿声可以是悦耳的，但杜甫听来却是哀啸，杜甫不直接说自己内心哀，而说猿声哀，猿声阵阵表现的是诗人内心的阵阵哀思，此时哀愁渐重。④诗人俯视江中州渚，风霜高洁，一片清净白沙滩，鸟儿在回旋飞翔，诗人此时已化身成了急风中无法振翅高飞的鸟儿，悲哀之情更浓。

首联六个意象，描绘出一幅肃杀凄冷的秋景图，给人悲凉之感，“一切景语皆情语”，诗人的主观情感决定诗人意象的选择，不同的诗人笔下的秋景图也会是不一样的风景。通过品味意象把握诗人的情感波动是教学的难点，教师要引导学生在

理解意象与诗人情感关系的基础上，展开想象，代入诗人的情感，提高诗歌鉴赏的能力。

**2．颔联，理解重难点是“落木”“长江”这两个意象的情感内蕴**

理解“落木”意象。“落木”即落叶，但作者用“木”字有何效果？孙绍振说，“木”引起“枯”的联想，换成其他字可能就没有这种效果了。无边落叶飘零，仿佛充塞于天地之间，诗人用夸张手法写出了秋天的肃杀之气，结合杜甫生平，杜甫当时已经55岁，自感到了生命的晚秋（杜甫58岁去世），萍踪不定、寄身异乡的自己何尝不是一片飘零的秋叶？

理解“长江”意象。“长江”本与时间相关，这句承接上句，韶光易逝，自己已到日暮之年，却壮志未酬，相比之下，滚滚长江却无边无际，似乎永远流不尽，这里有对生命的有限、宇宙无穷的感叹，也有豁达、坦荡的气魄。

把握情感变化。此时，诗人由感叹飘零身世的哀愁到领悟宇宙浩渺的豁达，哀情之中加入了悲壮，哀情被冲淡了一些。

**3．颈联直接抒发悲情**

用知人论世法，引导学生结合杜甫生平感受其悲情。

“万里”写离乡距离之远，“百年”写病弱时间之长，加上“常”“多”，写出羁旅之愁、病情之重，这是悲秋的重要原因，杜甫从48岁到58岁一直在外漂泊，身在夔州之时，患有肺病、疟疾等，年老体弱，本来登高抒怀，但满目肃杀秋景，更是触景生情，难以排解。

**4．尾联由个人悲情转向忧国忧民**

重点理解“艰难”二字。

“艰难”兼指国运与个人命运。学生往往不明白：一个年老多病的文人，个人生计都有问题，怎么说他担忧国家命运呢？很多教师趁机补充杜甫的生平，知人论世，引导学生了解杜甫的儒家思想，使学生明白杜甫作为“诗史”，他的个人身世与国家命运紧密相连，他的诗歌本身就是现实的记录，所以理解杜甫的诗歌不能脱离他的忧国之情。这样的解读似乎不错，但显得套路，就像很多教师认为朱自清的《荷塘月色》一定是写政治苦闷，杜甫的诗当然忧国忧民了吗？能不能结合句子理解？不妨琢磨“恨”字，到底是“怨恨”，还是“遗憾”？“恨”的对象是“繁霜鬓”，如果理解成“怨恨”，带有怨天尤人的小家子气，心胸狭隘了，自然不会有忧国之思了，那么理解成“遗憾”似乎更恰当，“苦”与“新”相对，是“极度”之意，表明程度之深，杜甫为什么对白发老年的自己感到遗憾？时局混乱，社会动荡，诗人不是感叹个人生命短暂，而是遗憾自己年老体弱，不能为国出力，有所建树。杜甫属于传统儒家知识分子，早年怀有“致君尧舜上，再使风俗淳”的政治抱负，但一生颠沛流离，无法实现理想，这种国家与个人命运的双重忧虑尽在“艰难”二字中得以体现。“何以解忧，唯有杜康”，因为生病戒酒，诗人无法借酒浇愁，哪怕是便宜的“浊酒”也没办法喝了，难以排解的愁绪，成了诗人心中的郁结。诗人重阳登台，愁绪更深，最后浓到化不开了。

## 三、感受“沉郁顿挫”的诗歌风格

“沉郁顿挫”是杜甫独特的诗歌风格，实际上是杜甫自况，39岁时，他在写给唐玄宗的表里自称作品有“沉郁顿挫”之风。当然，后人理解的“沉郁顿挫”与杜甫所表达的原意有差别，“沉郁顿挫”也不能概括杜甫所有诗歌的特点。很多教师从内容方面解释“沉郁”，从形式方面解释“顿挫”，这种把形式与内容割裂开来的理解可能不恰当。

关于杜甫“抑扬顿挫”诗风的研究成果很多，文学史家杨义认为“沉郁”是一种生活的感受、精神状态，作者内心纵横交错的悲愤和苦闷难以避免，表现出来的时候“不是采取一泻无遗，或是清扬高举，或是低吟浅唱的方式，而是充分开发诗的语言、句式、结构、意象、情调的内在张力，抑扬起伏，盘旋转折地表达出来，给人的精神以强烈的震撼和沉重感”①。杨义强调“沉郁”是情感抒发的起伏曲折，不是一个情感曲调贯穿到底，但这种情感波折是不是“顿挫”？

河北大学教授韩成武的论文《“沉郁顿挫”新解》给教师提供了有价值的思考，他认为“沉郁”与“顿挫”既有内容层面的因素，也有形式层面的因素。首先，杜甫在描写景物或个人身世时，往往采用“时空并驭”的手法，诗中的景物不仅仅是空间之物，而且是历史之物，使诗境有了超常的广度、厚度与深度，这也形成了“沉郁”风格②。比如《登高》中的“无边落木萧萧下，不尽长江滚滚来”，前面写空间辽阔，接着写时间悠长，境界宏阔。另外，写动乱时局和个人身世时，也有时空观念，经常使用“百年”“万里”等，扩展时空的程度，造成悲壮深沉的诗境。

再者，“顿挫”也不单指诗歌形式层面的声调、词句的停顿、转折，也包含了诗歌的内容层面。杜甫诗句中情感发生逆转是造成“顿挫”的重要原因。《登高》中杜甫的情感节奏曲折变化，由悲凉转向宏阔，又转向悲哀，再到豁达，最后悲到极致，并非一“悲”到底，情绪如微波般跌宕起伏，给人顿挫之感。具体见本书教学建议第二条对《登高》意脉的分析。

---

① 杨义. 中国文化的精神 杨义自选集［M］. 上海：上海三联书店，2017：243.

② 韩成武. “沉郁顿挫”新解［J］. 学术研究，2004（10）：138-140.

## 综合实践活动设计

### 活动方案一：诗歌朗诵赛

组织学生选择杜甫的诗歌参加朗诵比赛，每位参赛同学可以任意选择一首。这一活动突出诗歌教学特点，学生通过倾情演绎，可以感受诗歌的独特魅力。

### 活动方案二：绘制人物形象

结合专业特点，如让美术、设计等专业或有画图基础的学生为杜甫画像，了解杜甫的人生经历。这一活动旨在深化学生对人物形象的认知，实践中突出中职语文教师的职业特点。

# 《念奴娇·赤壁怀古》：豪放词风的典范

朗诵视频

苏轼（1037—1101），字子瞻，号东坡居士。四川眉山人，北宋中期文坛领袖，在诗、词、文、书、画等方面取得了很高成就，其父苏洵、其弟苏辙都有很高的文学才华，文学史上合称为“三苏”。《念奴娇·赤壁怀古》是苏轼豪放词的杰出代表，被誉为“千古绝唱”。学界普遍认为本词是苏轼被贬谪到黄州时创作，上阕从参观赤壁古战场写起，描绘了奇伟雄浑的景色，下阕刻画青年儒将周瑜镇定自若指挥赤壁之战的形象。本词怀古感今，融眼前之景、世事感慨、人生哲理于一体，表达人生的无限感叹和思索，具有动人心魄的艺术魅力。

## 课例综述

从目前检索到的资料看，教师们通常从以下几个方面教学本词。

### 1．介绍写作背景

作为语文教材上经常出现的诗人，学生对苏轼并不陌生，但学生对苏轼的了解局限于所处的时代背景及其卓越的文学才华，对苏轼丰富曲折、跌宕起伏的人生经历知之甚少。因为本词写于苏轼被贬黄州后的特殊时期，因此教师通常介绍苏轼被贬谪的经过，即“乌台诗案”事件，便于学生理解本词的内容和情感。

### 2．讲解本词内容

在学习本词之前，教师布置课前预习任务，让学生借助课文注释和工具书、网络资源自行理解本词内容。课堂上检测预习成果，带领学生梳理重点字词，如故垒、羽扇纶巾、樯橹、酹等词语，翻译句子，概括上下阕内容，上阕写眼前赤壁雄浑之景，下阕追忆周瑜丰功伟绩，在此基础上读懂这首词的内容。

### 3．分析思想情感

关于本词所表达的思想情感，集中在对“人生如梦，一樽还酹江月”的理解上。对它的解读，历来也是见仁见智，有人认为这句体现了苏轼饱经打击和仕途坎坷后的消极思想，是低沉感伤的；也有人认为苏轼因深受道家思想影响，把人生比作虚无的梦，反映了他对历史人生的哲理思考，对仕途功名的淡泊和扬弃，对变幻莫测人生所持的通脱旷达、淡泊无为的态度。

**4．总结艺术特色**

作为豪放词风的代表，教师们在分析本词艺术特色时通常围绕“豪放”词风展开，从“乱石穿空，惊涛拍岸，卷起千堆雪”的环境描写，到“千古风流人物”“豪杰”的人物描写，再到“樯橹灰飞烟灭”的历史事件描写，尽显豪放词风。

## 教例展示

### 教例一：通过人物对比品味词人情感

在对本词下阕的怀古对象——周瑜的理解上，教师们通常设计人物对比图，即将周瑜的人生和苏轼的人生对比，明确苏轼写周瑜的用意，即用周瑜的功成名就反衬自己被贬谪的现状，表达壮志难酬的慨叹。以下表格来自闫辉老师的论文：

| 项目 | 周瑜 | 苏轼 |
|---|---|---|
| 年龄 | 24岁 | 27岁（编者注：此处有误，应为45岁） |
| 婚姻 | 幸福美满 | 屡遭不幸 |
| 外貌 | 俊儒雅英 | 早生华发 |
| 职位 | 东吴都督 | 团练副使 |
| 际遇 | 功成名就 | 功业未就 |

（参考文献：闫辉.《念奴娇·赤壁怀古》说课探究［J］. 课外语文，2017（18）：5-6.）

使用表格进行对比能让学生更直观、准确地感知苏轼重点写周瑜的原因，实际上是为了衬托自己的怀才不遇。教师也可罗列赤壁之战中的其他英雄豪杰，如诸葛亮、曹操、孙权等，引导学生分析苏轼为何不写其他豪杰，而独写周瑜。

### 教例二：赏析虚实结合的艺术手法

宋词研究专家沈祖棻在《宋词赏析》一书中评价《念奴娇·赤壁怀古》：在艺术上，这首词也有它的独特成就。其中最突出的一点就是它将不同的乃至于对立的事物、思想、情调有机地融合在一个整体中，而毫无痕迹，其描写手段则是虚实互用，变幻莫测。教师可引领学生充分领会“虚实”艺术，培养语言建构与应用能力，提升语文核心素养。以下来自何老师的教例：

布置课堂任务：围绕词中侧重“写景”的句子，在独立思考的基础上进行小组合作探究，完成表格后交流。

| 侧重“写景”的句子 | 其中的“实” | 其中的“虚” | “虚实”效果 | 对“写景”虚实艺术的体会 |
|---|---|---|---|---|
| 大江东去，浪淘尽，千古风流人物。故垒西边，人道是：三国周郎赤壁。乱石穿空，惊涛拍岸，卷起千堆雪。江山如画，一时多少豪杰。 | | | | |

（参考文献：何世勇. 此词有深“艺”，“虚实”见真章——《念奴娇·赤壁怀古》教学内容择定、建构与反思［J］. 中学语文，2021（11）：49-52.）

要填好这个表格，仅仅依靠这首词是不够的，教学中可引入苏轼《赤壁赋》中的描写：“苏子与客泛舟游于赤壁之下。清风徐来，水波不兴。”这里强调水是平静的。苏轼在《赤壁洞穴》中写道：“黄州守居之数百步为赤壁，或言即周瑜破曹公处，不知果是否？断崖壁立，江水深碧，二鹘巢其上，有二蛇，或见之。遇风浪静，辄乘小舟至其下，舍舟登岸，入徐公洞。[①]”可见，赤壁的悬崖是残缺的，并非耸入云霄，江水是碧色，也不是《念奴娇·赤壁怀古》中形容的“千堆雪”。《赤壁赋》《赤壁洞穴》是游记，接近于写实。《念奴娇·赤壁怀古》是词，超越写实，可以发挥想象的自由[②]。

## 教学建议

### 一、了解创作背景

一般认为这首词是宋神宗元丰五年（1082年）苏轼谪居黄州时所写，当时作者45岁，因“乌台诗案”被贬黄州担任团练副使已两年余。这期间苏轼心情郁闷，曾多次到黄州城外的赤壁山游览，壮丽的风景和三国风起云涌、豪杰并出的历史让他感叹良

① （宋）苏轼. 东坡志林 精装典藏本［M］. 沈阳：万卷出版公司，2016：167.
② 孙绍振. 月迷津渡：古典诗词个案微观分析［M］. 上海：上海教育出版社，2015：151.

多。他在黄州挥笔写下多篇佳作，如《赤壁赋》《念奴娇·赤壁怀古》《后赤壁赋》等，寄托谪居时的思想感情。

本词写于苏轼人生境遇的特殊时期，经历“乌台诗案”的打击后，他对人生、世事有了更深切的体会，这种感悟自然融入到当时的诗文创作中。了解苏轼的人生经历有助于理解本词内容，因此教学中知人论世环节尤为重要。

## 二、理解词句内容

《福建省中等职业学校学业水平考试公共基础知识考试大纲》对语文古诗词的考试要求是“理解古代诗词的内容与思想情感”。当前，古诗词考试的题型为默写题，分为识记型默写和理解型默写两种。理解型默写要求学生明白诗句内容。教学中注意重要字词的读音、释义和句子翻译。如“羽扇纶巾”中“纶”的读音，“樯橹”的意思，“樽”以及“酹”的意思。要透彻明了地掌握“大江东去，浪淘尽，千古风流人物”“樯橹灰飞烟灭”“多情应笑我，早生华发”的句子意思。

## 三、感受豪放词风

本词是豪放词的代表，也是中职语文（基础模块）教材中唯一的一首古代豪放词，教学中要引导学生结合诗句内容充分感受本词的豪放词风。

### 1．壮阔之景

对赤壁古战场的描写集中在“乱石穿空，惊涛拍岸，卷起千堆雪”上。三个动词“穿”“拍”“卷”各具特色，“穿”写陡峭山崖散乱地高耸入云，有刺破长空的动势；“拍”写江水拍击江岸，澎湃有声，体现江涛的力度，画面感强，让读者有身临其境之感；“卷”写出波涛力量之浩大和汹涌，雪浪翻滚，势不可当。“乱”“惊”两个形容词写出了古战场虽然被遗弃略显荒芜，但是千百年依然震撼人心的状态。“千堆雪”使用比喻、夸张的手法展现江水冲击岸边，雪浪重重，后浪冲击前浪，一浪盖过一浪的壮观场面。写景的这三句从不同角度同时诉诸不同感官，让古战场重新焕发生机，把读者带进一个奔马轰雷、惊心动魄的奇险境界，使人心胸为之开阔，精神为之振奋。

### 2．豪迈之人

从第一句“千古风流人物”到“多少豪杰”再到“雄姿英发”的周瑜，作者写的都是意气风发，建功立业的非同凡响之人。“风流人物”一句采用虚实结合的艺术手法，将时间与空间完美结合。“豪杰”一句总结上文，承上启下，引出下阕的怀古对象。将赤壁之战获胜的功劳集中在周瑜一人身上，不仅写出了周瑜作为统帅雄姿英发的高大威武形象，还写出了他谈笑间轻松自如地指挥大战的潇洒神态。

### 3．豪放之情

本词上阕和下阕的最后一句抒发作者的感慨。上阕的“江山如画，一时多少豪杰”一句由赤壁之景引发对万里江山的感慨，作者认为“如画”的江山是气吞山河、壮丽雄浑的，正是因为这样的江山才引发豪杰的纷争。下阕“人生如梦”一句同样采用比喻修辞，道尽人生的复杂和人事的艰难。

### 4．豪气之词

本词所用词语：大江、千古、故垒、遥想、雄姿英发、樯橹、灰飞烟灭、江月等词语大气豪迈，富有张力和跨度，组成了雄浑开阔的意境，尽显豪放气质。

教师可启发学生将李白《将进酒》中描写黄河之水“奔流到海不复回”的句子、杜甫《登高》中描写长江“不尽长江滚滚来”与苏词“大江东去”的诗句进行比较阅读，分析异同，感受不同作者的情感表达方式，体会雄浑开阔的诗歌意境。结合《论语》中的句子“逝者如斯夫，不舍昼夜”，引导学生理解古典诗词通常以江水的流逝比喻时间的消失，帮助学生积累古诗词鉴赏方法，提高他们的文学素养。

## 四、理解作品主题

教学中要注意发挥优秀文学作品对青少年的正面引导作用，启发学生辩证地看待苏轼人生境遇的得与失。没有被贬黄州的经历也就不可能有后来成就斐然的苏轼，对于强者来说，逆境是磨炼意志、促进成长的助推器。教师可借助苏轼的人生经历培养学生积极乐观地面对生活苦难的人生态度。另外，对诗歌主题的理解不能局限在对“人生如梦”的分析上，应该结合全词内容进行综合分析。

首先，作者虽然命运多舛，但他将赤壁环境写得波澜壮阔，把英雄人物写得卓尔不群，体现作者开阔的视野和远大的追求。其次，历史上参与赤壁之战的豪杰众多，为何词人只写了周瑜？作为年轻的主帅，周瑜因赤壁之战一战成名，他的历史功绩让人心生敬佩。苏轼对周瑜的追忆，是对豪杰功业的向往，虽然处在人生低谷依然渴望像周瑜那样建功立业、报效国家。如果苏轼在逆境中一蹶不振，悲观厌世，就不可能因想到周瑜的功勋而“早生华发”。人生在世，对目标要有积极进取之心，也要对结果保持达观洒脱，尽力而为，宠辱不惊方能进退自如。最后，可结合苏轼在黄州时期创作的其他作品如《定风波》《前赤壁赋》等深入理解“人生如梦，一樽还酹江月”的思想情感。人生如梦一场，你我皆是匆匆过客，即使是英雄豪杰也被“浪淘尽”，唯有清风与江月永存，回头看走过的崎岖路，可能会有“也无风雨也无晴”的喟叹，这是苏轼独特的旷达，也是他能直面人生一个又一个坎坷的法宝。

### 五、诵读作品

涵泳吟诵是感受诗歌音韵节奏、体会诗人思想情感的有效途径，教师要注重引导学生采用多种形式诵读本词，如教师范读、听名家诵读、师生合作诵读、学生自读、小组合作诵读等方式。注意读准字音、读好节奏、读出情感，熟读中背诵。诵读时展开想象，感受词中周瑜形象，体会苏轼复杂深沉的情感以及丰富的心路历程。

## 综合实践活动设计

### 活动方案一：诵读音（视）频制作

为本词选择合适的背景音乐和图片，配合着音乐诵读本词，制作音（视）频诵读作品，要融入个人对诗歌的理解，注意发音、停顿、轻重、节奏，情感到位，诵读成果在全班展示交流。

### 活动方案二：绘制人物形象

结合对本词的理解，绘制苏轼赤壁参观图，可以手绘或用电脑绘图，要求衣着符合时代特征，神态举止符合词句内容。

### 活动方案三：走近苏东坡

搜集苏轼人生经历资料，借助思维导图展示，撰写阅读感受，写下苏轼经历对自己的启发。

### 活动方案四：豪放词与婉约词比较学习

搜集学过的豪放词、婉约词，比较在题材、语言表达、意象、情感上的异同，加深对两种词派的认知。

# 《青玉案·元夕》：是爱情词还是爱国词？

辛弃疾（1140—1207），字幼安，号稼轩，南宋豪放派词人，济南历城（今属山东）人。辛弃疾出生时家乡已沦陷于金人之手，自幼有雄图大志，一心想收复被金人占领的土地，先后在江西、湖北、湖南、福建等地为守臣。由于他与当政的主和派政见不合，屡遭劾奏，最终退隐山居，临终不忘渡江北伐。本词是辛弃疾的代表作品，也是中职语文教材的经典篇目，历来有很多美评。上阕重在展示元宵佳节盛况，到处张灯结彩、火树银花、车水马龙，满城热闹繁华喜庆。下阕笔锋一转，写在观灯人群中苦苦寻觅意中人的场景，意中人不在灯光最明亮的地方，而是在“灯火阑珊处”，意味深长，饱含深意。

## 课例综述

梳理公开发表的教学设计、课堂实录、备课参考等资料发现，教师在教学这首词时，教学目标集中在以下七个方面：①体会“那人”的丰富意蕴；②体会词人关心国家及民族命运的爱国情怀；③领会托寓、反衬的手法；④学习词人的精神；⑤通过诵读感受词作的美感；⑥合作探究，理解文本；⑦利用感官体会景色的特点。以上教学目标可概括为三个方面。

**1．主题分析**

辛弃疾的大部分词作抒发渴望收复河山的爱国热情，倾诉壮志难酬的悲愤，也有一些吟咏祖国河山的作品。学这首词之前，学生普遍对“众里寻他千百度，蓦然回首，那人却在，灯火阑珊处”这句话较为熟悉，但不知道这句话的准确意思，只简单认为这句话跟爱情有关。学生初读全词后认为这是一首写爱情的词，词风偏婉约。一般教师会在这个时候引导学生：如果是写爱情的，这首词与作者一贯的创作风格大相径庭，接着介绍当时南宋政府懦弱无为，偏安一隅，沉湎于歌舞的时代背景，帮助学生理解本词借寻找意中人表达政治的失意，大部分课例通过这样的流程来探寻本词的主题。

**2．艺术特色**

一是使用比喻、借代的修辞手法。如“东风夜放花千树，更吹落，星如雨”，用的是比喻的修辞手法，表现元宵节灯火璀璨的场景。如“宝马雕车香满路”，用的是借代的修辞手法，写元宵节观灯的游人很多。二是动用视觉、听觉、嗅觉等多种感官描写节日盛况。三是使用反衬的手法。通过火树银花的元夕和盛装艳服的女性反衬灯火阑珊处寂寞孤高的“那人”，用上文的热闹繁华反衬下文的冷清僻静。四是使用寄托的手法，词人借“那人”表达自己不愿随波逐流而自甘寂寞的孤高性格。教师引用屈原《离骚》中“香草美人”的例子帮助学生理解“那人”形象的含义。

**3．三重境界**

王国维在《人间词话》中说：“古今之成大事业、大学问者，必经过三种之境界：‘昨夜西风凋碧树。独上高楼，望尽天涯路。’此第一境也。‘衣带渐宽终不悔，为伊消得人憔悴。’此第二境也。‘众里寻他千百度，蓦然回首，那人却在灯火阑珊处（编者注：应为“蓦然回首，那人却在，灯火阑珊处”）。’此第三境也。”部分教师会提到王国维引用本词的意图，即强调想成就大事业、获得大学问必须经过漫长积累的过程。这个知识点一般可用来拓展学生的知识面，只要求了解，课堂上不做深入分析。

## 教例展示

### 教例一：围绕诗句展开分析，把握人物形象

关于“蛾儿雪柳黄金缕，笑语盈盈暗香去”这句的意思，课本有两种解释：一是写一群女子盛装观灯的情态，二是写词人偶遇的观灯女子，即下文的“那人”观灯的情态。教师可引导学生思考：这两句是写一群女子还是写一个女子，哪个更有审美效果？为帮助学生找到答案，教师可把某交友节目“男嘉宾从24名女嘉宾中挑选1名心动女生”的场面引入教学中，启发学生思考，既幽默风趣又形象生动。以下来自李仁甫老师的课堂片段：

**教学镜头**

**生1** 我认为既写了一群女子，又写了一个女子，即先写了一群，后写了一个。这些佩戴“蛾儿”“雪柳”“黄金缕”的一群姑娘都非作者意中之人，作者在茫茫人海中寻找着，最终发现“那人”在灯火阑珊处。

**师** 这如同某交友节目，有24位女嘉宾，其中只有一位是心动女生。（众笑）在这首词里，美女目不暇接，23位女嘉宾都过去了，最后才亮出心动女生。可是，心动女生长什么样子，作者有没有直接写出来呢？

**众** 没有。

师　这个女子在零落的灯光下，面目模糊，看不真切。你们能够想象出来吗？谁来想象一下？

生12　穿着一袭白衣。

师　素面朝天，非常素雅。你的感受力不错，可是依据是什么？

生12　辛弃疾是把心动女生和其他23位嘉宾放在一起写的，通过其他人可以看出心动女生的形象。（鼓掌）

师　这位同学无意之间道出了作者使用的修辞手法。

众　对比、反衬。

师　对。既然是对比、反衬，如果准确地品味出其他23位女嘉宾的形象，那么心动女生的形象就呼之欲出了。

（参考文献：李仁甫.《青玉案·元夕》课堂实录［J］. 语文知识，2016（21）：5-9.）

教师引入综艺节目的相关环节帮助学生理解词句内容，激发学生学习兴趣，拉近作品与学生之间的距离。教学过程环环相扣，学生自然得出“对比、反衬”的修辞手法，重要知识点由学生自己总结出来而不是由教师灌输。教学中能调动学生想象力，填补词中“那人”外貌的“空白”。最后应该提醒学生回顾问题，确认“蛾儿雪柳黄金缕，笑语盈盈暗香去”是写盛装观灯的一群女子而不是词人要寻找的“那人”。

## 教例二：诗词比较学习，体会作者情感

将戴望舒的《雨巷》与本词比较阅读，帮助学生深入地理解诗人对“那人”的情感。

### 教学镜头

师　请大家玩一个文字游戏，仿照戴望舒《雨巷》末段，把《青玉案·元夕》改写成一段现代诗。

（一分钟后）

生16　手打着灯笼，独自/彷徨在悠长、悠长/又寂寥的巷子/我希望飘过/一个白菊一样地/穿着高洁的姑娘。

师　对照辛弃疾词，意境合不合？如何改动？

生16　“寂寥”应该改为“热闹”。

师　“巷子”似乎小了吧，元宵节的街上人很多，川流不息。

生16　改为“灯街”。

师　这就准确了。

生17　提着元宵灯，独自/彷徨在悠长、悠长/又热闹的灯街/我希望飘过/一个兰花一样地/

穿着淡雅的姑娘。

师　写得非常好。请给刚才两位同学一点掌声。

（参考文献：李仁甫.《青玉案·元夕》课堂实录［J］. 语文知识，2016（21）：5-9.）

诗句改写是难度较大的尝试，本教例中教师要求学生仿照《雨巷》最后一节，给学生具体的改写模板，降低了改写难度。对于学生改写中的问题，教师只负责指出，由学生根据教师意见通过互帮互助进行修改，最终完善了答案。《青玉案·元夕》写了“我”见到的人和“我”要寻找的人，但“我”是如何寻找的过程没有写，通过仿写《雨巷》最后一节，突出“我”在元宵节上寻找意中人的状态，填补了原词的空白，并有效地调动了学生的想象力，帮助学生深入地理解“我”的情感。

## 教学建议

### 一、元宵佳节导入，弘扬节日文化

作为中国的传统节日，农历正月十五的元宵节是为了庆祝每年的第一个月圆之夜，深受老百姓重视和喜爱。据说在宋朝其热闹程度远超春节，当时开封府从冬至后就开始筹备元宵节庆祝活动，天子“乘小辇，幸宣德门”观看花灯演出，与民同乐。在皇帝的带动参与下，元宵节活动往往持续很多天，“万姓皆在露台下观看”“犹得瞻见天表”（《东京梦华录·卷六》），除了赏花灯，还有吟灯联、放焰火、猜字谜、歌舞表演等活动。元宵节也是一年中为数不多特许女子竟夜出游的日子，女子还可以正大光明地与男子同游。南宋迁都后，这一节日习俗得到保留。元宵节又被称为“灯节”“中国的情人节”。

本词的词题“元夕”指的就是“元宵节”，教师可鼓励学生交流对这一传统节日的了解，从而加深对元宵节的认知，弘扬传统节日文化。还可以让学生诵读本词，找出与“灯节”和“情人节”相关的句子。

### 二、扫除阅读障碍，读懂词句内容

学习本词之前，教师一般会布置预习重要字词的音、形、义等作业，但由于中职生诗歌学习的主动意识不强，字词学习不能完全依赖于课前自学，教师必须在课堂上有针对性地讲解，夯实学生的语文基础知识。特别注意“凤箫”“玉壶”的解释，“众里寻他千百度”中“他”的写法，“灯火阑珊处”中“阑珊”的字音、字形和字义，“蓦然回首”中“蓦”的读音和意思，这都是学生的易错处。在理解重要字词的意思后，学生尝试翻译，教师指出问题，指导学生完善答案。

## 三、辨析修辞手法，感受艺术特色

本词善于使用多种修辞手法，如“东风夜放花千树”“星如雨”是借喻，“蛾儿雪柳黄金缕，笑语盈盈暗香去”是借代。学生易混淆借喻和暗喻这两种修辞手法，暗喻的本体和喻体都出现，只是常见的喻词比较特别，通常为：“是”“就是”“成了”“成为”“变成”等。借喻只出现喻体，不写本体和喻词。“东风夜放花千树”写的是元宵节路边的树上挂满花灯，灯火绚烂，犹如春天到了，东风吹开了千树万树的花朵。这里只出现喻体“花”，本体“花灯”和喻词没有出现，所以是借喻。借代指用人或物的某个突出特征代指整体的修辞手法，类似于以小见大，使句子更形象具体，被替代的叫作“本体”，替代的叫作“借体”，“本体”不出现，用“借体”来代替。“蛾儿雪柳黄金缕”写的是女性头上的三种饰品，用饰品代指女性，突出饰品的精美和醒目。赏花灯的其他女子用珍贵的饰品装扮自己，走在灯火最亮的地方，希望吸引路人的关注，与词人要找的“那人”形成鲜明对比。

词人充分调动视觉、听觉、嗅觉等多种感官，从不同角度描写元宵节热闹喜庆的场景。“东风夜放花千树，更吹落，星如雨”“玉壶光转，一夜鱼龙舞”通过视觉展示华美、热闹的烟火盛宴。“凤箫声动”借助听觉展现音乐之美。“宝马雕车香满路”写的是嗅觉，借“体香”代指精心装扮的众人，含蓄生动。

## 四、赏析反衬手法，强化爱国教育

在学生理解词句字面意思后，教师可启发学生思考：从“众里寻他千百度，蓦然回首，那人却在，灯火阑珊处”看，这首词似乎是一首情诗，类似的作品，如欧阳修的《生查子·元夕》是写爱情的，辛弃疾的这首词是否也是写爱情的呢？作者为什么强调所追求的是一位“灯火阑珊处”的女子呢？这一女子长相和装扮并没有描写，她的魅力究竟是什么？为什么让人“千百度”寻找？这一女子为什么不与众人“同乐”，而是一人躲起来“独乐”呢？她为何与周围欢庆的氛围格格不入？教学中要多追问几个问题，引导学生深入思考“那人”的真正含义。

为帮助学生回答上述问题，教师需要介绍本词的创作背景和词人的生平。关于本词的创作时间，学界有多种说法。有人认为是南宋乾道七年（1172年），也有人指出大约作于淳熙九年（1182年）至绍熙二年（1191年）之间。1172年和1191年分别对应辛弃疾的32岁和51岁，这个年龄段还在寻找意中人的可能性比较小。

不妨结合时代背景和辛弃疾生平理解，辛弃疾一生主张抗金收复中原失地，却遭到主和派的反对和排挤，两次被贬官，长期闲居于江西上饶市。可以看出，当时主张抗金北伐的他在朝廷中是被边缘化的少数派，当时皇帝等当权者“主和投降”，只想在临安“苟且偷生”。如果说“主和投降”派是词中的“众人”，辛弃疾就是“灯火阑珊处”的“那人”。本词表面上是写寻找意中人，实际上是抒发作者的政治苦闷，表达作者因不被重用而自甘寂寞，不愿与世俗同流合污的孤高品格，间接抒发了词人坚定的爱国情感。本词上阕极力渲染的豪华热闹的元宵节场面与作者所追求的“那人”形成强烈反差，表现“那人”的孤傲形象，这种反衬手法使用非常巧妙，教学中应重点引导学生品味。

借女性形象抒发爱国情感是中国古典文学的一大特色，最早可追溯到屈原《离骚》中的“香草美人”。古代文人常常用美人意象委婉、曲折地表达心志。教师可根据学情进行适度拓展。

### 五、注重诵读训练，提高诵读能力

反复诵读是古典诗词学习的重要方法，诗词教学要把诵读放在首位。在理解词句内容的基础上，从诵读入手，通过学生自读、教师范读、音视频展读、学生美读等方式训练学生的诵读能力。鼓励学生为本词选择合适的背景音乐，在诵读中将自己的情感和理解融入词句中，在反复诵读中加深对字里行间节奏的感受和对情感的领会，在反复诵读中开启想象之门，充分感受诗歌中的“众人”“那人”形象，感受作者的孤寂感。要求学生在诵读中达到自然上口，熟记词句，从而丰富个人情感体验，陶冶情操。

## 综合实践活动设计

### 活动方案一：制作诵读音（视）频

学生选择适合本词的背景音乐（图片），诵读本词，制作音（视）频诵读作品，注意发音、停顿、轻重、语气等准确、到位，在全班展示成果。

### 活动方案二：绘制“那人”人物画像

词中的“那人”只写了所处的位置在“灯火阑珊处”，关于“那人”的外貌衣着、神态举止都没有写。请学生发挥想象力，为“那人”绘制画像，需说明绘制依据和设计意图。

### 活动方案三：制作微视频

借助网络资料或者自己拍摄（请喜爱汉服的同学出境演出）视频，制作本词有关的微视频，作品应展示本词中元宵节的场景和人物，情感符合原词。

### 活动方案四：评选最优诵读

搜集本词的诵读音（视）频资料，分析每个诵读版本的特点，分别打分，选择最喜欢的音（视）频诵读，写明推荐原因，上传到学习平台，同学间互相点赞、评论。

### 活动方案五：元宵节诗词比较阅读

搜集元宵节相关的诗词作品，比较这些作品在内容选择、结构安排、手法运用、语言特点和情感表达上的异同，尝试撰写研究论文。

# 《沁园春·长沙》：挖掘课程思政资源

朗诵视频

毛泽东（1893—1976），字润之，湖南湘潭人。伟大的马克思主义者，无产阶级革命家、战略家、思想家和理论家。中国共产党、中国人民解放军和中华人民共和国的主要缔造者和领导人、风格卓异的诗人、书法家。

沁园春，词牌名。“沁园”为东汉明帝为女儿沁水公主修建的皇家园林，据《后汉书·窦宪传》记载，沁水公主的舅舅窦宪倚仗其妹贵为皇后之势，竟强夺公主园林，后人感叹其事，多在诗中咏之，渐成“沁园春”这一词牌。

《沁园春·长沙》是毛泽东于1925年晚秋在长沙所作。当时他离开故乡韶山去广州主持农民运动讲习所，途经长沙，重游橘子洲，感慨万千，随即写下了这首词。词中通过对长沙秋景的描绘和对青年时代革命斗争生活的回忆，抒写出革命青年对国家命运的感慨和以天下为己任、蔑视反动统治者，改造旧中国的豪情壮志。

## 课例综述

从搜集的教学课例看，目前一线教师的教学内容主要围绕以下几个方面展开。

**1．导入新课**

介绍词牌来历、词的分类以及创作背景。大多数教师在导入环节都会介绍“沁园春”这个词牌的来历以及词牌（词调的名称）与词的标题（词的内容）的区别，有的教师把创作背景放在导入环节，有的教师在赏析“独立寒秋”这句时引入创作背景，赏析“粪土当年万户侯”这句时，引入毛泽东和同学青年时期在长沙的革命活动，避免学生先入为主，效果会更好。

**2．品读上阕，描绘湘江秋景图**

大多数教师抓住关键词语（诗眼）“看”，引导学生注意诗人观察视角的变换和写景的顺序，抓住几个动词进行炼字分析，有的教师采用换字法，比如把“独立、击、翔、竞”换成“站立、飞、游、多”，让学生对比体会字词的含义，效果很好。

**3．品读下阕，概括“同学少年”的精神风貌**

教师适时引入毛泽东和同学们组织的革命活动以及本词的创作背景，帮助学生理解“同学少年”的形象，他们是一群向旧世界宣战的斗士，他们风华正茂、奋发有为、蔑视权贵，具有改造旧世界的革命精神。

**4．思想感情**

多数教师能引导学生比较作者笔下的湘江秋景与古人的悲秋之景的不同，从而理解老一辈革命家的乐观主义、英雄主义情怀。有的教师更进一步，引导学生结合诗人的气度、胸襟、性格、身份等探究为何不同；有的教师抓住诗词中的青春主题，挖掘本词的课程思政资源，针对当代社会有些青少年惰性十足、沉迷网络、躺平摆烂的现象，引导学生思考新时代青年如何树立大局意识、担负国家责任。

## 教例展示

抓意象，品意境，品味磅礴大气的湘江秋景图。教师引导学生思考“独立寒秋”与传统诗歌悲秋意境的差异。先品析湘江秋景图，再知人论世，补充青年毛泽东的长沙经历，比较清晰地把握诗歌的情感基调。以下为万涛、庄骏老师的教学片段：

赏析作者笔下湘江秋景的特点。先结合当时社会环境和写作背景，引导学生思考“独立寒秋”是否跳脱传统凄凉萧索的意境。接着请学生描述作者笔下景色的特点。学生分别从色彩的运用、动词的选择、角度的摄取方面分析，认为作者笔下的秋景美丽多姿、充满生机，给人磅礴大气的感觉，虽写秋景但不衰飒。

### 教学镜头一

师　请大家感受一下，这段景色描写带给你一种怎样的整体感觉？

生　大好河山美丽多姿、充满生机，给人一种磅礴大气的感觉。

师　那么作者是如何做到写秋景而不衰飒的呢？让我们来仔细品一品。请同学们找一找特别有表现力的词语并加以分析。

生　我觉得这首词在色彩的运用上很有特点。作者选取了“红”“碧”两色，“红”象征着乐观和激情，“碧”象征着生命和希望，两种颜色都富有生命的力度，勃发着生命的光彩。再加上“遍”“透”的程度修饰，一个“遍”字强调了“红”的广度，使得整幅画面呈现出一种鲜艳的蓬勃的色彩；一个“透”字强调了“碧”的深度，整个湘江碧绿通透，没有一丁点杂质和瑕疵，才配得上那漫山遍野的鲜红。而且，“红”“碧”二色对比度很强，“红”在“碧”的映衬下愈显其“红”，“碧”在“红”的映衬下更显其“碧”，红枫碧水，交相辉映，流光溢彩，鲜艳夺目。

生　我觉得这首词在动词的选择上也很讲究。鹰飞长空，作者却用“击”字取代“飞”，更能显出雄鹰的刚健有力和勇敢无畏；鱼游浅底，作者又用“翔”字取代“游”，更能体现鱼儿的轻松自如和潇洒从容。鹰击之刚，鱼翔之柔，刚柔并济，都体现出寒秋中顽强的生命力。再看那滚滚北去的湘江水，湘江之上争先恐后的百舸，无一不给碧绿清澈的江面增添了昂扬奋进的气息。最值得玩味的是“层林尽染”中的“染”字。“染”是一个着色的过程，生动形象地写出了枫叶颜色深浅浓淡的变化，和“万山红遍”相照应，在静态的描摹中又赋予了动态的美感，也使得画面更有层次。在“万类霜天竞自由”的总括下，一切景物都处于动态之中，秋天不再是生命衰微的象征，而是充满了生机的时节。

生　我觉得作者在角度的摄取上也花了心思。他站在橘子洲头，以“看”字引领，“万山”一句写远处之景，“漫江”一句写近处之景，“鹰击”一句写高处之景，“鱼翔”一句写低处之景。远近结合、高低结合，多角度、多层面地展示了秋景。再看景物的选择，山、林、江、舸、鹰、鱼，大小无遗，意蕴丰富。字里行间，爱秋之心，何等热切；赞秋之情，何等浓烈。

感悟作者丰富而多层的情感。学生抓住关键词语概括同学少年的形象，教师介绍毛泽东青年时期的长沙经历。最后回到开篇，进一步理解“独立寒秋”为何全无萧瑟凄凉之感。

### 教学镜头二

师　带着这种理解，我们回过头来再看开篇之“独立寒秋”，里面到底蕴含着怎样的境界呢？

生　虽是“寒秋”，但作者的“独”恐怕不是无人相伴的孤独，而是一种傲立天地、舍我其谁的气概；而“立”也不仅仅是简单地站在橘子洲头，更蕴含着坚定挺拔、傲岸威严的姿态。

师　说得非常好。橘子洲、湘江畔、岳麓山，曾是学生时代的毛泽东和他的同学好友常来畅游之处。壮丽的山水陪伴着他们的峥嵘岁月，激发着这群时代骄子的豪情壮志，送他们走上革命征途。1925年深秋时节，青年毛泽东独自来到橘子洲头，眼前的山水唤起他的思忆，激荡着他的心胸。改天换地的革命理想，昂扬奋发的青春活力，继往开来的英雄斗志，这一切，通过写景、忆旧的笔墨痛快淋漓地挥洒出来。由此，我们也就不难理解为什么毛泽东笔下的“寒秋”全无萧瑟凄凉之境，而尽是绚烂多姿、生机盎然之景了。唐代永贞革新的主要人物刘禹锡的《秋词》中，“自古逢秋悲寂寥”的下一句便是“我言秋日胜春朝”；唐末农民起义领袖黄巢的《不第后赋菊》中，“冲天香阵透长安，满城尽带黄金甲”也盛赞了秋之美景。毛泽东更是多次赞美秋天，如《采桑子·重阳》中的“一年一度秋风劲，不似春光。胜似春光”，《渔家傲·反第一次大“围剿”》中的“万木霜天红烂漫”，《清平乐·六盘山》中的“六盘山上高峰，红旗漫卷西风”等，都将秋天比喻为一位立志改造社会的革命者，对秋风除旧育新的热烈礼赞。

（参考文献：万涛，庄骏. 我言秋日胜春朝——部级精品课《沁园春·长沙》品鉴［J］. 语文教学通讯，2022（19）：15-18.）

## 教学建议

毛泽东的诗词与中国革命历史紧密联系，体现出革命伟人的博大胸襟和领袖气质。但学生对毛泽东的革命经历和他的诗词作品相对陌生，仅止于学过的《沁园春·雪》。这首词的主旨通常表述为：表现了革命者的革命豪情、革命乐观主义、革命英雄主义情怀。教师可以引领学生从炼字层面沉浸于言语中细细涵泳；可以采取对比阅读引导学生领悟一代伟人独特的豪放词风；可以尝试剥离政治话语的负荷，从“青春的魅力”的视角触摸作者的心灵世界，并将其带入其境，感受作者内心青春飞扬的激情以及对青春岁月的留恋，从而启发自己对青春岁月的感悟。

### 一、理解诗歌内容，传承革命文化

《中等职业学校语文课程标准》（2020年版）的课程目标第7条提到“继承、弘扬中华优秀传统文化和革命文化，抵制文化虚无主义错误观点，培育文化自信，不断完善道德品质和人格修养”。教师可以引导学生从诗的炼字层面入手，理解诗中的革命文化。

（1）先看前三句，重点理解“独立”二字的含义。

开头点明漫游的时间（秋季）、地点（橘子洲头）。看上去很平淡，但有几个字值得玩味，要引导学生琢磨。

“独立”能不能换成“站立”？“独”强调的是诗人一个人漫游橘子洲，一方面与后面的“百侣”形成对照，另一方面也反映了身处险境中的作者临危不惧的气魄。引入古诗词中的“独上西楼”“独怆然而涕下”“独钓寒江雪”等名句，“独”字都不只是强调形象，更表现心境。另外，这首词写于1925年，毛泽东回湘养病，因多次组织农民协会，遭湖南军阀赵恒惕追捕，“寒”字不仅是写自然环境，也写出了险恶的社会环境。如果换成“站立”就体会不到诗人的傲然独立的心境了。

“湘江北去”让人联想到苏东坡的诗句“大江东去浪淘尽”，给人时光流逝，英雄辈出的想象。“橘子”象征砥砺志节的君子，来源于屈原的《橘颂》，屈子被贬后也曾到过长沙。橘子洲头既是地点，又能引发作者对历史的遥想，与作者此时的心境相符，尽管革命形势多变，作者矢志不渝的革命情志不变。

（2）“看”字引领的七句是写景，足以显出作者炼字的功力，需要细细品味。可以启发学生以外出观景的亲身体验来理解诗人写景的视角变化。重点理解诗人笔下秋景图的特点。

作者先远眺山林，再近观江河，接着仰视苍鹰，然后俯视江鱼，不断转换观察视角，山川秀色尽收眼底；每个物象前有一个修辞词，“万”写山多，“遍”写范围广，“层”写林繁密，“尽”写颜色深，“漫”写水充盈，“透”写水之清，“击”写飞之矫健有力，“翔”写游之轻快自由，最后归结为一个“竞”字，写出万物共同的特质：积极主动地争取自由生存的空间，拥有蓬勃旺盛的生命力。“红”和“碧”两个颜色对比鲜明，可以提问学生对两个颜色的评价，大红大绿是中国人的传统审美，因为这两种颜色饱满艳丽，也富有生命的活力。“红”和“绿”本应让人直接联想到春天的红花绿叶，但此处写的是秋日的红叶碧水，“红”象征革命，“万山红遍”象征革命必成燎原之势。作者笔下的湘江秋景图色彩绚丽、朝气蓬勃，完全摆脱了中国古典诗歌的“悲秋”传统，显示出革新的气度。

学生已经知道写了什么，还可以追问学生毛泽东为什么要写这样的秋景图？提问学生回忆秋日出游看到的景色，心境不同，同样的景物给人的感受是不是不同？引导学生理解意象的选择取决于作者的主观思想情感，毛泽东抒发的是搏击风浪的豪情壮志，不是小桥流水人家的乡愁，也不是报国无门的哀怨，更重要的是，它展示了毛泽东的“动”“斗”人生观；这也与作者的伟人气度有关，他不是多愁善感的纤弱文人，而是充满豪情的革命家。提醒学生对照以往学过的“悲秋”诗歌，谈谈这首词不一样的地方。

（3）上阕的最后三句是设问句，提出“谁主沉浮”的问题，衔接的逻辑是由天地万物转向人类社会，由大自然的奥秘的思考转向对国家命运的质询。这也展现了一个政治家的胸怀气魄，同样都是年轻人，当下的年轻人生活在和平繁荣时代，看到这样的景象可能大多只会惊叹其壮观吧。

（4）下阕的前三句是对“谁主沉浮”的含蓄回答，“峥嵘岁月”指不平凡的斗争生活，“稠”字形象说明了革命风云变幻迅猛。

（5）接着七个句子，节奏明快，塑造了“同学少年”的形象。重点引导学生理解毛泽东一代青年积极用世、报效国家的豪情壮志，并思考生活在和平年代的青年该如何树立自己的理想。

引导学生思考：如果记录你的中职（中学）生活，会有哪些事情值得抒写？教室里奋笔疾书，田径场上的奔跑追逐，宿舍里的高谈阔论，文艺晚会上的争奇斗艳？和百年前的毛泽东这群青年相比，有哪些区别？品味炼字，“恰”“正”“方”写出了年华之盛，“茂”“遒”写出了才情之美，“指点”形象地写出了同学少年潇洒自信地投入斗争的风貌，“激扬”写出他们立场坚定，以文字为武器，荡涤旧观念，高扬新思想。

“粪土当年万户侯”表达了以天下为己任，不为个人功名利禄，报效国家的豪情壮志。这里可以补充毛泽东和他的同学蔡和森、何叔衡、张昆弟等的革命活动，比如毛泽东在长沙组织了湖南学生联合会、新民学会，开办平民夜校、文化书社和湖南自修大学，参加反袁斗争，领导了驱逐张敬尧等军阀的活动，创办了《湘江评论》，组织成立马克思主义研究会等。这些革命活动为中国共产党的成立做了准备，正是这些锻炼让毛泽东认识到青年才是主宰中国命运的力量。

引导学生思考：青年人为生于和平年代而庆幸，但未必能关心国家社会，如何树立大局意识、担负国家责任？现在越来越多的青年人关注科技发展、环境保护、世界和平，可以说，每一代青年都有杰出的代表，青年人不应该只做低头族，埋头手机书本之中，忘记了这波澜壮阔的时代同样需要他们的参与。

（6）最后三句，诗人的笔锋突然一转，前面是写同学少年如火如荼地参加革命活动，是概述的，抽象的，这里却写的是“中流击水，浪遏飞舟”这个具体的细节，有何用意？

理解“浪遏飞舟”的象征意义，它生动形象地写出了同学少年在革命的洪流中战胜一切困难，鼓帆前行的精神风貌，象征了一代革命青年乘风破浪、战天斗地的革命豪情。这里它也回答了“谁主沉浮”这个问题，正是这些“浪遏飞舟”的年轻人才是革命的舵手，他们才是主宰国家命运的力量。

## 二、对比阅读，感受毛词独特的豪放词风

本词气势宏大，尽显毛泽东豪放词风，词中色彩绚丽、朝气蓬勃的湘江秋景扫除了中国古典诗歌的“悲秋”传统。柳亚子在给毛泽东《沁园春·雪》的和词中写道：“算黄州太守，犹输气概；稼轩居士，祗解牢骚。[①]”“黄州太守”指的是苏轼，柳亚子认为豪放派的开山鼻祖苏东坡在诗歌气势上也要输给毛泽东，这是对毛泽东诗词的高度褒扬。

引导学生对《沁园春·长沙》与《念奴娇·赤壁怀古》进行比较阅读，感悟两者词风的异同。柳亚子将毛泽东与苏轼相比，确实是因为两人词风相似，毛泽东正是继承并发展了苏词，形成自己独特的豪放词风。比如在山川景物描写上，毛词雄伟壮丽，苏词雄浑悲凉；在世界观和人生观上，苏词虽襟怀豁达，但更多的是自我宽慰，流露出怀才不遇的感伤，毛词则格调激昂，催人奋进，抒发以天下为己任、改造旧世

---

① 张明观. 柳亚子史料札记二集［M］. 上海：上海人民出版社，2014：193.

界的革命豪情，与古代文人的世界观和人生观迥然不同。可以进一步引导学生思考产生差异的内在原因，比如毛词渗透的是毛泽东“斗”的文化品格，“斗”有两层含义：一是劳动人民与“天”（自然）斗；二是与统治者、侵略者斗争。这是对中国传统的“天行健，君子以自强不息”“人定胜天”的积极入世思想的弘扬和发展，而苏词体现的是传统的尊天抑人的观念以及追求天人合一的境界。

## 三、理解青春主题，激发学生的家国情怀

“恰同学少年，风华正茂”这句描写青年意气风发的诗句传诵至今。因为时空差距，伟人的革命情怀、政治抱负不一定能引起学生的情感共鸣，但是青春的情感体验是相似的。“自信人生二百年，会当水击三千里”（毛泽东《七古·残句》），青春是人生的黄金时期，哪一个有为青年不是意气风发、壮志满怀？当然，不同时代青年的志向有所差异，但这首词确实能激发起人内心的“向未来”的力量，这是对现在很多年轻人“躺平”“摆烂”心态的警醒，有很强的现实意义。

另外，可以补充毛泽东、周恩来等人早期的诗歌，使学生理解这首词反映出的毛泽东那一代革命者的青春激情，如毛泽东《咏蛙》中的“春来我不先开口，哪个虫儿敢作声”，说明毛泽东从小就有领袖气质；毛泽东《七绝·改西乡隆盛诗赠父亲》中的“埋骨何须桑梓地，人生无处不青山”，表明毛泽东少年时期就有胸怀天下、志在四方的远大抱负；周恩来《大江歌罢掉头东》中的“面壁十年图破壁，难酬蹈海亦英雄”，抒发了少年周恩来立志为祖国人民做一番实业的豪情壮志。

## 综合实践活动设计

### 活动方案一：革命家作品专题研讨会

学生选择某一位革命家的作品进行精读研习，并参阅革命家传记和相关研究文献，围绕作品的语言风格和思想内涵确定研究专题，撰写专题研究报告、组织专题研讨会，理解老一辈无产阶级革命家的革命精神和人格品质。

### 活动方案二：毛泽东诗词诵读会

学生以4～6人为一小组，选读毛泽东诗词，组内互相交流朗诵，推举一位代表参加班级诵读会。目的是通过诵读活动，感受毛泽东诗词的魅力。

### 活动方案三：表演情景剧

教师挑选毛泽东各个时期的诗词代表作，学生根据某一时期诗词内容分组准备课堂情景剧。要求：每个小组先合作研读所选的毛泽东诗词；查询诗词的写作背景和社会背景资料，进一步消化诗词内容；写好剧本，并组织排练；课堂表演故事情节，穿插吟诵毛泽东诗词。这一活动旨在深化理解毛泽东诗词内容，传承革命文化传统。

### 活动方案四：参观爱国主义教育基地，了解革命历史故事

以班级为单位组织学生进行实践调研活动，前往本地爱国主义教育基地，了解革命历史故事，感受革命精神，了解革命文化。

### 活动方案五：访问革命先辈，了解其事迹，理解其思想境界

组织学生访问当地革命先辈，做好访问记录，学会访问人物，写访谈报告，了解革命文化。

# 第二章
# 散文

## 导语
## ——读出“这一篇散文”中的“我”

福建师范大学教授孙绍振曾批评中学语文知识落后于学术界二十到五十年，而散文教学表现得尤其触目惊心。有很多教师谈到散文的特征，张口就答“形散而神不散”，除此之外，并无所知，碰到一篇散文，不问三七二十一，全部套用“形散而神不散”的分析框架，使教学味同嚼蜡。

实际上，“形散而神不散”并不能概括所有散文的特征，比如朱自清的《背影》，集中回忆“我”回家奔丧的琐事，形并不散。《藤野先生》并非为了写藤野先生，而是为了表达鲁迅留日期间的复杂感受，课文前半部分写的是东京见闻，与藤野先生毫无关系，如果按照“形散而神不散”的套路分析，一切材料（“形”）都聚焦到“怀念藤野先生”（神）上，很牵强，也会忽略作者内心更为复杂的感受。实际上，“形散而神不散”是20世纪60年代提出的，主要是对以杨朔为代表的一批散文特点的概括，比如《荔枝蜜》，无论怎么迂回铺垫、欲扬先抑（“形散”），最后都回到“歌颂劳动人民”的中心上（“神不散”）。因此，“形散而神不散”适用于那些千回百转而“卒章显志”的散文，并不适合所有的散文，而且它也只是从文本选材、布局、结构的角度揭示散文的形式特征，还未触及作者独特的情感体验。

那么，散文的本质特征是什么呢？

散文有广义和狭义之分，广义的散文指“一切口语化或书写式的、不具有韵文那种有规律性的格律单位的文章”①，也就是说，除诗歌之外，其他一切非韵文体裁，比如小说、戏剧、传记、政论等都被收入散文麾下。狭义的散文指与小说、诗歌、戏剧并列的一种文学体裁，它在文学殿堂占据一席之地，那些非文学的实用散文（包括论著、论文以及日常生活所使用的各种应用文章等）往往只有实用价值而缺乏审美价

① 傅德岷. 散文创作与审美［M］. 广州：花城出版社，1990：142.

值，不被纳入文学性散文之列。把中职（中学）语文教材中的散文划定为文学性的现代散文（本书把古代散文单列，放在文言文一章），如何确定适宜的散文教学内容和教学思路，是目前散文教学需要关注的重要问题。

作为一名语文教师，面对一篇散文，不妨首先问自己两个问题：为何要教学“散文”？如何教学“这一篇散文”？前者追问的是文本的“类性”，需要辨识散文区别于其他文体的审美特征，把散文教成散文，而不是教成小说、诗歌或其他文类；后者追问的是文本的“篇性”，需要抓住“这一篇散文”的个性化审美特征，实现由“这一类”散文教学走向“这一篇”散文教学。实际上，“篇性”审美特征的挖掘是决定散文教学内容价值的关键。

首先说“类性”。小说往往以跌宕起伏的故事情节和完整的人物形象吸引读者，诗歌往往以生动形象、富有感染力的意象取胜，那么散文的艺术感染力呢？近代散文家梁遇春在《小品文选·序》中写道，小品文（散文）“好像只是茶余饭后，炉边床侧的随便谈话，并没有俨然排出冠冕堂皇的神气，所以这些漫话絮语能够分明地把作者的性格烘托出来，小品文的妙处也全在于我们能够从一个具有美妙的性格的作者眼睛里看一看人生”[①]。他指出散文是作者性格的投射。作家贾平凹指出：“散文所描写的形象是人、物、景的某些局部或片段。它也写人，必须三笔五笔，极快地勾勒出形象来；它也说理，但须缘情说理；它也写景、写物，但须以景、以物抒写情怀抱负，即抒胸中之情。[②]”他指出散文贵在抒写真情实感。“一切皆著我之色彩”，“一切皆从作者的主观感受出发”是散文表现生活的独特方式。郁达夫一针见血地指出散文的根本特征：自叙性。“现代散文最大特征，是每一位作家的每一篇散文里所表现的个性，比以前的任何散文都来得强……现代的散文，更带有自叙传的色彩。[③]”“我”既是叙述主体，又是情感体验表现的主体，赤裸裸地展示自己的内心世界和人格。在真实地表现“自我”方面，散文比其他文体更坦露，无隐藏，散文实际上是一种“私人的供状”，供认自己的生活经验和情感体悟，越真诚，越独特，越能打动人。

写真实的“我”是散文的核心特征和生命所在。散文的“真”表现在：一是题材的真，散文写的是真人真事，而不像小说、戏剧等描绘的是虚构的世界；二是感情的真，散文作者直接把自己的真情实感写出来，而不是通过故事情节、戏剧冲突、人物性格、诗歌意境等来表现，散文中的“我”就是作者本人，而不是作者设定的叙事者。

因此，散文的写人叙事、抒情说理都只是表面现象，根本目的是写情感体验。比如叙事类散文也借用小说的叙事和描写的艺术手法，但它不是为叙事而叙事、为写人而写人，而是通过写人叙事表达作者对社会人生的独特感悟。写人叙事只是文本的表

---

① 陈挺，邢国涛．理论学术研究［M］．长春：吉林人民出版社，2007：144．

② 王永生．贾平凹文集（第14卷）［M］．西安：陕西人民出版社，1998：91．

③ 金戈，李文忠．文本解读的智慧［M］．太原：山西教育出版社，2015：44．

层，写独特的情感体验才是最终目的。因此，叙事性散文教学不能止步于人物形象分析，而应更进一步，以人物形象分析为抓手，捕捉作者在写人叙事中所蕴藏的独特情思，老舍的《我的母亲》表面上是回忆母亲的生活琐事，实际上是抒写作者独特的母爱体验，母亲的形象分析只是基础，重点应该引导学生走进老舍的内心世界，品味老舍独特的母爱感受。朱自清写作《背影》的初衷不是记叙回家过程和离别琐事，而是吐露作者对父爱的独特感受。散文教学如果停留在人物形象分析层面，就把散文教成了小说，根本原因在于没有把握散文的"类性"，因为散文教学的核心价值是感悟作者个性化的情感体验。

另外，散文又可分为叙事散文、写景散文和议论（说理）散文三类（以往的散文分为"叙事散文、抒情散文和议论散文"，这里暂不采用，因为所有的散文都是抒发作者独特的情感体验的，抒情散文只能是散文的上位概念，不是下位概念）。叙事散文叙事多一些、写景散文写景多一点、议论散文议论说理多一些，每类散文的教学价值点不同。叙事散文以记叙人物、事件为主，叙事不要求情节完整，往往通过生活片段、生活场景和细节描写表现人物的形神风貌，表达作者的情感体验。比如老舍的《我的母亲》。写景散文主要是借助景物、事物抒发作者的生活体验和感悟，基本特征是寓情于景、寓情于物，借物抒情，托物言志。教学这类散文要把握景物的特点，了解作者生平、思想，准确把握作品的意蕴，比如朱自清的《荷塘月色》。议论散文以发表议论、阐述事理为主，不是靠议论文的三要素进行严密的逻辑论证，而是借助于感性的具象表达某种观点，比如潘向黎的《做个唐朝少年郎》。教师必须依据不同的散文类型实施教学，首先要教作者有什么独特的情感体验，还要教作者如何抒情，是通过写人叙事、写景，还是议论说理？如果是叙事抒情，要引导学生通过叙事细节、叙事视角等品味作者独特的情感体验；如果是写景抒情，要引导学生通过景物特点、写景手法品味作者独特的情感体验；如果是议论抒情，要引导学生通过审美、审丑、审智品味作者独特的情感体验。落脚点都是作者的独特情感体验，只是表达的方式不同，教学的价值点也不同。

再说"篇性"。好的语文教学，要以类性辨识为基础，以篇性揭秘为要旨，由"这一类"走向"这一篇"。类性与篇性相辅相成，你中有我，我中有你。上海师范大学教授王荣生认为散文具有"两栖性"，它既具有文章的写实性，又体现着文学的文学性①。他认为散文的写实性是指散文有"外在的可以指认的言说对象"，比如朱自清《荷塘月色》中的荷塘就是清华园里的荷塘，但散文并非要如实反映外在的那个客观的言说对象，而是通过高度个人化的言说对象和言说方式表现作者的主观情思。散文的"篇性"体现在个性化的情感体验和个性化的言说方式。散文阅读往往要与作者这个人联系起来，教师要引导学生把自己的"已有经验"与"这一篇"散文所传达的作

① 王荣生．中小学散文教学的问题及对策［J］．课程·教材·教法，2011（09）：49-55.

者经验建立连接，引导学生往“作者的独特经验里”走。十多岁的中职（中学）生未经世事，与有着丰富人生经历的作者有着很远的时空距离，如何建立连接？正因为作者的经验与学生不同，学生才需要去读作品，丰富拓展他们的人生经验。王荣生认为散文阅读要领可以归结为一句话，“分享作者在日常生活中的人生经验，体味精准的言语表达。[1]”

现代语文教育家叶圣陶的《语文教学二十韵》有言，“作者思有路，遵路识斯真。”散文教学理应引导学生通过言语，体会作者情动而辞发处。不同时期的散文有不同的样式，不同作者的散文有不同的风格，因为散文极具个性化特征。比如，朱自清写荷塘月色，一连用了十几个比喻，且多是明喻，余光中认为不好，孙绍振则认为这些比喻孤立起来看比较平庸，但整体效果是好的，构成一种互相渗透的和谐，这篇抒情散文的动人之处就是情绪、感觉和语言达到了和谐统一，给人强烈的印象，“恰到好处”，使散文构成了诗化的意境[2]。

很多教师把“这一篇”散文教成“这一类”散文，没有挖掘“这一篇”散文的独特个性。把所有的散文教成同一类散文，散文教学不考虑具体文本的个性特征，是当前散文教学的一大误区。

---

① 王荣生. 阅读教学设计要诀［M］. 北京：中国轻工业出版社，2014：173.

② 孙绍振. 名作细读 微观分析个案研究［M］. 上海：上海教育出版社，2009：92.

# 《我的母亲》：感恩母爱

老舍（1899—1966），原名舒庆春，字舍予，中国现代著名的小说家、戏剧家，代表作有《骆驼祥子》《四世同堂》《龙须沟》《茶馆》等。老舍对故乡北京下层劳动人民的生活非常熟悉，其作品具有浓烈的地方色彩，被誉为“现代语言艺术大师”，也是新中国第一位获得“人民艺术家”称号的作家。《我的母亲》是一篇质朴无华、情真意切的回忆母亲的散文。文章通过记叙母亲一生的遭遇，表达了作者对母亲的无限敬爱和无以报答母亲恩情的愧疚之情，也塑造了一位有着典型东方女性性格特征的平凡而伟岸的母亲形象。

## 课例综述

通过查阅相关课例，包括教学设计、教学笔记、课堂实录、课件等相关资料，发现教师通常的教学思路是：导入新课，交代作品的时代背景、作者简况等；概括散文情节，理清课文思路；从白描手法、肖像、行为描写等方面分析概括人物形象，概括文章主题；品析散文的生命教育并总结散文写作特色等。教学过程虽不免平铺直叙，却也几乎面面俱到，课堂结构也很清晰，教师以及学生都易于把握，比较便于完成预定的教学任务。教学内容侧重围绕作品主题、白描手法、人物形象三个方面进行，总结如下。

### 1．作品主题

绝大多数课例主要集中于作者及文章写作背景介绍，经由背景逐渐触及主题。老舍幼年丧父，由母亲独自带大，和母亲有着无比深厚的感情。老舍的母亲于1942年夏季病逝于北平（今北京），当时的老舍孤身一人在中国抗战大后方从事抗战文艺创作和组织工作。最初，他的家人没敢把母亲病故的消息立即告诉他，害怕加重他的痛苦，1942年12月26日才在家信里透露噩耗。本文便是老舍以抗战为背景，为纪念母亲而写的。与大多数忆念母亲的文章一样，本文的主题思想就是讴歌博大无私的母爱。

### 2．白描手法

多数教师侧重从以下三个方面来分析概括母亲的形象。

一是有关母亲肖像的白描。要求学生用勾画、圈点、做批注等方式，找出文中描写母亲肖像的句子，让学生按从前到后的顺序，接力分享找出的句子，对母亲的形象进行分析，再回顾讲解肖像描写手法。如“舅父与表哥们往往是自己掏钱买酒肉食，这使她脸上羞得飞红”，“羞得飞红”是外貌描写，十分形象地表现了母亲因家里拿不出东西招待亲戚的尴尬和羞赧。

二是有关母亲行动的白描。特定环境下的行为和动作，最能反映人物的性格特征。如对“我”小学毕业后不去谋生，又私自偷偷考取师范学校，母亲不仅没有责备，反而尽力凑齐了学费，而后还“含泪”送小儿子去上学。这个“含泪”可谓内涵丰富，“五味杂陈”：既写出了母亲为成全儿子承受的巨大压力，作出的巨大牺牲和艰难抉择，又写出了母亲对“我”的疼爱、不舍却又不愿耽误孩子前途，只能委屈自己，宁愿独自承受亲人分离之痛的矛盾复杂的心情，表现了母亲忍辱负重的形象。又如，“我廿三岁，母亲要我结了婚，我不要。我请来三姐给我说情，老母含泪点了头。”这个“含泪点了头”，则写出了母亲为尊重儿子的选择，不得不违心改变主意委屈自己的苦情。

三是有关母亲语言的白描。课文关于母亲语言的描写只有难得的一处，那便是：除夕，“我”请了两小时的假回家看望母亲，临走时，母亲递给“我”一些花生，并说“去吧，小子”。这是全篇之中母亲说的唯一的一句话。大音希声，大爱无言。短短四个字，却是极富个性化的语言，内蕴丰富。透过母亲说话时的声音、语态，分明可以让人感悟到老人的舐犊深情，而独自品尝的却是除夕之夜清炉冷灶、形影相吊的孤单寂寞。母爱无私而深沉。

### 3．人物形象

主要从两方面着手。

一是在特定的环境中彰显母亲的坚韧顽强。引导学生从寥寥的概述文字中认识母亲生活的时代和家庭，认识她所处的战乱、饥荒、瘟疫流行、贫困的生存环境。具体又从两方面入手。

（1）生逢乱世却又顽强的母亲。国运不昌，百姓遭殃。母亲一生经历了晚清至民国又至抗战时期。她漫长的一生是在家国动荡、战乱频繁的京城度过的。在此基础上加深对母亲顽强坚韧性格的理解。

（2）一生艰难勤劳的母亲。母亲所处环境的第二个方面是家境的艰难。在学生讨论的基础上梳理母亲的家庭状况：其一，母亲一生贫困。其二，家庭人口多。母亲先后生了八个孩子，家里还有个不做事的姑母。其三，家人亡故。母亲早早失去丈夫，守寡终身；儿女夭亡，八个孩子只长大四个，割肉之痛；晚年老儿子又常年漂泊在外，牵挂之苦。

二是在与他人的关系中发掘母亲的宽厚善良。具体也分两方面。

（1）母亲与邻居的关系。母亲与邻居的关系朴实而富有人情味，密切而和谐。

母亲是穷苦的家庭妇女，可她身上却有着老百姓朴素的生活智慧，拙而不巧，宁愿吃亏。

（2）母亲与姑母的关系。姑母脾气坏，摸纸牌，抽大烟，终身未嫁。母亲隐忍，委曲求全。母亲的隐忍是宽厚，是善良。

## 教例展示

### 教例一：感悟“感受母爱与感恩母亲这曲爱的二重奏”

这篇散文无疑是以讴歌母爱为主，但应注意作者感恩母亲也是文章的重要内容和有机组成部分。耿兰华老师的论文对此条分缕析，引领读者感悟“感受母爱与感恩母亲这曲爱的二重奏”，分析到位，颇有见地，具体分析思路如下。

#### 一、因为懂得才更挚爱——感受母爱

（1）战乱动荡环境下，母亲的坚强刚柔（举“庚子闹拳”例分析）。

（2）多舛命运下，母亲的隐忍顾全（举“丧子”“姑母”等例分析）。

（3）穷困贫寒家境里，母亲的勤劳能干（举“家务活”等例分析）。

（4）清苦窘迫生活中，母亲的好客助人（举“招待舅父、表哥”“贺吊”“刮痧、洗三、绞脸”等例分析）。

（5）艰难困苦生活中，母亲的大义牺牲（举“筹款助儿报师范”“除夕短暂聚离”“违抗母亲结婚意愿”“远赴英国”等例分析）。

#### 二、因为挚爱倍加怀念——感恩母亲

（1）在娓娓叙述中，流露出对母亲的敬爱（举“父死，养活子女”“养花”“洗袜”等例分析）。

（2）日常生活中，处处有对母亲的感激（举“‘爱花，爱清洁，守秩序’‘好客’‘软而硬的个性’的性格、习惯是母亲‘生命的教育’的结果”为例分析）。

（3）在追忆往事中，痛陈对母亲的愧疚之情（举“最大打击”“未奉母命结婚”“远赴英伦”“忙于抗战事务未能侍奉、陪伴母亲”等例分析）。

（4）阴阳两隔中，倾诉对母亲的思念（举两次泪“遮迷双眼”为例分析）。

（参考文献：耿兰华：《我的母亲》：思到极处是无言［J］．语文教学与研究，2018（18）：32-33.）

## 教例二：挖掘“眼泪”的意义

刘畅老师以“母亲的眼泪”为线索，串联课文相关内容来设计教学，切入口小，很有创意，很有特色。先让学生找出课文中母亲含泪哭泣的细节，进而要求思考其意义，采用启发式、讨论式教学，让学生大胆发表见解，充分发挥了学生的主体性。教学反思也谈得很到位。教学思路与反思如下。

### 一、哭三哥：多重可能

文本的第九段，写母亲送三哥去读书、当学徒、做小买卖时，眼中都含着泪，不到两天，又含泪接他回来。当时年幼的作者，并不理解三哥为何会频繁更换所做的事，也并不明白母亲的眼泪为何而流。学生讨论后提供了三种猜测。

（1）母亲是在为家里的贫穷哀伤。贫穷的家境恐难保证三哥顺利完成学业，这样三哥有时念书有时当学徒有时做小买卖就可以理解了。而母亲是“最喜脸面的人”（《宗月大师》），有着强烈的自尊心。迫于生计无法让儿子读书，对一位母亲而言何其残忍，她眼中含泪就不难理解了。

（2）乱世所致。当时的社会非常动乱黑暗，文中明确提到的就有“庚子闹拳”、义和团运动和八国联军入城，在这样动荡不安的局势下，三哥一个未成年的孩子沿街卖杂货补贴家用，做母亲的自然担心他的安全，因而泪眼婆娑。

（3）三哥本人的原因。为什么三哥什么活儿都做不长久，在学校待不长可以解释为家里条件不好，但做学徒和卖樱桃之类为何也做几天就不做了，学生推测三哥可能不是个“消停”的孩子，念书成绩不理想，当学徒浮躁，做小生意也不能静下心来。母亲的眼泪是为儿子的不懂事而流，是在为他的前程担忧。

### 二、哭老舍：慈母恩重

母亲因为老舍哭了三次：①送“我”上师范时；②“我”做了小学校长时；③“我”抗婚时（其中的不舍与无奈、喜悦与悲伤，只有年迈孱弱的母亲最能体味，“逆子”的不孝最能见出母亲的恩重如山）。

### 三、哭姑母：艰难人生

母亲对姑母的去世反应最为激烈：①时间最长，“一直哭到坟地”；②情绪最激动，“似乎把一世的委屈都哭了出来”。另外几次为儿女流泪，母亲都只是含泪，情绪隐忍而充满克制。这次为什么会这样？一种可能，姑母的死宣告了母亲长期精神的压抑紧张状态的解脱，葬礼上的哭是一种宣泄。母亲曾将受姑母的气归为“命该如此”，姑母的去世意味着苦难的终结。

为何这样讨人厌的姑母，母亲却尽心对待？或是清末时满人姑奶奶在家中的特殊地位，或是母亲希望维持家庭和睦，顾及邻里之间的尊严。在那个年代，姑母这样一个丧偶、没有子嗣、缺乏社会地位的女性，如果没有弟媳的悉心收留，她的人生会变成什么样？母亲对姑母伸出奉养和援助之手，正说明即使再艰难的人生，也不能缺少慈悲和善意。学生想到这一层，自然会体会到母亲这样平凡人的伟大之处。

刘老师最后写到的教学反思是：作者通过对母亲流泪的描写，完成了人物性格的刻画。中职生正值叛逆的年纪，多数人日常生活中和父母缺乏沟通交流。如果能联系为家务操劳的母亲，对老舍的感情自然会有进一步的共鸣。阅读此文的过程，是一次教会他们更好地尊重母亲、爱戴母亲的润物细无声的情感体验。有了学生的思路火花，语文教学也更容易传递人性深处的善意和温暖，渗透健康的人格教育。

（参考文献：刘畅. “眼泪”的意义——《我的母亲》教学思考[J]. 职业，2017(04)：121-122.）

## 教例三：根据课文材料确定思政教学目标

课程思政资源丰富是语文教材的显著优势，这为设定思政教学目标，挖掘思政因素创造了有利条件，但怎样将思政元素自然融入教学过程，一些教师却感到困惑或处理生硬。王芳老师将《我的母亲》纷繁琐碎的材料划分为三类，分别确立为教学中思政教育的三个目标，做得自然到位，很值得学习借鉴。以下是基本教学思路。

（1）学生在解读文本的基础上，感受作者对母亲深切的愧疚之情，在对母亲真而痛的遗憾中吸取教训，引以为戒。由此设计出第一个教学目标——要继承并弘扬中华传统美德，做到及时行孝。

（2）母亲的一生是不易的一生，她活到老，穷到老，辛苦到老。当年她面临的是皇上跑了，丈夫死了，侵略者来了的窘境，战乱围着她，饥荒跟着她，生活逼着她，她很难，但是残酷的现实并没有打垮她。她用自己的态度去面对它，用自己的行动去战胜它。由此设计出第二个教学目标——要继承并延续中华民族顽强乐观的优秀品格。

（3）老舍的父亲是在他一岁半的时候死的，家里有三姐、三哥、姑母和他，家里的一切，全仗母亲维持，由此，可以看出老舍从小就成长在贫穷的单亲家庭里。虽然家庭条件不好，但老舍并没有因此放弃自己，而是体谅母亲，暗自发奋，靠自己的实力考上了免费师范学校，继而又成为小学的校长，乃至到后来被授予“人民艺术家”称号。老舍用行动实践了面对逆境不妥协的顽强精神。由此设计出第三个教学目标——要树立并弘扬自立自强的中华民族精神。

（参考文献：王芳. 课程思政融入语文课的一次探索——以老舍的《我的母亲》为例[J]. 中外交流，2020（22）：132.）

## 教学建议

### 一、复述母亲的事迹，理清文章思路

本文纵贯母亲的一生，时间跨度极大，涉及清朝末年、民国初期和抗日战争三个历史时期，篇幅较长，容量较大，为了在有限课时内完成教学任务，必须考虑提高授课效率。在要求学生预习的基础上，让学生复述“母亲的事迹”，就是提高授课效率的一种简单易行的办法。在学生复述的基础上，教师还可以要求学生以时间为轴，画出“母亲事迹图”，以进一步理清文章思路（母亲出生、出嫁→“我”的出生→“我”一岁半→庚子闹“拳”那一年→“我”小学毕业→“我”师范毕业→“我”廿三岁→“我”廿七岁→七七抗战→去年→今年）。

（后面还可进一步根据“母亲事迹”归纳写人方法，在分析母亲性格特征的基础上把握母亲形象。以一个教学环节带动其他相关教学环节的完成，收到“牵线穿珠”、事半功倍的效果。）

### 二、讨论母亲性格，体会生命教育

难点的突破适宜采用讨论法。比如“软而硬的个性”“生命的教育”无疑是课文的难点，但也是课文的重点，教师可设法发挥学生的集体智慧来破解。可让学生联系前后文和前面复述的母亲的事迹来归纳，大体能得出“软”“硬”“生命的教育”的较为确切的具体内涵。教学实践也证明了这一点。学生讨论得出的相关答案有：“软”——慈爱善良、宽容忍耐、逆来顺受、安分守己等；“硬”——顽强坚韧、不服输、不认命、有主见等。母亲没有被眼前的困难吓倒，仍然乐观地面对生活。“软而硬的个性”也体现了东方女性内柔外刚的性格。“生命的教育”——待人平和、不怕吃亏、不喜抛头露面和招摇、做人讲究原则与底线、“爱花、爱清洁、守秩序”的习惯等。

### 三、点拨时代背景，体会高尚的母爱

课文所写的材料最早的距今已有百年左右，即以老舍写作此文时的1943年而言，距离现在也已有八十年了，学生对此不免疏隔，因此授课时可用点拨法点明时代背景以启发学生，帮助他们更好地了解那些特殊年代（份）所发生的事件，了解一个拖儿带女的寡妇在兵荒马乱的岁月中生存、生活的极其不易，从而能够更加真切地感受母亲“从无办法中想出办法来。她的泪会往心中落”那种顽强的求生意志，那份沉甸甸的责任感和高尚深挚的母爱。

## 四、抓住特写镜头，设问激发思考

设问法可用在复述母亲事迹时于相应位置插问（事先要设计好），也可用在讲解几个“特写镜头”时，目的是激发大家探究的兴趣，以加深对课文相关内容的理解。比如母亲的手为什么终年是鲜红微肿的?（写出了母亲的热爱劳动、勤劳能干、不怕吃苦和对家庭的巨大付出，也体现了劳动妇女的优秀品德）；又如“她挣扎着，咬着嘴唇，手扶着门框，看花轿徐徐地走去”这个句子连用四个动词来刻画母亲，收到什么表达效果？母亲本应为女儿的出嫁感到高兴，为什么却那么难受?（因为三姐是母亲唯一的得力助手，是母亲最大的依靠，女儿出嫁相当于砍掉母亲的左膀右臂，家里只剩孤苦伶仃的母亲，家务等所有的事情都将压在母亲一个人的肩上，母亲当然会感到万分的痛苦忧伤，但她宁可独自承受这份痛苦忧伤，也不愿耽误女儿幸福，这又体现了母亲对女儿深挚的爱）；再如，母亲是坚强的，可文中却多次写到了她的泪，为三哥、姑母、“我”一共哭过六次，那么母亲是不是软弱的？这个“眼泪”有什么意义？

## 五、讲授典型事例或细节

讲授法虽是一种传统的教学方法，但却比较适用于讲解课文中一些难度不大的典型事例或细节，比如第8段的“操持家务”，可知母亲所干家务活之多之杂和“爱花、爱清洁”的习惯；第10～11段写待客、贺吊、姑母及侄子、洗三等，可以看出母亲好客、重情义；第13段是课文重点段，通过“母亲筹款助‘我’上师范”“三姐出嫁”“除夕短暂看望母亲”三个事例，写出母亲对子女一样的疼爱理解和为了子女的幸福、前途克己受苦的深沉母爱和无私品格等。

讲授法还可用于讲解文中排比、反复和比喻等修辞手法，比如“我学得了爱花，爱清洁，守秩序”，多个短语连用，表明自己从母亲身上学到的良好习惯之多；“她会洗三……她会刮痧，她会给孩子们剃头，她会给少妇们绞脸……”，多个短句排列而出，后面还用了省略号，表明母亲不计酬劳地为他人所做好事之多，可见母亲热心助人，急人所急；“皇上跑了，丈夫死了，鬼子来了”，寥寥数语即准确地写出了时局的动荡和社会的混乱；“每逢接到家信，我总不敢马上拆看，我怕，怕，怕，怕有那不祥的消息”，“我怕，怕，怕家信中带来不好的消息，告诉我已是失了根的花草”，两个句子分别连用数个“怕”字，十分准确生动地写出了一位游子既想了解母亲近况，又非常担忧看到母亲病危或亡故消息的极为矛盾的心情；“失了慈母便像花插在瓶子里，虽然还有色有香，却失去了根”，把慈母比作“根”，把失去慈母的子女比作“失根的花”，形象而又生动地写出了母子间的血肉联系和母亲在自己心目中的重要地位。

## 六、对比阅读，感受母爱的不同内涵

古今中外，怀念母亲、讴歌母爱的诗文佳作何止千万，在施教时可引入一二名篇，比如诗歌：《诗经·邶风·凯风》、李白的《豫章行》、白居易的《慈乌夜啼》、孟郊的《游子吟》、李商隐的《送母回乡》、王冕的《墨萱图》、蒋士铨的《岁暮到家》；散文、朱德的《母亲的回忆》、冰心的《母爱》、毕淑敏的《孝心无价》、胡适（或邹韬奋、丰子恺、汪曾祺、梁晓声）的《我的母亲》、史铁生的《我与地坛》（节选）等，引导学生进行比较阅读，归纳同异，让学生能从多方面感受到母爱的不同内涵，同时也感受贤孝子女对母亲的拳拳爱心，潜移默化地受到感恩教育。

上述方法可以兼用。

## 综合实践活动设计

### 活动方案一：制作短视频

让学生在家时注意捕捉、拍摄母亲操持家务的情景，制作一则3～5分钟的短视频，可以在班级交流制作背后的故事。并让学生以此作为一份礼物，在母亲生日时，与康乃馨、蛋糕一起送给辛劳的母亲。

### 活动方案二：做“感恩母爱”黑板报

搜集关于母爱的名家名言，进行一次班级评比，据此再补充其他母爱的生动事例，出一期“感恩母爱”的墙报或黑板报。

### 活动方案三：写读后感

阅读苏联作家高尔基的《母亲》（或其他写母亲的文学名著），写一篇800字左右的读后感并进行评比，优秀作品可推荐到报刊发表。

# 《那一年，面包飘香》：培养职业精神

李家同，1939年出生，中国台湾作家、电机工程专家，曾任我国台湾清华大学校长，提倡社会关怀、照顾弱势群体。《那一年，面包飘香》是一篇感人至深的写人散文，主人公是一位只有初中学历，却用一技之长改变人生，立足社会的面包师傅。全文以寻找送面包的神秘人物为线索展开叙述，巧设悬念，引人入胜。文中老师对学生的关爱之情，学生逆境奋起之志，学生报答师恩之心深深打动着读者，是一篇文学性、教育性极佳的课文。全文结构清晰，语言质朴，情节生动，情感真挚，深受学生喜爱。

## 课例综述

这篇散文分别被选入高教社、外研社中职语文教材的“职业和拓展”模块中。以外研社中职语文教材为例，本文所在的单元由职业素养、职业品质与职业理想相关的文章组成，旨在帮助学生了解职场，培养职业素养，为走上职业岗位作准备。通过梳理公开发表的课例和相关研究论文，发现当前教学内容集中在四个方面。

### 1．倒叙写法

目前搜集到的教案、教学设计以及语文教材配套的教学参考书都认为本文运用了倒叙的写法，而且将倒叙写法当作教学重（难）点。文中先写“最近几个月”有人送面包给“我”的事，再写“十年前”“我”做面包师傅（当时还是个学生）家教老师的事情，由现在倒叙到过去。

### 2．悬念设置

全文共三处悬念，悬念一：不知名的人送面包给“我”；悬念二：老板交代如果李老师来要给予特别照顾；悬念三：刚出炉的食物满口留香，大师傅说更精彩的在后面。对于悬念设置的作用普遍认为能增强情节的生动性，层层推进，引人入胜。

### 3．人物形象

文中人物形象分析主要集中在面包师傅身上，按照时间顺序分别从小学、初中、现在三个阶段归纳。小学时，面包师傅智力平平，学习用功，成绩优秀。初中时，开始叛逆，学习不用功，受家境影响，无法安心读书。现在绝技随身，成功创业，获得恩师尊重，不忘师恩。也有教师引导学生分析文中李老师，即“我”的形象。

**4．思政育人**

本文主人公年少被迫退学，因为牢记老师“不要学坏，要有一技之长”的教导，苦练面包烘焙技能，最终实现自己的梦想，赢得他人尊重。教师充分挖掘文本的思政育人价值，激励中职学生向文中的面包师傅学习，学好一技之长，树立职业信心。

## 教例展示

### 一、鼓励学生质疑，深入理解课文

教师鼓励学生阅读文本时大胆提出自己的看法，课堂交流讨论。

**教学设计片段**

教师：本文在写作方法或内容方面，有哪些不足或纰漏？（引导质疑，学习写作。）

经过讨论，师生总结出以下方面：

1. “我”真的会为这种面包在“全台湾各个面包店去找”？既然是那么好吃的面包，就应该有品牌，应该很知名，为何不向别人打听？

2. 陌生而不留姓名的人送来的面包，来路不明，“我”敢吃吗？

3. 为什么不把“我”写成全职老师？这样，故事不就更可信吗？

4. 他对“我”的嘱咐“都点点头，说实话，我只记得他当时叛逆得很厉害，一副对我不理不睬的模样”，这不是自相矛盾吗？

（参考文献：蒙启. 东堂质疑匙启钥，西厢坐讲水赴壑——《那一年，面包飘香》教学设计［J］. 现代语文（教学研究），2015（05）：40-41.）

教师要创设宽松的学习环境，鼓励学生发表自己的看法，以上问题既有学生提出的，也有教师提出的。针对以上问题，教师要引导学生畅所欲言，但又要做好合理的正面引导，如问题1，通过深入思考发现，面包虽然好吃，但一直没有找到，可能是老师觉得这么高级的面包一定是知名店铺生产出来的，所以他去的是名气比较大的店。而这家面包店刚刚开业，面包师傅从食客的反馈中对自己的面包有了信心。因为知道老师喜欢吃面包，特意等面包得到食客认可后送给老师，这也就是为什么“我在全台湾各个面包店去找，都没有找到这种面包”的原因，从这个问题的分析中进一步感受面包师傅对李老师的深厚情感。提出问题2的学生比较多，“我”敢吃“不知姓名”的人送来的面包，体现出人与人之间的真诚和信任。提出问题3的学生，混淆了小说和散文的不同。散文讲述的是真实经历，小说注重虚构。这是一篇散文，现实生活中，“我”就是当年面包师傅的家教老师。虽然“我”只是家教老师，但“我”关爱学生，写信鼓励学生，请学生到饭馆吃饭，家教老师的身份更能打动人心，也从侧面交代了为什么十年后学生依然能牢记师恩。回答问题4时，可以结合青春期学生常见的叛逆表现，让学生推己及人，问题也就迎刃而解了。

从学生提出的问题可以看出他们知识点上的不足和阅读理解上的问题，教师要重视这些反馈，根据问题调整教学内容，切实帮助学生理解课文，切不可打击学生质疑思辨的积极性。

### 二、发挥专业特长，实践“文专融合”

该教例针对旅游专业的学生，让学生用导游词介绍文中这家面包店。要求：定位清晰、特色明显，介绍中适当导入文中故事，增强文学性和趣味性。这样不仅可以让学生感悟到面包师傅的绝技随身，还锻炼了学生的语言表达能力，文化课与专业课融合，实现了双重教育的功能，提高了学生的综合素质。

（参考文献：柯景彬. 关于《那一年，面包飘香》一课的思考与体会［J］. 新课程（中旬），2013（09）：123.）

作为职业学校的基础课程，中职语文与高中语文一个较为明显的不同是，中职语文教师总希望在教学中设置与学生专业相结合的教学环节，实践“文专融合”。上述教例中，学生是旅游专业，教师为此设计撰写导游词的任务，该任务与课文内容结合度较高，但不是所有专业都能与课文内容结合，教师切不可为了与专业结合而结合。语文教学要紧扣语文课程性质和语文核心素养，一味地强调“文专融合”可能导致教学重心发生偏差，语文课堂丧失“语文味”。

## 教学建议

不少教师认为这篇课文情节简单，可讲可学处较少，通常只安排一节课讲授或学生自学。细读课文发现，这篇文章中教学内容还是比较丰富的，可从以下几个方面挖掘。

## 一、辨析叙述方式，赏析悬念设置

### 1. 叙述方式

作为一篇写人叙事散文，本文采用了特别的叙述方式。教师应帮助学生明确顺叙、倒叙、插叙和补叙四种叙述方式的特点，强调倒叙和插叙的不同和各自的作用。倒叙是把事件的结局或事件最突出的片段先写出来，再按照时间顺序回头叙述这件事的发生、发展过程。插叙指在叙述中心事件的过程中，为了展开情节或刻画人物，暂时中断叙述的线索，插入一段与主要情节相关的回忆或故事的叙述方法。

教学中布置接力讲故事环节，让学生分别从“我”和面包师傅的角度讲，具体做法如下。

（1）教师随机抽取一位同学从“我”的角度讲述事件的经过，学生讲完一段后自主选取下一位同学继续讲述，直到复述完整个事件。按照同样的方法选择同学从面包师傅的角度讲述自己与李老师的交往。

（2）从两个角度讲完后，教师提醒学生找出不同讲述者复述事件的时间起点有何不同，引出关于叙述顺序的知识点。

（3）提出问题：先从“十年前”讲起再到现在开面包店的叙述和课文从“最近几个月”讲起再引出十年前经历的叙述，这两种叙述方式在情节曲折性和吸引力上有何不同？引出关于倒叙的知识点。

当前搜集的教案、教学设计以及教学参考书都认为本文运用的是倒叙。但也有论文提出质疑，认为本文开头和结尾是按照时间顺序写的，开头写陌生人送面包给“我”，结尾是“我”与面包师傅的相认，只是在中间插入十年前的回忆，插入内容仅3个自然段（全文共20个自然段），占全文比例较少，应该是插叙。针对以上不同看法，课堂中可让学生展开讨论。

### 2. 悬念设置

本文情节生动，除了跟倒叙手法有关，还因为设置了多处悬念，教师可布置勾画悬念的任务。全文悬念可以理解为有5处。

悬念1：不知名的人送面包给“我”。

悬念2：“我”在全台湾到处找都没找到这种面包。

悬念3：大师傅说老板要求给李老师特别照顾。

悬念4：大师傅告诉“我”更精彩的在后面。

悬念5：小伙子送来大信封让“我”看一下。

学生勾画悬念后，讨论悬念的作用，明确悬念能让情节更加生动曲折，调动读者的阅读兴趣。

学习了叙述手法、悬念设置后，教师启发学生分别从“我”和面包师傅角度概括这篇课文，从“我”的角度可概括为“面包奇遇记”，从面包师傅的角度可概括为“辍学少年逆袭记”，在此基础上明确课文采用了明暗双线交织叙述的方法。

## 二、概括人物形象，品味师生情感

文中李老师（“我”）和面包师傅的形象都很突出，教师可布置概括人物形象的课堂任务，学生一般较容易找到答案。人物形象的概括是为下一个教学环节作准备，即分析人物描写的角度。教师请学生再次默读课文，分别圈画文中关于李老师和面包师傅的描写，小组讨论哪些是正面描写，哪些是侧面描写。小组内每人轮流发言不少于1分钟，组长整理组员发言，在全班交流。学生倾听发言，积极思考，完善答案，总结正侧面描写在塑造人物形象上的作用。李老师以正面描写为主（第一人称回忆），面包师傅主要是侧面描写（老师回忆、面包的美味、面包店环境、排队顾客）等。

文中师生情感真挚动人，教师可鼓励学生回忆、讲述自己喜欢的老师，联系实际生活，表达对老师的怀念，培养尊师感恩的美德。

## 三、区分详略安排，把握奋斗主题

课文以面包师傅成长过程为暗线，叙述最多的是他今天的成就，其次是少年时的遭遇，省略的是如何成长为烘焙高手的过程，只用“一心一意学做面包”几个字带过。通过布置课堂练笔环节，教师请学生补充“一心一意学做面包”这个过程，强化微写作能力，为“学考”语文卷2的写作题练笔。练笔结束后，学生交流写作内容。因为缺乏实践经历，学生习作可能普遍存在角度单一、缺少细节、内容空洞、不够生动等问题。为突出本篇课文所在单元职业教育的特点，教师可引入“技能达人成长史”作为辅助材料，帮助学生了解磨炼技能的过程，感受技能标兵的奋斗力量，提高写作能力。如提供2022年世界技能大赛特别赛冠军刘泽龙用七年跑赢“技能马拉松”的报道，学生在观看视频、阅读文字资料中感受冠军的成长史。引导学生总结文字报道，学会从准备时间、准备过程、战胜困难等方面介绍夺冠之路的写作方法，在此基础上，学生完善自己的练笔作业，互相交流修改后的作品。

课堂小练笔结束后，教师进一步启迪学生思考文中详略安排的巧妙之处。本文略写面包师傅学习制作面包的过程是为了使前后对比更为鲜明，让面包师傅起点之低和目前成就之高形成对比，省略的内容给读者留下想象空间。面包师傅重在讲述老师对他的鼓励帮助，省略自己学习烘焙面包技能的经过是因为这部分与主题关系不大。通过这一环节学习，使学生明确写作时选材很重要，材料要为主题服务。

## 四、磨炼专业技能，增强职业信心

受中考分流政策影响，不少来到职业学校的学生对自己信心不足，对个人未来发展感到迷茫，缺乏奋进动力。文中的面包师傅虽被迫辍学，但逆境奋起，最终用“一技之长”改变命运，报答恩师。面包师傅的成长史是掌握“一技之长”重要性的最好注解，他的经历能给予学生很好的激励。教师可通过设置“文中的面包师傅成功的因素有哪些？这些因素对于你目前的学习和将来的工作有什么借鉴意义？”等问题鼓励学生交流看法，互相启发、激励，实现思政育人，突出单元教学目标。

## 综合实践活动设计

### 活动方案一：搜集技能达人素材

搜集大国工匠、世界技能大赛获奖选手、本专业杰出校友代表、本校“技能之星”等信息，学生选择一位人物写一段300字左右的介绍文字，上传学习平台，互相点赞、评论。

### 活动方案二：绘制课文插图

根据课文内容绘制2～4幅课文插图，要求人物形象符合其身份特征。

### 活动方案三：课本剧表演

将课文内容改编成舞台剧本，选择合适的演员一起排练剧本，在班级、学校舞台演出。

# 《荷塘月色》：品味写景名篇的魅力

朗诵视频

朱自清（1898—1948），原名自华，字佩弦，号秋实。现代著名的散文家、诗人、学者，又是民主战士，爱国知识分子。毛泽东称赞他“表现了我们民族的英雄气概”。《荷塘月色》是一篇出色的写景抒情散文，显示了现代白话文的实力，被誉为“白话美文的模范”。

## 课例综述

此文较常见的教法是：先引导学生把握文脉，理清作者思路，再进入文章重点段4～6段的分析品鉴（这也是教参特别要求的，其中包括写景状物的方法、修辞手法的运用、意境的欣赏等），追溯作家的情感，在掌握文章抒情方式的同时，培养学生的思维。这种教法学生比较容易接受，较易达到教学目标。

从近年的网站、报刊等搜集有代表性的相关课例，包括教学设计、课堂实录、教学案例、说课稿、教学课件、学者品评等，力求从多方面对《荷塘月色》的教学状况做一个较为宏观的综述，以期为实际教学提供可资借鉴的思路。

### 一、作品主题

大多数教师主要根据写作背景、作者生平进行主题分析，结果趋同：“本文通过对迷人恬静的荷塘月色的细腻描绘，展示了偷得片刻逍遥的淡淡的喜悦，流露出终究无法摆脱的隐隐哀愁，抒发了作者不满黑暗的社会现实和向往自由宁静生活的思想感情”，或者“本文通过对月色下的荷塘和荷塘上的月色的细致入微的描写，抒发了作者内心的苦闷和痛苦，含蓄委婉地表达一种思念家乡和朋友的淡淡哀愁以及对现实的强烈不满情绪”。

对此问题，学界争议较大，大致有政治说、非政治说和情爱说（或爱欲说）三种，前者如钱理群的“表现的是革命低潮时期自由知识分子内心的矛盾和冲突”[1]，文学家张白山的“文章缺乏挣扎和战斗的力量，可能表现了作者对现实的不满和逃

---

① 钱理群. 关于朱自清的“不平静”[J]. 语文学习，1993（12）：10-12.

避[①]”等。持“非政治说”的主要有孙绍振的“文章表现的是‘超出平常的自己和伦理的自由’”[②]。

## 二、艺术特色

《荷塘月色》的艺术特色十分鲜明，透露出多方面的美，如结构之美、画面之美、语言之美、修辞之美、意境之美等，分述如次。

### 1．结构之美

不少教师在分析此问题时指出，文章一开篇就点出“文眼”——“这几天心里颇不宁静”。接着分析小路的“静”、月色朦胧的“静”，来反衬作者的“心里颇不宁静”。再接着以荷塘四周蝉声和蛙鸣的“闹”突出荷塘月色的“静”，又引导学生联想到江南采莲的旧俗：梁元帝的《采莲赋》和南朝乐府《西洲曲》关于采莲的热闹、嬉戏的情景，进一步反衬此时此地“荷塘月色”的“静”。最后分析作者的画龙点睛之笔：“这令我到底惦着江南了”，点明“心里颇不宁静”的原因所在。可以看出文章的结构严谨细密，脉络清楚，不露人工斧凿的痕迹，“设眼有致”。

### 2．画面之美

朱自清笔下的“荷塘月色”如同“工笔画”，写景状物细腻传神。课文的第4~5段把“月光下的荷塘”和“荷塘上的月色”描写得出神入化，充满了诗情画意：田田绿叶，朵朵荷花，缕缕清香，溶溶月色，像朦胧的梦，又像渺茫的歌，历来为人所称道。

### 3．语言之美

朱自清散文的语言是朴素的，有一种清新、自然、典雅的美。多数教师在分析文本的语言特色时都谈到了以下三点。

一是朴素美。这是朱自清的语言艺术最为人称道的。他一向追求“谈话风”的语言风格，认为文学只有像“寻常谈话一般，读了才能亲切有味”。课文开篇就说“这几天心里颇不宁静”，似乎把读者当作可以倾诉的朋友，让人觉得诚恳自然，一下子就把读者带入情境中；再如“我悄悄地披了大衫，带上门出去”，“这路上阴森森的，有些怕人”等，都平白如话，自然流畅，读之使人感到分外亲切。二是凝练美。朱自清具有很强的语言驾驭能力。他的语言看似普通，不做惊人之语，但实际上经过了精

① 张白山. 漫谈《荷塘月色》[J]. 文学知识，1959年11月号.

② 俞王毛.《荷塘月色》研究述评及教学建议[J]. 中学语文教学，2013(08)：50-53.

心锤炼。如“月光如流水一般，静静地泻在这一片叶子和花上”，以动写静，“泻”字紧扣前面分句的比喻，写月光照耀，一泻无余的景象，再加上“静静地”这个修饰语，就准确地把月光既像流水一般倾注，但又绝无声响的幽静写出来了。三是音乐美。作者常常运用叠字叠句来强化物态情貌的形象感，文中共运用了“日日”“渐渐”“缕缕”“蓊蓊郁郁”等叠词，使文章的语言和谐柔美、舒缓流畅。同时“袅娜”“仿佛”“斑驳”“到底”和“苍茫”“独处”“零星”“宛然”“酣眠”“均匀”“一例”等双声叠韵词的运用，也增加了语言的音乐美。

4. 修辞之美

生动形象的比喻、拟人、排比等修辞手法的运用也是这篇文章语言的一大特点。朱自清是一位善用比喻的高手，他的比喻，往往能出人意料，但又在情理之中，显得贴切自然。如“叶子出水很高，像亭亭的舞女的裙”，以“亭亭的舞女的裙”喻“出水很高”的叶子，赋予荷叶动态的美，极为生动贴切；“树缝里也漏着一两点路灯光，没精打采的，是渴睡人的眼”，兼用比喻和拟人，把树缝里的路灯光暗喻为“渴睡人的眼”，再用“没精打采”作拟人化形容，就把路灯光昏黄不明、模糊迷离的状貌传神地描写出来了。

5. 意境之美

课文通过对“月光下的荷塘”“荷塘上的月色”和“荷塘四周的景色”的精心描绘（摹），营造出素淡、朦胧、和谐、宁静的美好境界，如诗如画，如梦似幻，这一方心灵的圣地浸透了作者的情感体验，让作者陶醉，也让读者动容、神往。

## 教例展示

### 教例一：课堂教学中重视创设问题情境

该教例中，教师在教学前创设三种问题情境，激发学生的学习兴趣，提升学生的语文学习能力和思维层次，其教法颇有新意。

### 一、“矛盾式”问题情境

这是从学生的心智状态出发，抓住学生的困惑，是学生原有的认知结构与新授知识的矛盾而形成的。

**教学镜头一**

师　朱自清有深厚的诗学功底，他借“荷”与“月”来抒情，除了“荷”与“月”本身的文化意蕴外，还表达了什么特殊的情感呢？……

生　如果是指“四·一二大屠杀”以后的政治苦闷，则从四月到写作的七月，有三个月，应该说“这几个月心里颇不宁静”才对，老师您是不是以为把不平静的原因归结为“政治苦闷”太狭窄了呢？（在质疑受到老师肯定后，学生谈到了朱自清的文章《执政府大屠杀记》和与父亲的家庭内部矛盾，涉及文章的写作背景）

（编者注：教师还可以补充介绍朱自清所写的文章《匆匆》和《哪里走》，其中有较为明晰的心迹坦露和心灵告白，对理解作者的心态很有帮助）

## 二、“阶梯式”问题情境

将新旧知识紧密衔接起来，旧知识成为新知识的铺垫，实现知识阶梯式地逐步提高，让学生的认识沿着教师设置好的阶梯拾级而上，思维一步一步地向纵深发展。

**教学镜头二**

研究“月色下的荷塘”

师　这一小节中朱自清写了哪些景物？

生　写了“荷叶”“荷花”“荷香”“荷波”。

师　你认为哪个最难写？

生　“荷香”。

师　朱自清是如何写“荷香”的？奇在哪里？

生　全段写荷香的一句话是“微风过处，送来缕缕清香，仿佛远处高楼上渺茫的歌声似的”，运用了通感，想象奇特；更奇的是把人的生命和情趣移注到审美对象上了，这句话暗含着朱自清的审美情趣：清、空、淡。

## 三、“发散式”问题情境

即以某一知识点为中心，引导学生从不同角度去理解与中心有联系的知识，从而深化学生对知识的理解，培养学生思维的广阔性、敏捷性。如：学生自主探究：《荷塘月色》的删节问题。师生针对删节是否合理、作者是否“媚俗”、是否喜欢“掉书袋”等问题的讨论，此略。

问题情境创设是语文课堂教学中的一个重要环节，创设的成功与否关键还在于对教材是否真正吃透，问题的设置是否合理、科学。

（参考文献：王卓俊. 浅谈语文课堂教学中创设问题情境的策略——以《荷塘月色》课堂教学为例［J］. 生活教育，2016（11）：67-69.）

### 教例二：由果探因与因情设境

此教例融入“因果语文”理念，通过层层推进的因果追问，使学生走进作者“独处”的内心世界。教师先带领学生通过品析语言把握月夜下的荷塘意境，然后由果探因，带领学生认识到情是因，境是果，荷塘的美并不全然是眼前所见的客观的景象，而是典型的“因情设境”。

针对课文第4、5段，先聆听教师范读、名家配乐朗诵，让学生对其中的美有初步感知，再通过层层设问的方式，与学生共同探究，逐步引导学生深入文章，领略荷塘月色的意境之美。其中教师的设问（节录）有的具有启发性，如：

1. 请同学们说说，你是从哪些句子品味到荷塘月色的美呢？
2. 白天太阳照射的时候，叶子和花会像“在牛乳中洗过一样”吗？
3. “渺茫的歌声”有什么特点？它和花香的相通之处在哪里？

（参考文献：申颖，梁惠红.《荷塘月色》教学实录［J］. 广西教育，2018（41）：23-26.）

## 教学建议

### 一、诵读课文，感受美文

《荷塘月色》是一篇脍炙人口的写景状物散文名篇，可以安排一定的时间，让不同角色（男生、女生）朗读或全班齐读第4～6段，读出味道，也可播放名家的配乐朗诵。一般要求背诵第4～6段。

### 二、设问激智，培养思维能力

为了避免孙绍振先生批评的“满堂问”，使学生陷于“问题疲劳”，设置的问题事先应认真考虑并精心研究，最好要做到数量适中，难易搭配且有一定梯度，避免过多、过滥和随意（课堂上的“临时追问”不在此列）。

比如要理清文章思路，可以有选择地设置诸如这些问题：荷塘在哪里？为什么要去荷塘？自家院子那么静，为什么非得去？一路上看到什么景物？有什么感受？到荷塘后欣赏到哪些景物？有什么特点？荷塘景色美吗？作者的心情怎样？欣赏完美景后作者又想到什么？最后去了哪里等。接着可以归纳：明线：离家→去荷塘→赏美景→

回家；暗线：不静→求静→得静→出静，这两条线索都构成了闭环的圆形结构；文章的层次也可以得到落实：先写夜游的动机（第1段）；再写夜游的情景（第2～6段）；最后写夜游的联想（第7～10段）。

又如：作者欣赏完荷塘月色，为什么联想到南朝梁元帝的《采莲赋》和乐府民歌《西洲曲》？有何用意？答案不一致也不要紧，教师给予适当点拨，学生自有判断，有点类似牵线串珠，通过此法可以同时实现多个教学目标，大大提高了授课效率。

## 三、探究词句，领会写景技巧

教师可引导学生探究文中某些动词、形容词、叠词和修辞手法（比喻、拟人、通感等）的运用，景物描写的层次和写景状物的技巧，学习作家炼字、遣词造句的高超本领和谋篇布局的功夫。比如，“我悄悄地披了大衫，带上门出去”，“轻轻地推门进去，什么声息也没有，妻已睡熟好久了”，“悄悄”“带上”和“轻轻”写出了朱自清生怕惊醒妻子和对妻子的爱意；又如“层层的叶子中间，零星地点缀着些白花，有袅娜地开着的，有羞涩地打着朵儿的；正如一粒粒的明珠，又如碧天里的星星，又如刚出浴的美人”，不同于叠词“田田”从水平角度写，“层层”是从垂直角度写出了荷叶的茂密；“袅娜”“羞涩”用拟人手法写出了两种荷花的不同状貌，前者写盛开荷花姿态的柔美娴雅，后者写含苞待放荷花的娇羞姿容；三句排比组成的博喻句，分别写出了荷花的晶莹润泽、闪闪烁烁和纤尘不染、清新脱俗，都十分传神。

文中较特殊的修辞手法是通感，通感又叫作移觉，是将人的不同感觉加以沟通的修辞手法，它可以激起读者的联想，凭借两种不同感官感受的相似点去体味作者所描绘的事物，起到由此而体会到彼的作用，通感通常要借助于比喻来完成。文中有两处用了通感修辞手法：“微风过处，送来缕缕清香，仿佛远处高楼上渺茫的歌声似的”，“塘中的月色并不均匀；但光与影有着和谐的旋律，如梵婀玲上奏着的名曲”，前句将嗅觉转化为听觉，写出了荷香若有若无，幽微隐约的特点，后者则将视觉与听觉加以贯通，抓住“和谐”这一相似点，写出了荷塘的月光、月影的浓淡、明暗、疏密搭配和谐，如小提琴曲旋律的和谐悦耳一样，十分神妙。教师可适当补充通感的典例，以加深学生对这种修辞方法的印象，如“红杏枝头春意闹”“鸟抛软语丸丸落”“月光如水般清凉”“这妹子笑得好甜”“他的名声很臭”等。

在景物安排的顺序上，也有道理好讲。课文第4～6段先写荷塘中的荷叶→荷花→荷香（后者是由前两者生成且比前两者抽象），再写荷塘上的月色，最后写荷塘四周的景色，因为花、叶是具体的，可触可摸，月色无形，只能目睹而不可捉摸，且塘上的月光是依附于花、叶这些具体景物的，这样安排写景顺序比较自然合理。从大的方面看，第4～6段总体上采用了由内到外、由近到远的写景顺序，先精雕细刻（细腻描绘）再粗笔勾勒（大笔写意），其中第4段为近→远（花、叶→远处的歌声→荷塘那边），高→低（出水很高的叶子→叶中白花→叶下流水），静→动；第5段为月光→影子→月光与影子的和谐统一，也体现了合理的顺序；第6段则是先近→远（树→树色→树姿→远山），再高→低（树梢远山→树缝灯光→树上蝉声→水里蛙声）。从这些分析可以看出，朱自清对笔下景物的安排是煞费苦心，十分讲究的。

### 四、体悟品味意境

有没有意境，意境美不美，是衡量一篇写景抒情散文好不好的一项重要指标，散文意境美的创造，又必须倚仗语言这个工具。学生可以循语言→画面→意境这一路径，经由画面的赏析（归根到底是分析语言，当然必须配合想象），来把握作者蕴含其中的情感，从而领会意境之美。

## 综合实践活动设计

### 活动方案一：拍摄短视频

以《荷塘月色》的第4～6段为参考素材，选取校园或家乡的月下美景，拍摄5分钟左右的短视频并配音，另配文介绍。

### 活动方案二：写广告语

充分发挥想象，写一段优美的旅游广告语，为你家乡的某处景点做宣传，字数不少于150字。

### 活动方案三：诗文交流会

搜集描写荷（月）的精彩诗文，开一次班级交流会。

# 《随想二则》：思考“出发”与“平凡”的含义

汪国真（1956—2015），当代诗人、书画家。他的作品主题积极昂扬而又超脱，语言清新自然而寓含深刻的哲理，深受广大青年读者的喜欢。20世纪90年代，他的诗歌曾在全国掀起一股“汪国真热”。本篇两则随想内容短小，语言活泼生动，充满哲思，如同一位睿智的长者在分享人生感悟，主题积极向上。《我喜欢出发》运用诗化的语言和一连串的排比句表达了作者对“出发”的喜欢；《平凡的魅力》通过对“平凡”的充分肯定，揭示“平凡中蕴含着不平凡”的道理。

## 课例综述

### 一、《我喜欢出发》课例综述

目前，一线教师的主要教学内容梳理如下。

**1．作者信息**

通过多媒体向学生介绍汪国真在20世纪90年代的诗坛影响力，展示《致友人》《热爱生命》《感谢》等主题积极向上、情感昂然脱俗、语言清新自然的诗歌，带领学生感受汪国真的诗歌特点。

**2．课文结构**

《我喜欢出发》开门见山，首尾呼应，结构清晰，中间阐述喜爱出发的原因。文中将目标比喻成大山、大海、大漠和森林，让读者得以对目标有更具体形象的感知。最后点明“出发”最重要的条件——不在手脚而在志向和意志。结尾给人以号召，阐释“出发”的主题——勇敢地探索一个又一个未知的生活领域，丰富人生体验。

**3．语言特色**

《我喜欢出发》的语言特点是诗化语言、排比句式。教师运用“讨论法”“提问法”“诵读法”等教学法，让学生体会文章诗化语言的魅力和排比句的妙处。

## 二、《平凡的魅力》课例综述

目前，一线教师的主要教学内容梳理如下。

**1．文章结构**

第一部分（第1段），“我”是平凡人；第二部分（第2～3段），“我”对平凡的认识；第三部分（第4～5段），平凡的魅力；第四部分（第6段），“我”对平凡的追求。

**2．修辞句式**

第2自然段用长句组成排比，句式匀称，音韵铿锵，气势宏大，显示出平凡人的不平凡。第5自然段用夏天的风、沙漠中的清泉、冬日与春日之间的雪设喻，生动形象地展示平凡的魅力，点明主题，让人豁然开朗。教师启发学生认识到在平凡的岗位上创造出价值就是不平凡的，实现思政育人。

**3．哲理语言**

本文是对一味追求卓越的价值观的冷静思考，作者为平凡呐喊，肯定平凡的价值和意义，在当今社会仍具有启发意义。它启示人们要敢于正视人生的平凡，平凡但不平庸，人们可以为平凡的生活赋予价值和意义。

## 教例展示

通过朗读感受作者情感。学生先初读自己最喜欢的句子，等学习课文后，再分析自己的初读是否到位，存在哪些问题。然后调整诵读方法，直到正确读出句子的情感。

**教学镜头**

生　“人能走多远？这话不是要问两脚，而是要问志向；人能攀多高？这事不是要问双手，而是要问意志。于是，我想用青春的热血给自己树起一个高远的目标。”这句话运用了对比和设问的修辞手法，唤醒了我沉睡的斗志，它告诉我人生没有终结，未知的一切要靠自己把握。

（学生在朗读时注意了两个设问句的语调）

师　你刚才提到此句用了对比，请问体现在哪？

生　这话不是要问两脚，而是要问志向；这事不是要问双手，而是要问意志。

师　找得很好，这里用了“不是……而是……”这对表示选择的关联词语，你觉得强调的部分是前面还是后面？

**生**　后面。

**师**　说得很对。现在请你再来读一下。

**生**　人能走多远？这话不是要问两脚，而是要问志向；人能攀多高？这事不是要问双手，而是要问意志。

（学生有意识地重读了“志向”和“意志”）

（参考文献：徐雪瑾．给学生一方自由耕种的天地——《我喜欢出发》“讨论法”课堂教学案例［J］．现代语文教学研究，2016（03）：49-50）

《随想二则》用诗化的语言深入浅出地写了人生要不断出发，敢于尝试的道理，对青少年有很好的教育启迪意义，篇幅短小，意蕴隽永，很适合有感情地诵读。教师指导学生明确句子重音，依托关键方法正确诵读，深入体会句子情感。

## 教学建议

《随想二则》是汪国真的两篇散文，“随想”指随事而生的感想，杂感，也称为“随感”。通常篇幅短小，多用议论、抒情句式传达自己的见解和情感，语言灵动。教学应重在感受“出发”的哲理寓意和作者对“平凡”的肯定。

### 一、理解关键词语和句子

词语：

本文有较多词语需要学生掌握，包括字音、字形和字义，如“山清水秀、羁绊、浩瀚、广袤、老当益壮、揶揄、一泓”等。字义要放在上下文具体的语境中理解，如羁绊，本义指“缠住了不能脱身”，文中指“绊住双脚和未来”。

句子：

1．凡是到达了的地方，都属于昨天。（到达的是地方，昨天是时间，应该怎么理解？）

2．人能走多远？这话不是要问两脚，而是要问志向；人能攀多高？这事不是要问双手，而是要问意志。（如何理解这句话的两个“不是……而是”）

3．我想用青春的热血给自己树起一个高远的目标。（如何理解“青春的热血”？）

4．在我看来，这就是不虚此生。（“这”指的是什么？）

5．我欣赏这样的平凡，我喜爱这样的平凡，我也想努力成为这样的平凡。（用自己的话说说什么是“这样的平凡”？）

## 二、关注重点段落

这两则散文，语言清新自然，整体理解起来较为容易，教学中不必每段都讲。《我喜欢出发》中最能表现出发原因且最富文采的当属第3自然段：

> 怎么能不喜欢出发呢？没见过大山的巍峨，真是遗憾；见了大山的巍峨没见过大海的浩瀚，仍然遗憾；见了大海的浩瀚没见过大漠的广袤，依旧遗憾；见了大漠的广袤没见过森林的神秘，还是遗憾。世界上有不绝的风景，我有不老的心情。

本段用“怎么能不喜欢出发呢？”设问开头，引入思考。后面使用三个排比句，用大海、大山、大漠比喻人生目标，直观生动。最后一句总结，“不绝的风景”呼应“不老的心情”，点明主题，利落收尾，表达始终保持年轻的心，永不满足现状的人生追求。本段也是易出考试题目的段落，如“巍峨”“浩瀚”“广袤”“神秘”的选词填空，排比句的仿写等。后句词语重复前句（如“大山的巍峨”“大海的浩瀚”“大漠的广袤”重复出现）这种接近顶真的形式，读起来有环环相扣、粘连不断的感觉，节奏感强，寓意深刻，表达永不止步，不断追求的人生志向。教学中可引导学生多读，加深对句中情感的体悟。仿写排比句时可从最后一句续写，学生在掌握排比句写作格式的同时，感受作者所举自然景物的美好，在此基础上展开想象，列举更多的自然美景，如星河的璀璨、山谷的幽静、海底的梦幻等，锻炼语言理解与运用能力。

《平凡的魅力》中第5自然段采用比喻、排比的修辞手法，借自然界平凡之物展示平凡的魅力和价值。

> 风很平凡，如果吹在夏天；水很平凡，如果是沙漠中的一泓清泉；雪很平凡，如果飘落在冬日与春日之间……

教师可引导学生对每个排比分句进行补充，这三个排比句实际上是断句，每句的末尾隐去不写。可请学生补充，风很平凡，如果吹在夏天会怎么样？水很平凡，如果是沙漠中的一泓清泉会怎么样？雪飘落在冬日与春日之间会如何？通过补充隐去的内容，思考平凡的魅力究竟是什么？那就是给人带来价值和好处，有益于人类和世界。布置仿写练习，启发学生感受日常平凡之物如光、火、电的价值，发现生活中的美，学会珍惜拥有。最后步步深入，请学生思考课文为什么隐去风水雪的魅力不写，提供思考方向：能调动读者想象力，感受平凡的价值。

## 三、理解“出发”含义

跟《平凡的魅力》相比，学生较难理解《我喜欢出发》中“出发”的含义。学生往往只将“出发”理解为“出门看风景”“出去旅游”，没有理解作者要表达的真正含义。教师可提醒学生注意文章富含哲理的特点，启发学生思考“出发”的深层含义。通过梳理文中抒情的句子，如“太深的流连便成了一种羁绊，绊住的不仅有双脚，还有未来”“世界上有不绝的风景，我有不老的心情”“打破生活的平静便是另一番景致”“我想学着品味一种缤纷的人生”“我想用青春的热血给自己树起一个高远的目标……这就是不虚此生”等，明确“出发”的真正含义：保持年轻进取的心态，敢于打破生活的平静，不断向未知的领域探索，挑战自我，丰富人生。

为帮助学生深入理解“出发”的寓意，可以设置问题：题目及文中的“出发”能否换成“到达”？无论是大山、大海还是大漠、森林都是需要到达后才能看到。跟“出发”相比，人们可能更喜欢“到达”，“到达”意味着目标的实现，而“出发”代表着未知和开始。教学中引导学生思考“出发”与“到达”的不同。“出发”是“到达”的前提，一次次出发是一次次挑战，第7自然段写到有的“出发”可能并不会“到达”，但即使没有实现目标，人生也会丰富而充实。

## 四、联系现实生活

散文是作者表达自己人生感悟的重要文体，读者可以从作者的独特的人生感悟中得到启发与教育。汪国真对“出发”的执着和对“平凡”的赞扬对于中职生来说很有启发。教师可以指导学生将课文与现实生活相结合，强化课文思政育人效果。如在教学《我喜欢出发》的最后环节设置问题：在封闭的、貌似千篇一律的学校生活中如何实践文中说的“出发”的理念呢？教师帮助学生认识到要在学校生活中挑战自己，尝试做之前没有做过的正确的事情，如对父母、老师、同学表达感谢，竞选某个职位，公开展示才华，参加某项活动，主动给不熟悉的班级同学打招呼等。在讲授《平凡的魅力》时，引导学生关注普通职业、平凡岗位的社会价值，如清洁工、快递员等，他们的工作平凡但重要，在平凡的生活中，他们功不可没。

# 综合实践活动设计

## 活动方案一：录制朗读音频

本课的两则随想很适合做朗读文本，喜爱朗诵的学生可选择背景音乐配乐诵读，录制音频，发布到相关学习平台展示交流。

### 活动方案二：挑战自我实践

学习了《我喜欢出发》，你是否也有挑战自我，跳出生活舒适圈的想法？那就挑战自我，完成一件想做又不敢做的正确的事吧，试着用镜头或文字记录下过程及感受，和同学们一起分享。

学习《平凡的魅力》后，请用心观察平凡人生活中闪光的地方，用相机记录下来吧，可以录制视频也可以拍照，记住给你的作品起一个恰当的名字，增加一些文字说明，记录你最真实的感受。

### 活动方案三：文体改编

搜集汪国真的诗歌，了解诗歌特点，尝试将《随想二则》改编成两首诗。

# 《做个唐朝少年郎》：美化的“少年郎”

潘向黎，女，1966年生于福建泉州，当代作家。著有小说集《无梦相随》《白水青菜》《穿心莲》，随笔集《茶可道》《看诗不分明》等，散文集《红尘白羽》《纯真年代》《相信爱的年纪》《局部有时有完美》等。小说《白水青菜》获第四届鲁迅文学奖，《茶可道》获第五届冰心散文奖。《做个唐朝少年郎》是一篇散文，作者借唐朝这个雄浑开阔的时代，抒发对唐朝男儿奔放昂扬人生的仰慕之情，反映了作家对时代、对人生的理想追求。本文借古说今，大量引用古诗词，语言生动活泼又不失深刻。

## 课例综述

从搜集到的教学资料看，当前对本课的教学基本围绕唐朝背景、人物形象、主题情感、语言风格四个方面展开。

### 1. 唐朝背景

教师补充介绍唐朝历史背景，突出大唐盛世的景象，结合课文中关于唐朝“雄浑开阔、胸襟开张、元气淋漓、高歌狂饮、八面来风”的描写，加深学生对唐朝的了解。

### 2. 人物形象

教师通常设置问题：文中的“唐朝少年郎”具有哪些特点？请学生开展合作学习。具体做法：将学生分成若干小组，每组负责概括课文中某一个自然段中唐朝少年郎的特征，最后总结唐朝少年郎的特点。（豪放不羁的性格、纯正专一的品质、舍身报国的情怀、英勇杀敌的豪气、宽广博大的胸襟。）

### 3. 主题情感

围绕“一个生活在21世纪的女作家，为什么想成为一个唐朝少年郎？”这一问题，引导学生分析课文主题。实际上，作者想借唐朝这个“雄浑开阔”的时代表达对唐朝少年“奔放昂扬”人生的仰慕之情。

**4．语言风格**

课文引用丰富的古诗词，如“洛阳城里春光好，洛阳才子他乡老”“西出阳关无故人”等，增强文章的意蕴和古典美。善用比喻、排比等修辞，如“我的心像一羽飞鸟，功名利禄和儿女情长都是我要躲避的罗网”“我是一柄宝剑，别看我在壁上假寐，可是一尘不染、削铁如泥”等，语句优美，富有表现力。

## 教例展示

教师询问学生想穿越到哪个朝代，鼓励交流。

### 教学镜头

**老师** 同学们，如果你能穿越，你愿意生活在哪个时代？（教室里立刻热闹起来，学生的回答五花八门。）

**生** 老师，我不愿意穿越到过去任何时代，我就想在现在。我是女生，穿越回过去，可能没有机会读书啊，就现在，挺好！

**生** 老师，我也不想穿越了，就生活在当下，现在有助学金和各种奖学金，可以让我安心读书啊！

**生** 老师，我不能穿越啊，我明天可是要代表学校参加省技能赛呢！

**生** 老师，我虽然想穿越去唐朝看看那时候的盛世，但我还是要回来的，回来参加学业水平考试，争取考上大学，这比在唐朝参加科举考试容易多了。

**老师** 不必穿越到过去，珍惜当下，不负时光，都可以像唐朝少年般奔放昂扬。

（参考文献：黄晶. 感恩遇见，我的少年们［J］. 福建教育，2021（43）：64.）

教师鼓励学生畅所欲言，学生不同的意见互为补充，将主题讨论引向深入。学生在对比中发现今天的生活有很多是唐朝社会无法实现的：女子受教育的权利、各种助学帮扶政策和对技能人才的重视等，在交流中感受到时代的发展和进步，进而激发珍惜当下、热爱现实生活的情感。

## 教学建议

### 一、激趣导入

这篇散文有大量的引用，需要结合注释才能读懂，给学生自学造成了一定的困难。作为一篇散文，它不像小说、戏剧有引人入胜的情节，因此这篇课文对学生的吸引力普遍不足。教学中激发学生阅读兴趣，走进文本，体会作者的情感非常重要。建议教师从穿越题材导入，设置“你想穿越到哪个朝代？成为谁？”的问题激发学习兴趣。学生在交流中展示当今青年对美好人生的向往。接着带领学生进入课文学习，设置问题：为什么作者想穿越到唐朝成为“唐朝少年郎”？

### 二、明确教学重点

不少教师把教学重点放在“为什么作者希望成为唐朝少年郎？”这个问题上，围绕这个问题，引导学生概括每段“唐朝少年郎”的特点。散文要依靠相应的载体来承载作者的思想情感，散文中的事件、人物、景物都是载体，教学的重点应该是通过这些载体品味作者的情感。本文的教学应该关注语句用词、修辞手法、特殊段落等传达出的对“唐朝少年郎”的向往之情，教学的重点要落在品味情感上。

教师可设置思考单，引导学生关注课文里重要的词语、句式。教师先带领学生完成第一个要点（“过渡”），给学生做示范，然后让学生分小组完成表格里的其他问题。

| 序号 | 要点 | 文本 | 问题 |
|---|---|---|---|
| 一 | 过渡 | 第3自然段：做一个唐代的翩翩少年郎！想一想都让人热血沸腾 | 此段的作用是什么 |
| 二 | 词语 | 第4自然段：只有那个胸襟开张、元气淋漓、高歌狂饮、八面来风的唐朝 | 这句话中成语连用有什么好处 |
| 三 | 句式 | 第5自然段：我要练就一身好武艺。我要四处游历名山大川。我路见不平，拔刀相助。我轻财重义，一诺千金。我来去如风，形迹萍踪 | 将这一段改为：“我要练就一身好武艺。四处游历名山大川，路见不平，拔刀相助，轻财重义，一诺千金。来去如风，形迹萍踪。”好不好？为什么？ |
| 四 | 修辞 | 第9自然段：此一去，“西出阳关无故人”。此一去，“大漠风尘日色昏”。此一去，“黄沙百战穿金甲，不破楼兰终不还”…… | 本段修辞手法是什么？ |
| 五 | 标点 | 第11自然段：真的，生在盛唐，又正值青春年少，我不知道什么叫作“忧愁”！ | 句中引号的作用是什么？ |

**1．用词特点**

文中大量使用四字成语，且多处成语连用，形成排比，如“胸襟开张、元气淋漓、高歌狂饮、八面来风，到处游荡、饮酒作乐、挥金如土、不务正业”等。所选成语大多是大气豪放、激情飞扬的类型，气势十足。四字词语读起来节奏感强，生动明快，活泼有力，酣畅淋漓，与唐朝少年意气风发的形象相吻合，能直接、强烈地体现作者的向往之情。

**2．抒情语气**

本文有很多正面抒情的句子，如“想一想都让人热血沸腾”“多么飞扬跋扈，多么潇洒不羁”“嘚嘚的马蹄一路惊起许多卷帘人，我也不会回头望上一眼”，又如“什么少年老成，什么仕途经济，都成了饮酒时的笑谈”“什么‘记得绿罗裙，处处怜芳草’”，语气符合少年豪放不羁的特点，展示少年情感的炽热纯粹，性格的果决坚毅。字里行间洋溢着“我”对少年郎的赞扬和仰慕之情。

**3．特殊段落**

课文第5段和第9段可做重点学习，两个段落文字较少，分别是五句成段和三句成段，比较特殊。

> 我要练就一身好武艺。我要四处游历名山大川。我路见不平，拔刀相助。我轻财重义，一诺千金。我来去如风，形迹萍踪。（第5自然段）

这一段使用了5个“我”字开头的短句，再现了一位潇洒不羁的游侠形象。短句错落有致，语气铿锵有力，前后句连贯性强，与描写对象——游侠形象一致。教学中可引导学生比较：一个“我”字作主语贯穿成一个单句的表达效果与原文有何不同？教师指导学生通过朗读加深体会，原文5个短句，朗读时应加快语速，重音在“我”字上，停顿较少，一气呵成，在快速诵读中感受作者理想中的少年郎形象。

> 此一去，“西出阳关无故人”。此一去，“大漠风尘日色昏”。此一去，“黄沙百战穿金甲，不破楼兰终不还”……（第9自然段）

这一段使用引用、排比的手法，本段易出考题，如三处引用之间的顺序能否调换？三处引用按照时间顺序排列，第一句引用王维《送元二使安西》中的句子，写与友人告别，奔赴战场的场景。第二句写到达战场后，引用王昌龄《从军行》（之五）

中体现战场环境险恶的句子：“大漠风尘日色昏”。第三句引用王昌龄《从军行》（之四）中的诗句：“黄沙百战穿金甲，不破楼兰终不还”，抒发少年郎坚定无畏的报国志。朗诵这一段时应放慢语速，读出三句之间的停顿和过渡，用抒情语气读出诗句中隐藏的深沉爱国情感。

**4．对比手法**

为了突出自己对“唐朝少年郎”的喜爱之情，作者把少年郎塑造成一个侠义的握剑之人，将他与追求功名利禄的“呆子”、多情的白面书生进行对比，否定被功名利禄和儿女情长羁绊的人生。多引用唐朝诗人的诗句，赋予少年郎以昂扬向上的品性，如王维的《少年行》、李白的《将进酒》、王昌龄的《从军行》等。描写唐朝少年郎鄙弃的生活时多引用其他朝代诗句，如柳永的《鹤冲天》、辛弃疾的《破阵子·为陈同甫赋壮词以寄之》。在对比中抒发作者对“唐朝少年郎”的渴慕之情。

## 三、主题拓展

文中的“唐朝少年郎”并非真实的存在，而是作者综览唐朝文学作品后的虚构和想象，这种想象美化了唐朝少年郎的形象，寄托了作者对奔放昂扬人生的渴慕之情，因为无法在现实生活中过这样的人生，所以把希望寄托在想象之中。教师应启发学生思考：当今青少年可以向文中的唐朝少年学习哪些品格？说说当代青少年身上具备哪些优秀品质？教师可引入当代青年正能量的事例，如青年官兵抗击冰雪灾害、地震灾害的例子，奥运健儿拼搏挑战自我的例子等，引导学生思考应该做一个怎样的当代少年郎。鼓励学生努力学习知识和技能，成长为自己理想中的样子，在中华民族复兴伟业中贡献自己的力量。

# 综合实践活动设计

### 活动方案一：绘制唐朝少年形象

结合课文和个人理解，为文中的唐朝少年绘制人物画像，可结合某一段落描写的唐朝少年的特点绘制。

## 活动方案二：查找唐朝少年的故事

翻阅历史资料，选择与文中诗句相关的唐朝人物，了解其人生经历，绘制人物成长图谱，简要对人物事迹进行点评。

## 活动方案三：创作穿越题材作品

你想穿越到过去哪个朝代还是未来某个时期？你想去的地方具备什么样的特征？你希望在那个地方成为什么样的人？插上想象的翅膀，和同学一起大胆畅想吧，用文字（图片或视频资料）记录你理想中的生活和你期待的样子。

# 第三章
# 小说

## 导语
## ——虚构的叙述——小说

“小说讲了什么故事”，这是一般读者关心的问题，属于浅层次的问题，涉及小说的故事情节、人物形象、主题思想等；“小说怎么讲故事”，这是成熟读者关心的问题，属于较深层次的问题，涉及小说的结构、修辞、视角、细节、手法等，小说阅读教学的目的是引导学生由一般读者发展成为成熟读者。学生的“学习性阅读”与普通读者的“一般性阅读”不同，“一般性阅读”可以随意读，读到什么程度算什么程度，阅读是一种消遣；“学习性阅读”在某种程度上是要对抗浅层次阅读，掌握小说的解读方法，获取进入小说虚构世界的钥匙。教师必须在学生看不懂的地方用力，讲授小说的解读方法，不仅要带领学生弄懂小说讲了什么故事，更要引导学生把握小说怎么讲故事。

传统小说观认为小说是一种以人物形象塑造为中心，通过故事情节的安排和具体环境的描写来反映社会生活的叙事性的文学体裁。人物是叙事的主体，情节是叙事的逻辑，环境是叙事的背景。人物、情节和环境构成小说的三要素。按照胡适的说法，短篇小说是“用最经济的文学手段，描写事实中最精彩的一段”①，茅盾则认为“短篇小说的宗旨在截取一段人生来描写”②。他们都认为小说具有反映现实生活的功能。相当长时间，这被认为是对传统小说的成熟的认识。

现代小说观认为小说是对人的“存在”的询问和探索，“小说是个人发挥想象的乐园。那里没有人拥有真理，但人人有被了解的权利。③”“发现唯有小说能发现的”，这几乎成了中国当代作家的共识，小说是与散文、诗歌、戏剧甚至电影等泛文学作品

① 胡适．论短篇小说．中国现代文论选［M］．贵阳：贵州人民出版社，1982：12.

② 茅盾．茅盾全集18卷［M］．北京：人民文学出版社，1989：230.

③［美］欧内斯特·海明威，等．世界经典哲理小说［M］．韩少功，韩刚，译．北京：中央民族大学出版社，2000：429.

不同的文类。拉丁美洲作家马尔克斯说，一流的小说是不可能拍成电影的，只有三流的小说才适合拍成电影，虽然他的话有些偏颇，但不失深刻。现代小说不再以塑造“典型人物形象”为艺术价值的重要尺度和依据，也不强调再现外在的客观世界，而是向内转，表现“内心的真实”，人物性格与故事情节不那么重要。

因此，小说阅读教学一定要按照小说体式确定适宜的教学内容，要抓住“这一篇”的独特表达方式，引导学生读出小说的味道，让学生通过一篇篇小说的阅读，积累阅读经验，找到进入小说世界的门径。

本章选入了两篇中国古典小说，它们分别节选自中国古典四大名著之中的《水浒传》《红楼梦》，无论是情节设置、人物塑造还是语言表达都具有高超的艺术成就。它们成书于封建社会后期，其内容对我国社会文化、历史地理、民俗风情等有比较系统的描述，蕴含着丰富的文化内涵，有助于传承和弘扬我国优秀传统文化。教师在教学中，既要按照一般小说的教学思路，梳理故事情节，把握人物形象，分析主旨思想，又要注意拓展文化层面的内容，让学生体会作品中蕴含的民族精神，并能结合当下对中华传统文化进行批判性的继承与发扬。

# 《项链》：小说解读应“多元有界”

居伊·德·莫泊桑（1850—1893），法国19世纪后期著名的批判现实主义作家，他的短篇小说在世界文坛享有盛名，被誉为“短篇小说巨匠”。代表作有《羊脂球》《一生》《俊友》《项链》《我的叔叔于勒》等。他善于从平凡事件中截取具有典型意义的片段，以小见大地反映19世纪后半期法兰西的社会风貌，题材丰富多样，构思别具匠心，风格朴实优雅，语言清新生动。《项链》是莫泊桑的经典之作，也是闻名世界的短篇小说名作。女主人公玛蒂尔德为了体面地参加一场舞会，向朋友借了一串项链，舞会上她出尽风头，不幸的是她丢失了这串项链。为了赔偿，她与丈夫节衣缩食，辛苦劳作，花了整整十年的时间。当他们为还清债务而如释重负的时候，却得知这串项链是假的。

## 课例综述

通过查阅教学设计、教学札记、教学实录、课件、学术论文等相关资料，针对作品主题、艺术特色这两方面教学内容梳理如下。

### 1. 作品主题

这篇小说的主题，以前普遍认为是讽刺、批判小资产阶级的虚荣心和揭露资本主义罪恶，很多教师都沿用这个主题。现在人们对“标准答案”提出质疑，强调文本的多元解读。这有利于对长期一元化的机械唯物论进行反驳，但不是把读者主体凌驾于文本主体之上。福建师范大学赖瑞云教授在《混沌阅读》中提出“多元有界”，认为读者主体是相对的，“多元解读不是乱读。‘一千个读者有一千个哈姆雷特’，不管怎么还是哈姆雷特，不应把它读成李尔王。[①]”要防止脱离文本、脱离时代背景的奇谈怪论。认为小说揭露资产阶级罪恶本质的“阶级斗争”观点显得牵强，是庸俗历史观的机械解读，不符合莫泊桑作为民主思想者的实际情况。

关于课文主题，目前影响最大的有三个。

（1）虚荣说。认为作品讽刺了女主人公玛蒂尔德爱慕虚荣、追求享乐的思想。

---

① 赖瑞云．混沌阅读［M］．福州：福建教育出版社，2010：286.

（2）命运说。认为小说表现了命运对小人物的拨弄。小人物生活在社会底层，地位卑微，无法与强大的命运相抗衡，在命运的打击下特别悲惨。

（3）人性说。认为作品表现了人性的弱点。玛蒂尔德耽于幻想，一心想过上流社会奢华的生活，才导致最后的悲剧，这集中暴露了人性的弱点。

当然，也有综合上述观点的，比如"作品反映了当时法国社会中小人物的向往和痛苦，追求和遭遇，感慨社会的不平和人性的弱点，感叹命运对小人物的拨弄"，这是人民教育出版社2002年5月版中职《语文》（基础版）第三册《教师教学用书》的提法。

还有其他的观点，比如作家毕飞宇就另辟蹊径，提出了"契约说"，认为玛蒂尔德夫妇在丢失项链后，不躲不赖，主动担责，想方设法赔偿，这体现了西方文化中忠诚守信的契约精神；又如北京教育学院的金传富老师在发动学生充分讨论的基础上，竟总结出十一个主题，让人大开眼界：①揭示了19世纪末期法国社会底层人物的悲剧命运；②反映了当时法国社会虚荣腐朽和没落颓废的社会生活；③反映了19世纪法国社会阶级之间的差异；④揭示了当时法国社会底层人民生活和精神的落寞；⑤揭示了人生观和价值观对人生经历的影响；⑥歌颂了玛蒂尔德夫妇坚贞的爱情；⑦赞颂了劳动的崇高与伟大，肯定了人类劳动的真正价值；⑧歌颂了玛蒂尔德的质朴纯洁和忠贞诚信；⑨细节决定成败，小事不小；⑩反映了矛盾对立统一相互转换的道理；⑪揭示了人生的变幻无常[①]。经典的阅读就是这样，它是常读常新的，对《项链》主题的探究仍未停止，以后应该还会持续下去。

### 2．艺术特色

《项链》的艺术特色主要有以下几个方面。

（1）小说的结尾出人意料，却又在情理之中。小说的结尾在点出项链是假的后戛然而止，可谓"石破天惊"，这是最令人惊叹和震撼的地方，给读者打开了广阔的想象空间，留下了更多的回味余地。它赋予作品强烈的戏剧化色彩，同时也使作品蒙上了浓重的悲剧氛围。

（2）细腻的心理描写。《项链》的心理描写细腻，作者极善用心理分析的方法来展现人物的内心世界。比如作品开头的两组七个"梦想"，就充分表现了玛蒂尔德强烈的虚荣心和对上层贵族社会穷奢极欲、纸醉金迷生活的仰慕向往，这是她遭遇人生悲剧的思想根源；又如尽管生活给了女主人公沉痛的教训，可每每在繁重的家务劳动之余，她还会品味当年舞会上的巨大成功，这就不仅写出了当时崇尚奢侈淫逸的社会风气，也深刻诠释了人性，所谓"江山易改，本性难移"。

（3）情节曲折，引人入胜。《项链》就好比是一出戏剧，它以"项链"为线索，

---

① 金传富．关于《项链》的十一个主题［J］．语文教学通讯，2007（06）：32-33.

序幕（玛蒂尔德的“痛苦”和梦想）、开端（为参加宴会借项链）、发展（宴会结束后发现项链丢失，之后为赔偿债务而辛勤工作）、高潮和结局（还项链时发现所借项链是假的）几个环节都具备，而过程又富于波澜。比如小说的“开端”部分，紧扣出席宴会这一事件，叙写了玛蒂尔德随着宴会的到来，两次由失望到得意的思想变化过程，环环相扣，步步推进。当玛蒂尔德在舞会上获得极大的成功后，作者的笔锋却轻轻一转，引出项链丢失这个骇人的事件，女主人公从幸福的云端瞬间跌落到痛苦的深渊，同时推动情节向纵深发展，她的前途和命运也紧紧扣住了读者的心。而当玛蒂尔德为终于还清了一身债务而满身轻松惬意之时，听到的却是先前所借的项链是假的的“可怕”消息。喜悲交替，令人错愕不已，回味深长。

（4）对比手法的运用。作品在故事情节上多次运用了对比。如玛蒂尔德舞会上获得巨大成功的尽情陶醉与丢失项链后的惊慌失措的对比；她的一夜风光与她为偿还债务所付出的十年艰辛的对比；她陶醉于狂热跳舞所带来的甜蜜胜利里，与她的丈夫从半夜起就跟三个男宾在一间冷落的小客室里睡着了形成的对比。这些对比让人们看到了当时法国的社会风尚，像玛蒂尔德这样的人带有一定的普遍性。再如玛蒂尔德还清债务后十分苍老，与好友依旧年轻美丽动人的对比，这是一笔极其辛辣的讽刺：自认为天生丽质、楚楚动人的玛蒂尔德，仅仅过了十年时间就“面目全非”了，这是谁之过？让读者不得不去认真地思考。

（5）语言简练准确，极富表现力。人物语言本色，极具个性化，如玛蒂尔德在向女友佛来思节夫人借项链时双方语言的描写，生动准确，前者的贪心狂喜与后者的不以为意、慷慨大方对比鲜明。小说语言凝练，富有表现力，如玛蒂尔德做家务的一段文字，写出了女主人公所做家务项目之多之繁重，连用多个精确的动词，短短几行文字就表现了她的吃苦耐劳、勤劳能干。

## 教例展示

### 教例一：以倒读法新解《项链》主题

廖海燕老师一反传统教法，从作品的结尾处教起，逆向推导，反向分析，得出小说新的主题，让人大开眼界。现择要介绍其教学思路如下。

教师引导学生思考，两位好友相隔十年在极乐公园相逢，物是人非，这位富婆朋友明知那串项链是假的，起初为什么不吱声、不动声色地让女主人公爱不释手地拿走？过去是明知而不说，现在却迅疾说出，这就要考量这位富婆朋友的心机了。

由此，进一步引导学生通过两个女人形象的对比解读小说主题。玛蒂尔德不仅外貌美丽，而且性格美好，她诚实守信、敢于担当、吃苦耐劳，她爱美并未失真，虚荣也不过分。受邀跳舞，舞伴很多，她跳得用心而认真，用情而愉悦，但也仅仅是跳舞，并无非分之举。她的确爱慕虚荣，但这也许是女性天生的弱点，她的虚荣也仅仅是想参加舞会时有新的衣装。她是漂亮的，又是不幸的；她是可爱的，又是可怜的。其主题不仅是虚荣的代价，更是美丽的不幸。究其实质，女主人公所有的错误与不幸，竟好像是因为她长得漂亮、生得美丽。莫泊桑以独特的视角，写出了她与生俱来的漂亮与纯真，写出了她历经考验的美丽与善良。

廖老师还附带写及了教学感悟，也颇有见地，令人信服："我之所以提出倒读《项链》的方法，是因为小说的结尾，颠覆常态，出人意料。作品的构思重点，往往不是开头，而是结尾；倒读文本，可还原作者起初的诱因、原始的构想。作家陆文夫曾说：'我的许多小说都是从结尾写起的。'这话并非说其作品真是从结尾铺排文字、投诸笔墨的，而是强调其构思是由那个出人意料的结尾引发的。这种结尾出人意料的小说，可以造成奇峰突起的阅读效果。读者在遭受了短暂、强烈、巨大的情感震惊之后，转向长期、冷静的理性思考。这种结尾优势正在于它可以深刻地揭示人物的本质，深化作品的主题。"

（*参考文献：廖海燕．以倒读法新解《项链》主题*［J］．*中学语文教学参考*，2015（22）：35-36．）

## 教例二：向熟悉的文本发问——小说《项链》的教学思考

吴晗姿老师发现学生一旦在课前看过这篇小说，那么在课堂上阅读、研讨文本的兴趣就大大降低。为了提高阅读质量，她让学生超越仅关注情节这个层面，想方设法向熟悉的文本发问。当学生发现熟悉文本的不熟悉的地方，甚至想不通的地方，阅读的兴趣就会被激发起来，有效的阅读就能得以开展。当然，这对教师的要求比较高，需要教师充分地备课、周到地考虑和课堂上的急智。

吴老师的第一问："小说最让你震撼的地方是哪里？（生几乎异口同声：项链是假的。）十年辛劳去赔偿的居然是一条假项链，这合理吗？"（生议论纷纷，兴趣被激发。答案很快呈现出来：从借项链时有钱女友的随意，到买项链时首饰与首饰盒的不匹配，再到归还时女友都没有打开检查，这一系列的细节都暗示着这条项链有可能是假的。这样的伏笔让小说的结尾在给人震撼之余，有了情理之中的合理性，是非常严密的构思。）

第二问："我们读者都读出了那条项链可能有问题，那么，当事人玛蒂尔德为什么从没想过？"（此问比前问，思维难度上了一个台阶，学生觉得自己应该有话可说，但又不能立刻说清楚，学生的阅读兴趣一下子被调动起来。）课堂讨论总结的三个原因是：①正如开篇所描述，女主人公身上确实存在着强烈的对奢华生活的向往，她不满足于自己的生活现状，有着这样强烈的爱美、爱享受的虚荣心的玛蒂尔德，怎么可能去怀疑一个有钱朋友的首饰是假的呢？绝对不可能。②十年前的舞会，简直就是人生的巅峰，巅峰的点睛之笔就是那条精美的钻石项链，她怎么可能会想到项链是假的？怎么愿意接受那条带给她极美好回忆的项链是假的？而在十年艰辛的还债岁月里，这份美丽的回忆成为她最有力的精神支撑。③她善良单纯的品性（这是个不容易读出来的原因）。正因为她具有善良的本性，单纯的品质，决定了她不会在人生陷入困境时逃避，选择恶意揣测对方项链的真假，甚至选择买一条假项链去应付朋友，她选择的是勇敢面对，承担责任。

第三问：“什么造成了玛蒂尔德这一切的遭遇？”（此问是在人物分析的基础上产生的。学生对玛蒂尔德的遭遇，既有批判也有同情。此问实际上进入了作品主题的探讨。）面对此问，师生共同关注到了一句话：“人生是多么奇怪，多么变幻无常啊，极细小的一件事可以败坏你，也可以成全你！”细小应该不仅指事小，还含有偶然的意思。借项链是小事，却意外丢失，经受十年磨难；从漫长磨难中解脱，把真相告诉朋友，是小事，却又意外遭受二次打击，给玛蒂尔德带来了双重灾难。但玛蒂尔德的悲剧真的是偶然事件造成的吗？在偶然中有没有必然呢？（教师引导学生回归文本，细究偶然中蕴含的必然）①项链丢失有没有必然性？狂热兴奋地跳舞，有可能弄丢；舞会结束，拼命推开丈夫给她披上的外套，匆忙坐破马车离开，夫妇一番推搡中，丢失完全有可能。项链丢失的偶然性就藏在这必然性中。②十年后告知朋友真相，却承受了第二次打击，这是偶然的吗？玛蒂尔德还清了债务，轻松喜悦的心情要表达；女友一直是羡慕的对象，自己终于有能力承担起如此昂贵的项链，这值得炫耀自豪，所以一定会说出来，这是女主人公性格中的又一次必然。③再推进一步，玛蒂尔德这种爱慕虚荣、喜欢炫耀的心理是偶然产生的吗？当然更不是，小说开头部分花了相当多的笔墨描写她的心理，她对自己理想生活的畅想，对人生价值的理解，对生活现状的强烈不满，根深蒂固地存在在她的血脉里，是那个时代大部分人的观念，所以之后所发生的一切绝对不是一件小事所“败坏”的，而是必然发生的。

由此看来，玛蒂尔德的悲剧实际上是她性格的悲剧。那么是莫泊桑说错了吗？（班级掀起了讨论热潮。传统看法认为小说的最后一句话是败笔。师生讨论后予以否定，认为作者只是模仿玛蒂尔德的口吻说这句话。历经十年的玛蒂尔德成了一个吃苦耐劳的妇女，但思想上并没有真正明白导致自己十年艰辛的根本原因，所以她不时还会坐在窗口怀想。这恰恰是作品深刻意义所在。）

（参考文献：吴晗姿. 向文本发问——小说《项链》的教学思考［J］. 语文教学与研究，2020年（01）：73-76.）

## 教学建议

### 一、复述故事情节，理清文章结构

学生在预习课文的基础上，复述故事情节，并用最简练的词语概括故事情节。一般学生都能概括出“借项链→丢项链→赔项链→发现项链是假的”这四个故事环节，教师可进一步简化提炼为“借→丢→赔→假（或‘识’）”四个字，并据此明确文章的线索（“项链”），故事的顺序（“时间顺序”）。

### 二、精心设计问题，探究作品主题

教师可引导学生探究玛蒂尔德悲剧产生的主客观原因以及作品的主题（多义性）。教师应精心考虑设计相关的问题，以激发学生探究的兴趣。

鲁迅说过，悲剧就是将美好的东西毁灭给人看。就拿探究小说的悲剧意义来说，教师应启发学生思考，莫泊桑在《项链》中是怎样将人性中的真善美毁灭给读者看，从而激起人们内心深处崇高的悲壮感的。

### 三、小组合作讨论，分析人物形象

分析人物形象不妨考虑采用小组合作讨论的方法。重点分析玛蒂尔德，附带分析路瓦栽、佛来思节夫人。分析人物形象还可兼用探究法。

### 四、诵读文章语段，品味语言特色

解读小说，固然应以讲解情节、人物、环境、主题为重点，但并不意味着小说语言特色方面的分析品味就可以忽略，因为语言是小说写作的工具，是上述小说要素的载体。像《项链》这样文字优美的小说，课堂上安排一定的时间朗读鉴赏其文字方面的精彩之处，也应是教学的题中之义。比如开头写女主人公痛苦和梦想的四段文字，中间参加舞会的“陶醉”语段，辛苦操劳家务的文字，都可让朗读较好的学生诵读；而像借项链前路瓦栽夫妇的对话，极乐公园玛蒂尔德与佛来思节夫人的对话，则可用分角色朗读来完成（安排男生、女生、旁白各一人）。在此基础上，可以进行简要的赏析。这不仅能丰富教学手段，活跃课堂气氛，还能增加学生的语言素养（如炼字、修辞等）。

## 五、穿插点拨，挖掘课程思政内涵

本文的思政内涵极为丰富，作品就像资本主义社会的一幅风俗画，有着深刻的认识价值和巨大的教育意义，教师在备课时应注意挖掘，女主人公因贪慕虚荣所走的那条人生歧路，足以警醒世人，教学过程中应适时穿插点拨，以帮助学生树立正确的“三观”。要引导学生正确认识金钱至上、享乐主义的社会风气以及贫富分化、社会不公的社会问题，教育学生树立正确的“金钱观”“幸福观”，用积极的心态看待社会现实；在面临人生灾变时，不应自暴自弃，而应勇敢坚强地面对，敢于承担责任。

## 六、比较阅读，体会结尾妙处

在琳琅满目的小说画廊中，结尾“出人意料，却又在情理之中”的篇章甚多，比如蒲松龄的《婴宁》，吴组缃的《菉竹山房》等，适当引入一二作比较阅读，或能产生意想不到的教学效果。

## 综合实践活动设计

### 活动方案一：表演短剧

将小说改编成一出短剧，并组织表演，用于参加学校的文艺演出。此活动为喜欢编剧、表演的学生设计。

### 活动方案二：组织漫画展览

组织一次漫画展览。选出班级绘画能手，根据小说的主要情节，绘出二十幅左右的漫画（其他画种也可以），用于班级或学校墙报展览。此活动为喜欢绘画的学生设计。

### 活动方案三：续写比赛

小说的结尾给人留下了广阔的想象空间，为续写再创作提供了无限可能。听了佛来思节夫人的一番话之后，玛蒂尔德想必会有无限的感慨，那么她会怎么想，怎么说，怎么做呢？试以《〈项链〉续写》为题，写一篇800字以上的记叙文（或小说），注意续写的故事要符合《项链》故事和人物性格发展的逻辑。此活动为喜欢写作的学生设计，同时也可作为对课堂教学的一种延伸拓展。

# 《林教头风雪山神庙》：由一篇带动整本书阅读

施耐庵（约1296—1370），中国元末明初文学家。经历了元末农民起义，施耐庵深感自己与当朝权贵不合，决定归隐，闭门著书。《水浒传》是我国古典小说中第一部描写农民起义的长篇巨著，小说描写了北宋末年“官逼民反”的历史事件，热情歌颂了农民起义的正义性，成功塑造了一百零八位草莽英雄的形象，对后来的文学创作产生了重要影响。《林教头风雪山神庙》选自《水浒传》七十一回本（人民文学出版社1973年版）第十回“林头风雪山神庙　陆虞候火烧草料场”。本文一方面写官府对林冲步步紧逼、阴谋设计、撒开罗网，必欲置林冲于死地；另一方面写林冲由心存幻想、逆来顺受、委曲求全，直至最后走上反抗道路，有力地揭露了封建社会官逼民反的社会现实。

## 课例综述

通过搜集相关教学设计和课堂实录，发现一线教师基本围绕故事情节、人物形象、环境描写、小说主旨实施教学，具体如下。

### 1．故事情节

引导学生按照时间顺序梳理故事情节，可以补充林冲被发配沧州的前情：岳王庙前林妻受辱；白虎堂上误入奸计；野猪林中被谋性命。引导学生探究小说的“双线结构”，明线是林冲的一系列活动，暗线是陆谦等谋害林冲的活动，明暗交替，推动情节发展。有的教师引导学生关注故事情节上处处设伏、前后照应的特点。

### 2．人物形象

引导学生依托故事情节把握林冲复杂的性格特点及其性格变化轨迹。林冲既有委曲求全、忍辱负重的一面，又有暴躁刚烈、残忍野蛮的一面。随着情节的推进，林冲由心存幻想、逆来顺受、委曲求全，直至最后忍无可忍，被逼上梁山。

### 3．环境描写

重点分析三次风雪描写，归纳风雪描写的作用：提供场景；渲染阴冷紧张的氛围；烘托人物心理；推动故事情节发展。

4．小说主旨

课文通过林冲性格变化的轨迹，揭露了当时封建统治阶级的凶残卑劣，体现了“官逼民反”的必然性，也歌颂了梁山好汉的反抗精神。

## 教例展示

### 教例一：比较电视剧与小说，领会小说的叙述特点

教师引导学生比较电视剧与小说的差异，理解小说叙述对人物形象塑造与主题表达的作用。

**教学设计片段**

不管林冲用怎样平静的口气叙述此事，不管林冲用怎样平和的心态对待此事，他都告诉了李小二一个事实：他与高俅有仇。于是小二才会关注到远道而来的陆谦一伙，才会有李小二隔墙偷听的精彩片段。播放电视剧中的这个片段，并请学习小组讨论、交流。

**1．对于这一情节，电视剧和小说的叙述上有什么差异？**

（电视剧中李小二偷听被发现，受到恐吓后，不敢对林冲直言，而只是婉言暗示，但林冲似乎没明白，还是心安理得地去接管了草料场。小说中，林冲明知管营有阴谋，但还是带着疑惑，心存侥幸地去了。）

**2．你觉得哪种叙述能更好地凸显人物性格、凸显小说主题？**

（电视剧设置悬念，使故事跌宕起伏、引人入胜，意在情节；小说中林冲道：“却不害我，倒与我好差使，正不知何意？”又一次提到不知何意。小二已经告诉他有阴谋，他还幻想得过且过，这样的叙述意在凸显人物与主题。）

（参考文献：章浙中，朱前珍.《林教头风雪山神庙》教学设计［J］. 语文建设，2005（08）：22-23.）

### 教例二：抓住语言描写、动作描写分析人物形象

教师带领学生细读课文，抓住语言描写、动作描写，理解林冲性格中“忍”的特

点，为把握小说主旨（“逼上梁山”）作铺垫。

### 教学设计片段

风雪之中，林冲以一种怎样的心态来到草料场？8～10小节中有一些关于林冲的耐人寻味的语言和动作，你能找到吗？

PPT4：“这屋如何过得一冬？待雪晴了，去城中唤了泥水匠来修理。”“神明庇佑！改日来烧纸钱。”在这样的话语中，我们能感受到什么？

（大难临头，林冲却想安稳过冬，却想山神庇佑自己可以在此安稳度日。）

PPT5：“将火炭盖了，取毡笠子戴上，拿了钥匙，出来，把草厅门拽上；出到大门首，把两扇草场门反拽上锁了；带了钥匙，信步投东……”“恐怕火盆内有火炭延烧起来，搬开破壁子，探半身入去摸时，火盆内火种都被雪水浸灭了。”“依旧把门拽上，锁了，望那庙里来。”从这些细微的动作中，我们又能感受到什么呢？

（“盖”，怕着火；在旷无人烟的地方，“拽上”门，这还不够，又上锁；先前已盖了的火炭，因草屋塌了，还要用手去“摸”，探探有没有火星；一间崩塌的草屋，离开时，还要“拽上”“锁了”。林冲真是太谨慎、太尽职。）

小说为何刻意表现林冲的谨慎、尽职？

（小说想告诉读者们，林冲是多么忍辱负重、克制内敛。他只想安心做一个囚徒——一个模范的囚徒。这与下文的血刃仇敌形成强烈的反差，以渲染主题。）

（参考文献：章浙中，朱前珍.《林教头风雪山神庙》教学设计［J］. 语文建设，2005（08）：22-23.）

## 教学建议

《水浒传》无疑是中国古代文化的瑰宝，古代社会底层百姓扶困济贫的侠义思想，反抗黑暗统治，企图掌握自己命运的思想与宋元说话艺术的结合熔炼出这部文学精品。

### 一、分析情节设置的技巧

如果把四大名著选篇进行类型划分，《林教头风雪山神庙》属于情节型选篇，它突出的特点是跌宕起伏、张弛有致的情节设置，人物性格的发展变化与主旨的表达都依赖于情节的展开。因此，教师应着重从情节设置的技巧方面引导学生鉴赏本篇课文。

**1．双线结构及其作用**

先让学生梳理故事情节，因小说是按照时间顺序展开叙事，学生比较容易梳理出发展脉络：“沧州遇旧”是序幕（第1段）；“买刀寻仇”是开端（第2～5段）；“接管草料场”是发展（第6～9段）；“雪夜复仇”（第10～12段）是高潮和结局。这是以林冲的活动为线索梳理的故事情节，是否还有另外一条叙事线索？除了林冲这条明线之外，还有一条“暗线”：陆谦团伙的活动（酒馆密谋——安排美差——火烧草场——庙前被杀），明暗双线交织推进情节发展。追问：为什么要设置双线结构？有何作用？林冲沧州遇见李小二，小二报恩，情节舒缓；小二偷听陆谦们酒馆密谋，林冲买刀寻仇，氛围突然紧张起来；林冲三五日寻仇不见，放松警惕，被安排美差，接管草料场，情节又转为舒缓；陆谦团伙火烧草场，林冲雪夜复仇，手刃三人，情节紧张到极致。这就是课文情节的特点——“跌宕起伏、张弛有致”。

**2．草蛇灰线、伏脉千里**

“草蛇灰线”指草的灰烬，蛇爬行的线痕，喻隐约可寻的线索迹象，这里指作品中那些不露形迹、若隐若现，以多次交代、暗示和暗伏遥应形式出现的行文线索。让学生找出文中的伏笔，进一步领会中国古典小说讲究谋篇布局，追求构思巧妙的特点。本文设置的悬念和伏笔很多，比如陆谦团伙在李小二酒店密谋后先后离开，此时采用第一人称有限叙事视角——李小二的视角，他只看到几个“尴尬”人，听得“高衙内”以及有限的几句话，并不知道他们具体在谋划什么，作者也不交代，但显然与林冲有关，暗示林冲有危险。第六天，林冲被派到草料场，这实际上是阴谋实施的第一步，为什么前面几天没动静呢？应该是在暗中谋划，结合后来的情节，他们是在等待风雪天，但林冲并不知道危险将至，还以为是“美差”，读者的心也悬了起来。还有几处伏笔也很巧妙，丝丝入扣，情节严密，李小二在东京曾得林冲救助，所以到了沧州报恩，当他听到东京口音的陆谦二人谈到“高衙内”，才可能将陆谦等人的阴谋告知林冲，李小二的出现是故事的开端。

大风雪的天气也是重要的伏笔，正是因为天气寒冷，林冲才出外买酒，躲开了被草厅压死的命运，接着到买酒路上看到的古庙避寒，避开了被火烧死的命运，陆谦等人到古庙躲避风雪，林冲才可能听到三人的阴谋，所以风雪天气是非常重要的伏笔。

大葫芦也是不可少的伏笔，它是老军给林冲的，因为有葫芦装酒，所以在古庙栖身时，林冲一边喝酒一边吃牛肉，才能听到外面草场着火的声音，接着听到三人的谈话。还有林冲掩门的大石头，它是林冲用来挡风的，陆谦三人本来想进古庙，但门被石头挡住，所以只能在门口聊天“泄露”阴谋，最终激起林冲的冲天之怒，林冲在自知毫无退路的情况下手刃三人，投奔梁山。

总之，本文情节设置巧妙，双线交织，情节起伏跌宕，处处设伏，前后照应，故事中的每一点都不虚设，可谓天衣无缝，足见作者的构思精密。

## 二、依托情节，分析人物性格的发展变化

林冲被认为是《水浒传》中“逼上梁山”的典型代表，小说如何写出林冲是被“逼”而不是被“激”上梁山的？“激”强调的是一时冲动，情绪失控，“逼”强调的是冷静思虑后的别无选择。关键要引导学生抓住林冲性格的发展变化的脉络。

### 1．复原林冲的人生经历

章回体小说分章回叙述，在一个章回或某几个章回里，集中描写一两个人物或事件，其他的人或事暂且不提，人物及相关情节有一定的相对独立性，但人物、情节又统一于整部著作。林冲性格的完整分析还得复原他的人生经历，教师可以补充前情：相国寺林妻被辱，林冲不敢打高衙内；白虎堂中计，林冲认罚；野猪林被谋害，不敢杀差官逃命。发配沧州前的林冲多次被“逼”，但林冲不思反抗，说明林冲性格中有委曲求全、忍辱负重的一面。

### 2．哪些地方可以看出林冲的“一忍再忍”

听闻陆谦等人筹划阴谋，林冲买刀寻仇，但寻了三五日不见陆谦等人，就放松警惕，说明林冲不愿滋生事端；被分到草料场，还想着修整破败的草厅，到古庙祈求神灵护佑，这些都说明林冲还想着好好服刑，等到刑满释放，回东京过以前的小日子。追问：林冲为什么不思反抗？结合林冲的身份地位、家庭环境分析，他是东京八十万禁军教头，家有美妻，生活小康，是有一定社会地位的军官，他不想失去这一切，这决定了他缺乏反抗意识。我国当代作家毕飞宇认为李逵是自然性的，林冲是社会性的，林冲一直没能也不敢做他自己，始终处在两难之中。还可以引用林冲投奔梁山时写的诗分析：“仗义是林冲，为人最朴忠。江湖驰闻望，慷慨聚英雄。身世悲浮梗，功名类转蓬。他年若得志，威震泰山东。”说明林冲的人生理想是安分守己，效命国家，凭本事博得功名，赢得“封妻荫子”，并不是真的想造反。

### 3．分析林冲“不忍”的原因

买刀寻仇说明林冲性格中有暴躁刚烈、疾恶如仇的一面；草料场失火，听闻三人阴谋，知道自己毫无退路，草料场被烧是犯罪，陆谦等人处心积虑谋害他，他终于忍无可忍，手刃仇敌。

### 4．怎么看出林冲投奔梁山是冷静思考后的选择

这是难点。引导学生细读“雪夜复仇”的片段，从林冲杀人的顺序、刀具的选

择、对陆谦的道义审判说明他很冷静。毕飞宇还专门分析林冲手刃三人后的一段文字（未选入教材），林冲把三人的脑袋放在供桌上，再换衣服，把累赘的葫芦扔了，还不忘把残留的酒喝完，然后一路向东（向西是进沧州城，自投罗网）[①]。这一系列的操作说明林冲令人窒息的冷静，投奔梁山是他冷静思考后的选择，绝不是一时冲动。这里可以适当引导学生理解林冲的暴力行为，从现代文明观念来看，这种快意恩仇的暴力私刑是不符合法度的，带有侠文化中的“残忍嗜杀”的特点，但在当时朝廷腐败、社会混乱的历史环境下，它又体现了除暴安良、替天行道，挑战既有法规的反抗精神。

## 三、品味古代白话小说的语言魅力

### 1．纯熟的古白话模式

《水浒传》继承了宋元话本小说的传统，采用明快洗练的北方官话，往往带有地方口语的特点。据研究，《水浒传》采用大量山东和江浙地区的语言词汇和句式。其中林冲去草料场的描写堪称经典：

> 正是严冬天气，彤云密布，朔风渐起，却早纷纷扬扬卷下一天大雪来……只说林冲就床上放了包裹被卧，就坐下生些焰火起来。屋后边有一堆柴炭，拿几块来，生在地炉里。仰面看那草屋时，四下里崩坏了，又被朔风吹撼，摇振得动。林冲道：“这屋如何过得一冬？待雪晴了，去城中唤个泥水匠来修理。”

语言清新朴实，毫无辞藻修饰，大量采用民间口语，完全生活化。

### 2．风雪描写及其作用

课文最重要的自然环境是风雪，回目中也有“风雪”二字，文中共有三次直接描写风雪的句子，分别在课文的七八九三段。三次风雪描写，一字不易。林冲初到草料场，“正是严冬天气，彤云密布，朔风渐起，却早纷纷扬扬卷下一天大雪来。”这是风雪初起的样子。待到林冲感到身寒去沽酒，雪势已经大了，“那雪正下得紧”，短短六个字，却传神有力，鲁迅称赞：“就是接近现代的大众语的说法，比‘大雪纷飞’多两个字，但那‘神韵’却好得远了。[②]”返回时，“看那雪，到晚越下得紧了。”中国古代小说习惯采用诗歌韵语描写景物，只起烘托渲染的作用，但课文采用直截了当的白话，打破陈规，干净利落，与当下人物心境契合，起到了字字千金的作用。

---

① 毕飞宇.“走”与“走”——小说内部的逻辑与反逻辑［J］. 长江文艺，2022（10）：148-158.

② 鲁迅. 鲁迅全集（第5卷）［M］. 南京：江苏凤凰文艺出版社，2020：389.

除了以上三次正面描写风雪之大，还有几处侧面烘托，比如写草料场四面透风的草屋，“被朔风吹撼，摇振得动”，写出了风雪之猛烈；林冲觉着身上寒冷，出外买酒，夜投山神庙时，毡笠子上都是雪，衫子也五分湿了，这是通过人物的感觉和行动侧面写风雪之大。

风雪与故事情节发展紧密相关，随着情节推进，风雪也随之而起，因为风雪大，草厅寒凉，林冲去东边二三里的市井买酒，途中见到山神庙；风雪压垮草厅，林冲才被迫到山神庙栖身，躲过了火灾；为了阻挡风雪，用大石抵门，才能无意中听到三人谈话；三人放火后，也想到山神庙躲避寒冷，推不开门，在门口聊天交代隐情，至此，真相大白，林冲怒火冲天，手刃三人，情节发展到高潮。

当然，纷纷扬扬的大雪还渲染了紧张的气氛，天寒地冻、风雪交加中，林冲从一个八十万禁军教头变成了屠夫，风雪为故事创设了一个苍凉辽阔的背景。

风雪在推动情节、表现人物、营造气氛、提供场景等方面发挥着重要作用。

### 3．传神的语言描写

鲁迅认为，《水浒传》语言之成功和传神，“能使读者由说话中看出人来”[①]。书中有几处语言描写值得关注。李小二与林冲叙旧时，林冲称高俅为“高太尉”（敬称），认为“恶”（冒犯）了高俅被发配，自认是“罪囚”，这些话足见林冲忍辱受屈的性格。还有一处语言描写，陆谦三人在山神庙门前聊天，共说了九句话，但文中并未指出是谁说的，不妨让学生设想每句话可能是谁说的，这样的训练可以加深学生对课文的理解，激发他们阅读课文的兴趣，也能引导学生领会小说的留白艺术。

### 4．动作描写精细而有诗意

本篇选文的诗意是通过人物的动作描写体现出来的。中国散文作家顾随先生曾分析林冲买刀寻仇的文段：“先去街上买把解腕尖刀，带在身上，前街后巷，一地里去寻……次日天明起来……带了刀又去沧州城里城外，小街夹巷，团团地寻了一日”，语言清新洗练，长短句并用，带有节奏感，既写出了人物内心的紧张感，又使语句带有诗意。本文使用了大量的行为动词，可引导学生抓住动词分析人物性格，比如林冲去打酒前，“将火炭盖了，取毡笠子戴上，拿了钥匙，出来，把草厅门拽上；出到大门首，把两扇草场门反拽上锁了”，一件件做得很有条理；打酒回来时，发现草厅倒了，“恐怕火盆内有火炭延烧起来，搬开破壁子，探半身入去摸”，这些动作都可以看出林冲是做事细心的人，也说明林冲对即将到来的危险毫不知情，他一心只想做好本职工作。比如林冲离开天王堂沽酒随身拿花枪，表现其细心和防备意识；杀差拨和富安时，出手快捷，只使用了“搠”，而杀死陆虞候，则用“扯”“剜”和“提”等动

① 刘敬圻．明清小说补论［M］．哈尔滨：北方文艺出版社，2016：206.

作，表现极其仇恨。林冲手刃仇敌后的片段（未选入教材），实际上连续用了“穿、系、带、吃、丢、提、出”七个动词，表现其动作的连续性，内心不慌不忙，极度冷静。

## 四、立足整本书阅读，理解小说主旨

要理解本篇课文的主旨，必须对整本书有所了解。《水浒传》全书的故事情节可分为三部分：第一部分（1～71回），写鲁智深、林冲、杨志、宋江等一百零八名英雄被逼上梁山的经过，是个人英雄传奇故事；第二部分（72～82回），写梁山义军对抗官军，最后接受招安的经过，是集体传奇故事；第三部分（83～120回），写梁山义军奉命征辽、征方腊，最后失败的经过。

小说描写了北宋末年梁山农民起义队伍的成长过程，揭示了农民起义的根源，揭露了封建社会的黑暗和统治集团的残暴和腐朽，表达了广大人民群众的理想和愿望。

### 1．忠义悲歌

小说最早定名为《忠义水浒传》，明代李卓吾在《读〈忠义水浒传〉序》中说，“《水浒传》者，发愤之所作也”，认为施耐庵、罗贯中虽然生在元代，但心在宋朝，水浒中多是忠义之人，尤其是宋江，一心想着被招安，“忠心报答赵官家”，但即使被招安之后，仍被误国之臣逼上绝路。“忠”首先是对皇帝与朝廷的忠诚。

### 2．“替天行道”的观念

“替天行道”是梁山好汉的行动纲领，指的是维护基本的公平、正义。在宋明时期，“天子”与“天”等同，“替天行道”隐含替天子承担政府职能之意，梁山好汉被招安后出征方腊就顺理成章了。另外，元朝统治时期，汉人被压制，政府并无公平可言，替天行道便有了“忠义”之意，当然，这里面暗含“天”无能或无道的意思，所以，“替天行道”隐含反叛之意。在法制无法惩治恶人时，梁山好汉的对弱者的同情和对强暴的义愤，即除暴安良，往往被认为是仗义行事，是无须考虑法制的。也有论者认为“替天行道”来自墨家天罚的思想，他们不认为天子是评价是非的标准，天子之上还有一个有意志的“天”——小生产者的利益，顺应者可受褒扬，忤逆者便受惩罚，梁山好汉聚义梁山被认为是顺应天意，“道”指的是墨子提倡的“兼爱”“尚同”等思想。

### 3．好汉传奇

好汉本指孔武有力，讲义气、爱打抱不平，伸张正义的绿林英雄，是“力”和“勇”的象征。宋代经济繁荣的同时，弱肉强食、遍地不公，梁山好汉几乎每人都有一段被逼上山的经历。《水浒传》中，那些被各种原因逼上梁山的英雄人物，不论出身贵贱，武功高下，品性优劣，统称“好汉”，当然，站在主流社会立场，他们被称为“盗寇”。梁山好汉有一些共同特点：一是仗义疏财。比如林冲在东京资助李小二。二是快意恩仇。有仇必报，伤及无辜也在所不惜。三是患难相扶，吉凶相救。四是不近女色。这些特点虽然反映出一群血气方刚的热血男儿本色，具有雄伟、刚劲的阳刚之气，但另一方面，梁山好汉追求的“义”往往是具有浓厚帮派色彩的江湖义气，很多时候并不讲公理，鲁迅称之为“水浒气”，中国社会科学院文学所原研究员王学泰称之为“暴民意识”，他们的暴力私刑对正常社会秩序构成冲击，影响了社会稳定。

## 综合实践活动设计

### 活动方案一：表演课堂剧——演绎水浒英雄故事

学生分小组集体阅读《水浒传》，收集水浒英雄故事，每组选取一个英雄的故事，编写剧本，排演课堂剧。

### 活动方案二：整本书阅读活动——走进水浒世界

教师可以集中一段时间组织全班集体阅读整本书《水浒传》，阅读时教师要处理好“导读——推进——总结”几个环节，不断推进整本书的阅读进程。

# 《林黛玉进贾府》：如何引导经典名著阅读？

曹雪芹，字梦阮，号雪芹，又号芹溪、芹圃，清代小说家。《红楼梦》是中国古典文学宝库里的珍品。它以贾、史、王、薛四大家族为背景，以贾宝玉、林黛玉的爱情悲剧为主要线索，艺术而真实地反映了中国封建社会日渐衰落的历史趋势。

本文节选自《红楼梦》第三回。文章虽然是节选，但主要人物的性格特点已得到鲜明的体现。黛玉的自尊和多虑，宝玉对功名利禄的蔑视，王熙凤的泼辣与虚伪，都给读者留下了深刻的印象。本文描写贾府这一特定社会环境中的人物手法多样，绝不雷同，尤其对细节的刻画格外精彩，使人如临其境，如闻其声，如见其人。在欣赏教学时要引导学生仔细揣摩这一艺术特点。

## 课例综述

梳理相关课例（包括教学设计、教学实录、文本分析等）发现，本课常规教学思路如下：①导入课题，介绍《红楼梦》及作者，介绍《林黛玉进贾府》前两回的故事梗概；②整体感知，复述故事情节、画出林黛玉进贾府线路图和贾府人物关系图表；③研读探究，抓住外貌描写、语言描写、动作描写等，分析林黛玉、王熙凤、贾宝玉等人物的形象；④学习艺术特色：环境描写、人物出场、文章主题等。这样的教学思路比较清晰，易于完成预定的教学任务。

在教学内容上，主要围绕小说主题、人物形象、艺术特色三个方面展开。

### 1．小说主题

关于《红楼梦》的主题，学者们有着不同的见解，最常见的有三种说法：一是爱情主题说，即宝黛爱情悲剧；二是叛逆者与卫道者斗争说，“顽石”贾宝玉无疑是个叛逆者；三是封建家族衰亡史说，全书写的是贾府的兴亡史，同时也意在讽刺和批判封建社会。课文以林黛玉进贾府这一事件为中心，通过林黛玉的所见所闻，介绍了贾府这个典型环境和一大批主要人物，突出了王熙凤和贾宝玉两人的性格特征，表现了贾宝玉初见林黛玉的微妙感情，暗示了以后情节的发展。

2．人物形象

几乎所有的课例都抓住林黛玉、王熙凤、贾宝玉三个主要人物进行分析。三人形象特点归纳如下。

（1）林黛玉。敏感多思、言谈不俗、气质超凡、聪颖灵秀。

（2）王熙凤。精明能干、惯于玩弄权术，为人刁钻狡黠、善于阿谀奉承、见风使舵、笑里藏刀。

（3）贾宝玉。封建贵族的叛逆者，蔑视功名，反抗封建礼教、封建道德。

3．艺术特色

大多教师从情节安排、人物出场、人物语言描写等方面分析课文的艺术特色。

（1）情节安排。中国古典小说大多沿袭话本小说环环相扣的链状结构，而《红楼梦》却突破了这个情节模式，采用网状结构，百面相通、纵横交错，《林黛玉进贾府》不是按线性结构组织故事情节，而是把整个会见过程分解为几个部分，拜贾母、见凤姐、会宝玉是高潮，林黛玉与其他几个较为次要人物的相见穿插其中，一个平淡无奇的见面过程被安排得跌宕起伏，增强了可读性。

关于本文的线索和中心事件：以林黛玉进贾府的行踪为线索，林黛玉进贾府是中心事件，贾府的人物和环境都是通过林黛玉的耳闻目睹、心理感受来描写的。

（2）人物出场。首先出场的是贾母。贾母的出场虽然只有短短的几句话，但是一位仁慈又疼爱外孙女的外祖母形象跃然纸上。当林黛玉刚刚进入房门时，就看见两个丫鬟搀着一位鬓发如银的老母迎上来，“方欲拜见时，早被他外祖母一把搂入怀中，心肝儿肉叫着大哭起来”。贾母在贾府地位最高，先写贾母的出场，便于自然地引出后面的人物。

王熙凤的出场最为传神和经典。首先，先闻其声后见其人；接着，通过贾母对王熙凤的评价，表明她深受贾母宠爱，贾母口中的“凤辣子”表面是骂，实则是爱；最后，王熙凤与贾母、林黛玉的一席话最能体现她的八面玲珑、泼辣霸道。

贾宝玉的出场，作者精心安排在最后，而且是两次出场亮相，为这个核心人物的刻画增添了容量与层次。第一次出场，黛玉看到的宝玉是一位年轻的贵族公子，穿戴华贵，外貌俊美，与她的想象完全不同。第二次出场，宝玉的一句“这个妹妹我曾见过的”，不仅写出了他的“疯疯癫癫”，而且把两人的内心感受都写了出来，黛玉对宝玉也似曾相识。宝黛见面放在最后，可以集中笔墨写，这是作者的匠心独运。

课文详写贾母、邢夫人、王夫人和李纨等人物，略写林黛玉、贾宝玉和王熙凤等主要人物；实写贾母、王熙凤等人物，虚写贾政、贾赦等未出场的人物；对贾宝玉、王熙凤等是单独写，而对邢夫人、王夫人、李纨、迎春、惜春等只作集体介绍。这样写不但笔法变化多姿，人物形象更加鲜明，而且重点突出。

（3）人物语言描写。《红楼梦》的语言干净、简练、鲜明、生动、准确，被认为是我国普通话的范本。《林黛玉进贾府》的人物语言描写甚是精妙，符合人物的性格特点，如王熙凤“竟忘记了老祖宗。该打，该打！”，一个“忘”字把她的阿谀奉承和虚伪变成了一片真情实意，表现出王熙凤善于察言观色、机巧善变的性格特征。王熙凤初见林黛玉时说“天下真有这样标致的人物”，“我今儿才算见了”，其中“真”与“才”两字自然而得体地表达了她对林黛玉的赞美。又说“况且这通身的气派，竟不像老祖宗的外孙女儿，竟是个嫡亲的孙女”，虽然这句话看起来很普通，但在当时的环境下，这句话极其巧妙。当时现场的人不仅有林黛玉，还有迎春、探春、惜春，如果她全力赞扬林黛玉，会不会伤害贾母“嫡亲的孙女”？她既高度赞扬了林黛玉，还安慰了“三春”，赢得贾母的好感，可以说是一箭三雕。她的八面玲珑，由此可见一斑。

贾宝玉的语言描写也非常精彩。宝黛第一次见面时，宝玉知道黛玉没有字，就送了黛玉“颦颦”二字，并说是引用《古今人物通考》中的“西方有石名黛，可代画眉之墨”的典故。当探春笑话他“杜撰”时，宝玉回复她：“除《四书》外，杜撰的太多，偏只我是杜撰不成?”这短短的对话不仅勾勒出黛玉的形象“眉尖若蹙”，而且也表现出贾宝玉的性格特点，他喜欢杂学，暗示他的性格与当时的时代环境不符。

林黛玉的语言描写更是精妙。林黛玉在辞舅母邢夫人留饭时委婉谢绝：“舅母爱惜赐饭，原不应辞，只是还要过去拜见二舅舅，恐领了赐去不恭，异日再领，未为不可。望舅母容谅。”应对自如，恰到好处，字字句句入理见情，表现了林黛玉待人接物心思缜密，注意他人感受，顾全大局。当她见到宝玉时，宝玉问她的读书情况，她答道：“不曾读，只上了一年学，些须认得几个字。”而贾母问她念过什么书时，她小心翼翼地回答“只刚念了《四书》”。前后回答不一，表现出黛玉善于察言观色、机灵聪明的特点。

## 教例展示

### 教例一：借助思维导图把握文章内容

思维导图是表达发散性思维的有效图形思维工具，它简单却很有效。将其运用到小说阅读教学中，可以提高教学质量。

黄雪琦老师的教学案例非常详尽地介绍了思维导图在三个教学环节的运用：基础阅读环节，运用思维导图理清人物关系；精准阅读环节，运用思维导图分析人物形象；分析阅读环节，运用思维导图理解小说主题。如在基础阅读环节，以林黛玉为中心，师生共同绘制人物关系思维导图。具体操作摘录如下。

首先，阅读第一段，发现其是背景介绍，并不存在人物关系；第二段，在阅读完之后，发现有一个人物“贾母”，在思维导图中以林黛玉为中心，扩散出一条线，标注人物名称“贾母”，在线上标明人物关系为：外祖母；接着往下读，第三段虽有人物但是并没有具体说明其身份，注明“贾府三姐妹”；之后，在第五段出来一个重要人物，即“琏嫂子王熙凤”，以林黛玉为中心外延出另一条线，线端写上王熙凤，线段中间标注人物关系为“表嫂”，然后又以王熙凤为中心，外延出贾琏，并标出关系：夫妻，再在贾琏身上画出一条线，连接贾赦，标注关系：父子，最后，将贾赦的另一头连接贾母，标出关系：大儿子。在接下来的段落中出现的人物也按此类方法标注，直到最后一个人物。由此可见，在基础阅读阶段绘制思维导图，可以帮助学生高效理清人物关系，提高阅读质量。

（参考文献：黄雪琦．借势思维导图，点亮小说阅读教学——以林黛玉进贾府的思维导图绘制教学为例［J］．语文课内外，2018（24）：223）

## 教例二：运用“行动导向法”的教学案例

陈彦至老师运用“行动导向教学法”，借助任务单开展教学活动，构建语文课堂情境，培养学生的职业素养，其教学环节摘录如下。

任务一：搜集资料，完成投票。课前布置预习任务，要求学生观看1987年版《红楼梦》中“林黛玉进贾府”视频片段，提醒学生注意电视剧演员对名著中人物的表演，完成“《林黛玉进贾府》中谁是沟通高手?”的投票，简要阐明理由。设计意图为：通过观看视频和搜集相关评述，加深学生对本课人物的理解，激发学习兴趣，为下面任务的开展奠定了基础。

任务二：旧知回顾，新课导入。展示投票环节结果，学生阐述，教师点评。同时抛出问题：“前两节课中大家着重分析了小说环境、人物、情节，那么请大家来回顾一下阅读小说的具体方法是什么?”最后总结阅读方法：寻章摘句，画注关键，快速定位，收集整理，提炼技巧。

任务三：阅读探究，提炼技巧。学生分三组从课文中找出表现林黛玉倾听与应答的句子，王熙凤与人沟通的句子，然后提炼技巧，如学生通过整理发现，王熙凤夸赞林黛玉体现了王熙凤的沟通技巧：具体赞美，间接赞美。黛玉推辞大舅妈留饭的言辞，体现了“拒绝”的沟通技巧：婉言拒绝，适当补偿。

任务四：情景模拟，效果评价。将职业技能教育有效地融入学科教学，模拟工作情景，引导学生展开“实战”训练。布置三个任务：①假如你在过道与领导偶遇，领导问道：“你家里最近是不是有很多事？怎么看起来精神不太好?”你能听出领导的言外之意吗？你又会怎样恰当地回答？②假如你的朋友希望你周末参加聚会，而你周末正好要完成公司报表，你如何婉言拒绝？③假如你是宾馆服务员，有位顾客正在为是否住宿而犹豫不决，你如何用赞美拉近与顾客之间的距离？学生分组讨论，选出合理的解决方案，并推选代表完成情景模拟。通过此环节，可以训练学生综合运用本课所学的语言技巧。

（参考文献：陈彦至．行动导向教学法在中职语文教学中的应用——以中职语文《林黛玉进贾府》教学活动为例［J］．新课程研究，2020（36）：87-88．）

## 教学建议

### 一、站在林黛玉的视角看贾府

《林黛玉进贾府》的主要内容是借林黛玉之眼看贾府。因此，林黛玉的外在表现和内在感受是关注的重心，知林黛玉之所遇，感林黛玉之所感，这些应该是赏析文章的关键。①知林黛玉之所遇。弄清林黛玉进贾府的行踪，在整体感知环节，绘制林黛玉进贾府线路图和贾府人物关系图表。学生和教师也可以尝试概括文章的基本思路：初感贾府的奢华高贵——见贾母、王熙凤及众人——拜见贾赦、贾政（未能见到），再感贾府的奢华高贵——见宝玉——安置房舍。②感林黛玉之所感。林黛玉进贾府，每至一处，都有新的感受，从初见贾府外景，一直到安置房舍，林黛玉产生的感觉是因震撼而谨慎小心——祖孙相见悲喜交加——王熙凤的放诞与热情——宝玉的率真与痴狂。

另外，林黛玉进贾府后产生的隐性的情感冲突也值得关注。一方面，林黛玉感受到贾母的亲情、王熙凤的热情和贾宝玉的朦胧痴情，这些都是美好的感受。另一方面，林黛玉也感受到新环境潜藏着的种种压力，如贾府奢华与高贵的气派下烦琐的礼节文化促使林黛玉一来就“步步留心，时时在意”；王熙凤热情中显现的“放诞无礼”“巧言令色”“精明强悍”也使得林黛玉暗暗紧张；贾赦、贾政的不见使林黛玉也有隐隐的被冷落感；贾宝玉的痴狂使得林黛玉高兴且尴尬。

王安忆说：“小说是心灵的历史。”读小说是希望获得情感上的共鸣，而不是启迪，是希望获得艺术上的享受。因此，教师在教学过程中，不能只“析”不“赏”，尤其是《红楼梦》这样的名著，要让学生在文本阅读过程中，充分地去“赏”和感知，获得情感上的共鸣和艺术上的享受。

### 二、分析人物形象，教会学生方法和技巧

#### 1．林黛玉的形象分析

首先，引导学生划出描写黛玉外貌的句子，对三处描写进行比较阅读，领会其中

的妙处：病弱不足（众人眼里的）；标致不凡（王熙凤眼里的）；弱不禁风、多愁善感、病美人（宝玉眼里的）。三处描写多角度、多层次地展现了林黛玉的音容笑貌、神态风度，丰富了黛玉的整体形象。另外，前两处是铺垫，第三处借宝玉之眼描写黛玉才是写作重点，反映作者缜密的写作构思（宝黛相见，慎而又慎）。五个对偶句抓住林黛玉弱不禁风、多愁善感的性格特点，工笔细描，刻画出一个风流俊逸的病美人形象，这一形象只有宝玉的眼睛能看出来，其他任何人都是无法发现的，也预示着宝黛关系的不一般。

其次，引导学生抓住关键句进行人物形象分析。文中“步步留心，时时在意，不肯轻易多说一句话，多行一步路”这句，对于理解林黛玉的性格是非常关键的。让学生思考“林黛玉进贾府后有哪些表现？为什么要这样”，如：

①贾母一见黛玉，疼爱得了不得，“一把搂入怀中大哭”，并不计较礼节，可是待众人慢慢解劝住了，黛玉还是补行了拜见的礼节。黛玉见了迎春三个姐妹，也“忙起身迎上来见礼”。

②听到后院有笑声，“我来迟了，不曾迎接远客！”黛玉心里觉得那人“放诞无礼”，只是不说，见了面还是“连忙起身接见”，称呼上也非常小心。外祖母说：“你只叫他‘凤辣子’就是了。”她知道外祖母可以开玩笑，自己可随便不得，待明白过来，“忙陪笑见礼，以‘嫂’呼之”。

③回刑夫人话时的语言、动作。贾赦没出来见面，只是让人回话，因为回的是大舅舅的话，黛玉忙站起来，一一听了，恭肃如此。大舅母苦留她吃饭，黛玉笑着推辞，表明了对邢夫人的尊敬与感激，又表明了自己顾全大局，说明她待人处事是处处留心的。

④两次让座的描写。连一个位子，黛玉也处处小心，无论在王夫人处，还是在贾母后院吃饭，黛玉都十分推让。表现她非常细心，绝不轻易从事。

⑤“今黛玉见了这里许多事情不合家中之式，不得不随的，少不得一一改过来”，饭后漱口，跟着漱口，吃茶，跟着吃茶。表现她细心，在意。

⑥黛玉回答贾母（语言描写）：“只刚念了《四书》。”黛玉又问姊妹们读何书。贾母道：“读的是什么书，不过是认得两个字，不是睁眼的瞎子罢了！”当宝玉问她可曾读书时，黛玉只说：“不曾读，只上了一年学，些须认得几个字。”可见黛玉已经意识到先前实话实说有不谦之嫌，马上留意改口。黛玉的言谈举止，表明其教养非同一般。

对黛玉的语言和动作的描写，处处表现她“步步留心，时时在意”，谨小慎微的态度，表现她“寄人篱下”的心境。黛玉“上无亲母教养，下无姊妹兄弟扶持”，只好依傍外祖母。她有很强的自尊心，也有很强的自卑感。这是她的性格形成和在贾府的行为的根源。另外，作者通过外貌、语言、动作、心理活动描写塑造了一个美貌多情、体弱多病、心态复杂、知书达理、有教养、为人处处小心谨慎的少女形象，其写作方法和技巧值得大家学习和借鉴。

### 2．王熙凤的形象分析

勾画出描写王熙凤的有关语句。思考：作者主要从哪几方面描写王熙凤？

①写出场：“我来迟了，不曾迎接远客！”（未见其人，先闻其声）他人的恭肃严整，林黛玉的心理、贾母的介绍（贾母称其“凤辣子”，表明其性格泼辣，得宠，能力强）。

②绘肖像：服饰：集珍宝珠玉于一身。先概括通体的形象，再作铺张的描写，从头饰、裙饰和服装三方面，极力铺陈，显示她的华贵、得势，也暗示她的贪婪、俗气。容貌：“三角眼”“吊梢眉”“丹唇”“粉面”，外表美丽，实则刁钻狡黠。

③见黛玉：先是恭维（察言观色）；继而拭泪（机变逢迎）；转悲为喜（得宠）。

④回王夫人：充分表现了她果断能干的才能与善于机变逢迎的本领。

王熙凤是一个精明能干、惯于玩弄权术的人。其为人刁钻狡黠、善于阿谀奉承、见风使舵、笑里藏刀。她夸黛玉标致，叹黛玉命苦，对黛玉关怀备至，一切都忖度着贾母的心思行事，一切都为了讨贾母的欢心。

中国古代小说和戏剧都十分重视人物第一次登场亮相，通过外貌描写显示人物性格特点，给人深刻的印象。课文写王熙凤的出场，特意安排在黛玉已和贾府诸女眷都见过面而且都在场的情境里，便于多方面地表现她的性格。正是因为作者选择了适当场合、适当时机，王熙凤登场亮相效果极佳，也更容易让读者把握住人物的地位、身份、性格特点，值得大家学习借鉴。

## 三、品味语言文字，提升审美素养

课文中王熙凤的外貌描写，“一双丹凤三角眼，两弯柳叶吊梢眉，身量苗条，体格风骚，粉面含春威不露，丹唇未启笑先闻”，学生往往只看出她的漂亮而完全没有看出她的凶狠、狡诈。可引导学生关注“三角眼”“吊梢眉”以及“春”和“威”几个词，体会作者运用精练的语言描出人物神韵的高超技巧。

课文中的经典文段：

> 这熙凤携着黛玉的手，上下细细打谅了一回，仍送至贾母身边坐下，因笑道：“天下竟有这样标致的人物，我今儿才算见了！况且这通身的气派，竟不像老祖宗的外孙女儿，竟是个嫡亲的孙女，怨不得老祖宗天天口头心头一时不忘。”

有些学生可以看出王熙凤夸黛玉其实是为了讨好贾母，教师可提醒学生注意在场的人物，让学生思考："这段话，使谁欢心？使谁感到温暖？使谁感到愉悦？使谁觉得内心平衡？"学生思考后会明白：假如让王熙凤用"沉鱼落雁""闭月羞花"之类的词来形容林黛玉的美貌，既平庸又没有什么表达效果。她的这番话既夸了林黛玉的美貌，又没有冷落了在场的相关人员；既表现了她逢迎、周到、八面玲珑的性格特点，又契合她没有上过学，未曾读过书的身份。

学生品味语言文字的过程中，渐渐发现文学经典之所以流传，是因为它有很多需要不断发掘品味的东西，许多看似不经意的描写都有令人回味无穷的韵味。

## 综合实践活动设计

### 活动方案一：为《红楼梦》配音

查找1987年版电视剧《红楼梦》的视频片段，由若干同学各饰一角，为这一视频片段配音，体验人物的个性化语言。

### 活动方案二：《红楼梦》读书会

举办《红楼梦》读书会，布置学生集体阅读《红楼梦》的某一章节，同学们在读书会上可提出自己阅读时的发现或疑惑，交流阅读的心得、感想。

### 活动方案三：小练笔——我最喜欢的红楼梦人物

以"我最喜欢的红楼梦人物"为题，写一篇作文，指出喜欢的原因，以及从他（她）身份上获得哪些启发等。

# 《一碗清汤荞麦面》：教出“这一篇”小说的味道

《一碗清汤荞麦面》最早出现在我国1989年的《读者文摘》上，后来被选入语文课本，影响至今。本文是一篇温暖人心的短篇小说，通过讲述母子三人四次吃面的经过，描绘了老板夫妇的善良热情与小面馆暖暖的人情氛围，歌颂身处逆境的母子三人不畏艰难、直面困难、团结奋斗的精神。

## 课例综述

通过搜集相关课例，包括教学设计、课堂实录、课文赏析等，发现这些课例基本按照传统小说的解读方式设计教学内容，即围绕故事情节、人物形象、小说主旨实施教学，总结如下。

### 1．故事情节

引导学生通过梳理四次吃面的时间、地点、数量，掌握小说以一碗面为线索，以北海亭面馆为背景展开的故事情节。

### 2．人物形象

勾画分析文中人物语言、动作、外貌、心理等细节描写，概括形象特点。通过母亲斜格子短大衣、和服，两个儿子的衣服，母亲四次点面的语言，母子间交谈等细节概括母子三人形象，母亲形象是重点。通过分析老板夫妇语言、动作等细节，概括老板夫妇形象。

### 3．小说主旨

分类归纳主旨，从母子三人四次吃面的变化中感受不畏艰难、直面困难、团结奋斗的精神；从老板夫妇和其他客人身上感受善解人意、乐于助人的精神。

## 教例展示

### 教例一：学习多条线索叙事，并仿写练习

引导学生把握小说的多条线索及作用，并布置学生运用明暗线索写故事，学以致用。

明线：母子三人四次在大年夜去北海亭面馆的二号桌吃清汤荞麦面。

主暗线：两个儿子的成长以及母子三人的经济情况变化。

次暗线：面馆夫妇的情感态度变化。

**1．明确线索的内涵、作用**

①推动故事情节发展。②塑造人物形象。③表达情感。④使结构严谨。⑤升华主旨。

**2．运用明暗线索写故事**

写作实例展示：

标题：夕阳只为外婆红。

明线：外婆几次站在门外看夕阳。

暗线：在外婆的影响下我的成长变化。

作文框架：童年时不懂外婆为何说自己老，不懂夕阳的美；青年时能看到夕阳的美，害怕外婆离去；最后一次感受到时光的流逝与生命的有限，珍惜当下与外婆看夕阳的美好时光。

表达情感：对外婆的感恩和怀念之情。

（参考文献：郭晨艳．妙设线索展情节——以《一碗清汤荞麦面》为例［J］．语文天地，2021（10）：26-27．）

### 教例二：借助思维导图分析人物形象

采用思维导图梳理故事情节，进而把握人物形象。

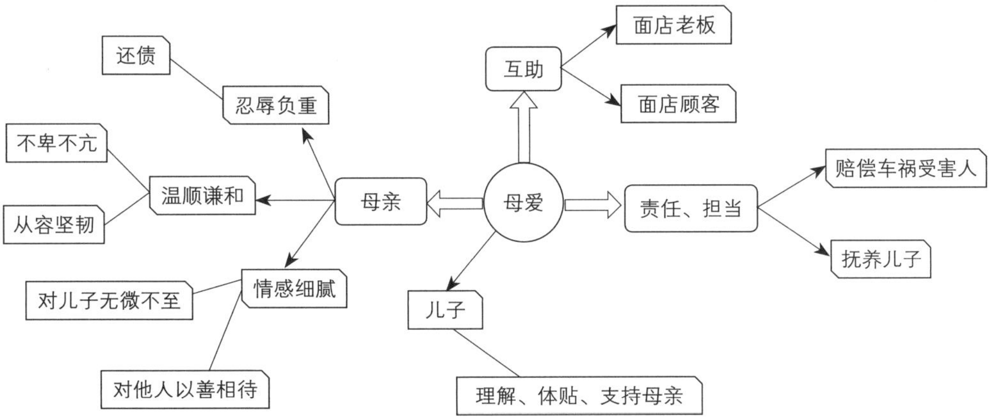


思维导图

（参考文献：黄宇云．中职语文课堂思维导图教学设计探讨——以《一碗清汤荞麦面》为例［J］．广西教育，2016（30）：94–95．）

## 教学建议

当前这篇课文的教学内容整体上是围绕小说的“三要素”（情节、人物、环境）实施教学。这种方式有助于学生梳理小说情节，分析人物形象，概括思想主旨。但一直按照这样模式学习小说缺乏新意，如何引导学生读出“这一篇”小说的味道，从而激发学生探寻小说世界的兴趣？建议在“三要素”学习的基础上进行深层分析，发现这篇小说独特的魅力。

### 一、情节设置层面

小说以母子三人四次吃面为线索组织情节，每次吃面的人是不变的，时间都是大年三十晚上，地点都是北海亭同一家面馆。人物、时间、地点、事件重复四次，这样的情节很容易陷入单调乏味。作者是如何在四次吃面的“同”中写出“不同”，让情节引人入胜的呢？可从以下几个方面深入探究。

#### 1．四次吃面的不同之处

在用重复相同事件串联情节的小说中，学生比较熟悉的是《三顾茅庐》和《三打白骨精》，刘备三人三次寻访诸葛亮与孙悟空三次棒打白骨精，三次事件是重复的，这是“同”，但每次事件之间一定存在“不同”之处，比如任务难度的升级，人物之间（刘备三人、唐僧四人）认知差距的扩大从而导致冲突不断加剧等。《一碗清汤荞麦面》这篇小说四次吃面的“不同”在于：吃面碗数的不同、着装的变化、母子三人背景信息的展示等，这些“不同”以揭秘式的叙述交代母子三人生活状况的变化以及精神的成长，合情合理，正是这些“不同”使小说不至于陷入枯燥的重复之中，反而具有打动人心的力量。

### 2．四次吃面中的悬念设计

建议教师在课前布置预习任务，让学生勾画出最吸引人的情节。课前统计班级预习人数，了解任务完成情况，根据统计结果分析小说悬念设计，如为什么点一碗面、为什么十年没来等。

### 3．寻找小说缝隙

读《一碗清汤荞麦面》，大家会发现一个叙述的特别之处：母子三人第三次吃面和第四次吃面跨越十四年，其间，他们并没有出现在大年夜的北海亭面馆。通过前文叙述，可以猜想母子三人也应该会在其他面馆吃面，作者为什么会“遗漏”这部分情节呢？复旦大学教授陈思和提到文本细读的方法：学会寻找缝隙[①]。“缝隙”就是作家遗漏和疏忽的情节，缝隙里隐藏了大量的密码，通过作家的遗漏和疏忽，可以读出从字面上读不出的东西。教师可以试着让学生补写其中某一年的吃面场景，要注意前后文之间的逻辑联系，人物描写符合事件发展规律。分析补写与省略之哪个最有利于叙事，更能吸引读者。在这里，尝试提供一种解读：从兄弟二人的成长史来看，第三次吃面就可以看出两人已经成长了，但只是心理层面的，生理上他们还是孩子，按照成长小说的写法，最后他们要融入社会，具有成长的“实绩”，所以有了十四年后的第四次吃面。兄弟二人西装革履，首先踏入面馆，不再是母亲带着他们；也是由兄弟二人讲述成长的经历，而不是母亲，此时的兄弟二人已经长大成人，找到了体面的工作，哥哥毕业于京都大学医学院，已找到医院的工作，弟弟在京都银行工作，而这全归于“一碗阳春面的鼓励”。

## 二、人物形象塑造层面

### 1．区分肖像描写和外貌描写

学生容易混淆这两种描写。肖像描写范围较窄，它限于人物的相貌，主要是头部五官。外貌描写范围更广，包括人的气质、穿着以及言谈举止等。文中没有出现肖像描写，更多的是外貌描写，教学中可以请学生根据文中信息推断人物肖像特点。

---

① 陈思和．中国现当代文学名篇15讲［M］．北京：北京大学出版社，2003：15.

### 2．关注小说细节描写

学生容易找到小说中比较明显的细节描写，如母子的着装、母亲的语言、老板夫妇的语言和动作等，教学中要引导学生找出文中的细节描写，品味细节描写在刻画人物形象、彰显小说主题中的作用，强化对人物描写方法的认知。文中还有一些细节容易被忽略。

（1）“妈妈也吃呀！”弟弟夹了一筷子面，送到妈妈口中。这是第一次吃面时弟弟的语言、动作描写，弟弟说“妈妈也吃呀”，看来母亲不舍得吃面，留给孩子吃，母亲对孩子的疼爱从侧面表现出来。弟弟不仅劝说母亲，还夹面送到妈妈口中，可以推测母亲平时总是把好吃的留给孩子，孩子知道劝说是没用的，所以直接送到妈妈口中，这一细节在表现母爱的同时也写出了一个6岁左右男孩的细心和对妈妈的爱。

（2）老板娘看那女人身上那件不合时令的斜格子短大衣……这是第二次吃面时写女人的衣服，为什么没有写两个儿子的衣服呢？其实第三次吃面有交代，为什么不在第二次吃面就写呢？可引导学生分析这处细节描写的独特用心。

思考：教师应熟读文本，除了以上细节，在阅读中还应关注哪些细节描写？从这些细节中看到了什么？

## 三、小说叙事角度层面

小说为何把故事发生的地点放在“北海亭面馆”？“北海亭面馆”在小说叙事中具备什么功能？不妨联系老舍的《茶馆》来看，老舍曾说：“茶馆是三教九流会面之处，可以容纳各色人物。一个茶馆就是一个小社会。”很显然，“茶馆”不是简单的故事发生地，而是社会的“象征物”。人们在茶馆饮茶、交谈，这成了他们生活的一部分，同时也影响着他们的生活。“面馆”这个空间不再是传统小说观中的普通环境，不是故事发生的地点或客观的容器，而是具备了重要的叙事功能。这篇小说打破了传统小说的线性叙事，具有空间叙事的特点。空间叙事学认为小说家可以利用空间来表现时间，利用空间来安排小说的结构，甚至利用空间来推动整个叙事进程，那么小说中的某一空间或场景就显得尤其重要。这篇短篇小说以类似《孔乙己》的写法，只写母子三人除夕夜四次去北海亭面馆吃面的场景，至于母子三人如何遭遇债务、哥哥如何利用课外之余卖报挣钱、弟弟如何推掉学校的活动承包家里的后勤、母亲如何卖力工作赢得公司津贴，这些本该重点讲述的情节全部退居幕后，由此，面馆实际上是小说的叙事线索，推动情节发展，面馆也是当时日本社会的缩影，是励志的标志，它激励了母子三人，也激励了老板夫妇和顾客们。

思考：你认为作者设置“北海亭面馆”这个空间有何作用？教师在教学中如何引导学生理解作者的写作意图？

## 综合实践活动设计

### 活动方案一：课本剧表演

让学生自由组合分成四个小组，每小组负责一次吃面的场景表演，要求尽量保留小说人物语言，突出场面细节。学生可利用网络查阅日本“二战”后的社会状况，了解小说故事发生的历史背景。这一活动旨在引导学生在把握小说情节基础上品味语言，抓住细节，体会母子三人的奋斗精神和亲情，以及面馆夫妇的善良。

### 活动方案二：绘制人物画像

结合专业特点，如让美术、设计等专业或有画图基础的学生为文中主要人物画像，检验对人物形象的理解。这一活动旨在深化人物形象认知，实践中突出中职语文的职业特点。

### 活动方案三：重写小说

本文是按照吃面的时间顺序叙述故事情节的，让学生尝试用倒叙手法重写故事情节，即从第四次吃面写起，比较两种叙述的优劣。这一活动旨在强化对小说不同叙述时间的初步感知。

### 活动方案四：制作微视频

搜集网络、生活中逆境奋起的事例和热心老板乐于助人的故事，将搜集的材料进行整理筛选，做成小视频，要求细节突出，将作品在班级展示分享。这一活动旨在强化小说主题认知，突出课程思政。

# 第四章 戏剧

## 导 语——戏剧是表演的艺术

戏剧是一门集文学、舞蹈、音乐、绘画、造型等多种艺术形式于一身的综合艺术。戏剧具有文学性和舞台性（剧场性、戏剧性）的双重特点，戏剧的文学性主要体现在剧本上，舞台性指的是戏剧内容必须通过演员的表演才能展示给观众，戏剧的价值主要通过舞台表演来体现，戏剧的文学性必须服从于舞台性。亚里士多德《诗学》给悲剧下了定义，“悲剧是对于一个严肃、完整、有一定长度的行动的模仿，模仿方式是借人物的行动来表达，而不是采用叙述法”[①]。戏剧是动作的艺术，它要通过演员的表演塑造人物，因此，戏剧是一门表演的艺术。

戏剧教学实际上是戏剧文学的教学，即剧本的赏析。剧本是戏剧表演的出发点，故有“剧本剧本，一剧之本”的说法，实际上，剧本除了提供表演外，也可作为文学作品供读者欣赏。中职语文教材选文实际上是一个个的剧本，通过剧本的教学，学生可以感受戏剧文学的语言表现力，进而品味人生、净化灵魂、拓展视野，使剧本具有独立的艺术价值。

语文教材中戏剧文学作品数量少，考试很少甚至不涉及戏剧知识，导致戏剧教学处于边缘化位置。在目前的戏剧教学中，教师对戏剧教学漫不经心，很多教师文体意识淡薄，基本按照小说的人物、情节、环境三要素教学戏剧，完全忽视了戏剧的文体特征，导致学生根本无法体味戏剧文学的独特魅力。改变惯有的教学模式，突出戏剧本身的特征，特别是弄清与戏剧相近的文体——小说的差异，依戏剧体式实施教学是当务之急。

那么，戏剧文学即剧本的体式特征有哪些？戏剧文学与其他文体的最大区别在于戏剧文学的创作目的是舞台演出，剧本是舞台演出的重要依据。下面从舞台时空、戏

① 亚里士多德. 诗学［M］. 罗念生，译，北京：商务印书馆，1985：19.

剧冲突和戏剧语言等方面来谈戏剧文学的特征。

首先谈舞台时空。戏剧受演出时空的限制，时间一般控制在两三个小时之内，空间是方寸大小的舞台，有限的时空要求剧情必须相对集中。西方古典主义戏剧家甚至提出“三一律”的创作原则，要求剧本必须严格遵守时间、地点和行动的一致，故事必须发生在一天（24小时）之内，只有一个场景和一个故事线索。曹禺的戏剧《雷雨》写的是周朴园与鲁贵两个家庭之间三十年来的新仇旧恨，但剧本把矛盾冲突集中在“一个初夏的上午”至“当夜两点钟的光景”16个小时之内展现，地点基本上是在周朴园的客厅，曹禺采用现在与过去交叉推进的写法，集中反映现在的矛盾冲突，中间又不断闪回，穿插过去的事情，观众往往有“看戏数小时，目睹数十年”的感觉。戏剧舞台时空的限制，决定了戏剧文学在情节结构设置、人物形象塑造等方面都异于小说。教师要引导学生理解戏剧文学的这个基本特点。

再说戏剧冲突。所谓戏剧冲突，指生活中的矛盾和斗争在戏剧中的集中反映。戏剧冲突是戏剧的生命，无冲突无戏剧。戏剧与小说同样都是反映现实生活，但戏剧不可能像小说那样充分展现矛盾冲突的潜伏酝酿、发展激变、急速爆发到最后解决的全过程，因为受时空和观众心理的限制，戏剧必须采用设置悬念、激变突转等技巧，以期满足观众的期待心理。老舍说：“写戏须先找矛盾与冲突，矛盾越尖锐，才越会有戏。戏剧不是平板地叙述，而是随时发生矛盾，碰出火花来，令人动心，在最后解决了矛盾。[①]”戏剧冲突，包括人与环境（社会力量、自然力量、人与人之间的关系）所构成的外在冲突和人物自身（内在的性格、思想、感情）所产生的内在冲突。作者往往将戏剧人物置于矛盾冲突之中，在矛盾冲突中塑造人物形象。教师在引导学生分析人物形象时，要把人物放在激烈的矛盾冲突中分析，通过对矛盾冲突的把握，感受人物的心理变化与情感冲突，这样才算把握住戏剧的特点。

最后谈戏剧语言。戏剧语言包括人物的对白、独白和歌剧中的唱词，也包括古代、现代戏曲中的曲词。戏剧的语言有什么特点呢？先说戏剧语言的动作化。动作化指台词要与人物的行动有机结合，要有明确的行动目的，台词在人物的动作、表情、姿态、造型与形体语言方面，为演员提供再创造的空间。演员表演的依据来源于台词内容，因此“作家要写出行动性的台词，导演才可能从这样的台词里挖掘出人物的许许多多舞台行动来”[②]。所谓“行动性的台词”，就是指人物语言的动作化。剧本也会有“舞台提示”交代人物的一些简单的动作，但演员主要根据台词进行再创造。

所以说，小说是叙述艺术，戏剧是动作艺术。戏剧主要以对话、独白为主，除了舞台提示有简单的动作说明，基本没有心理描写，戏剧被称为“代言体”艺术。剧本不允许出现作者，也不能有叙述者的语言，很难提供大量的历史背景，作者不会直接

---

① 胡絜青. 老舍论创作［M］. 上海：上海文艺出版社，1980：188.

② 郑尚泽，秦玉明. 经典阅读［M］. 天津：南开大学出版社，2012：318-319.

对人物行为做出评论，或者揭露人物心理活动，演员必须根据剧本人物语言（台词）把人物变成舞台上可视可闻的直观形象。老舍谈到小说与剧本的语言区别，“在小说中，介绍人物比较方便，可以从服装、面貌、职业、阶级各方面描写。戏剧无此方便。假若小说中人物可以逐渐渲染烘托，戏剧中的人物就一出来已经打扮停妥，五官俱全，用不着再介绍”[①]。苏联作家高尔基也谈到，剧中人物被创造出来，“仅仅是依靠他们的台词，即纯粹的口语，而不是叙述的语言”[②]。小说往往有大量的心理描写、环境描写，或者抒情、议论的文字，篇幅不受时空限制，小说是“叙述体”艺术。所以，戏剧语言更含蓄，给读者更大的想象空间，如果剧本像小说那样长篇累牍地叙述，难免显得沉闷，情节也阻滞不前，这样的剧本搬上舞台很难吸引观众。所以，老舍认为剧本语言创作比小说语言创作难，“在小说中，应在适当的时机利用对话，揭示人物性格。这是作者一边叙述，一边加上人物的对话，双管齐下，容易叫好。剧本通体是对话，没有作者插口的地方。这就比写小说多些困难了”[③]。

再说戏剧语言的个性化。个性化指剧中人物的独白、对白，要符合人物的身份、经历、生活习惯、文化修养、社会地位、兴趣爱好，尤其要符合人物的性格特点。台词要求“本色当行”，所谓“本色”，指台词要自然浅易，与社会生活语言保持一致，“当行”要求人物语言符合人物身份，这是戏剧语言与诗歌、散文语言不同的地方。

另外，戏剧语言还包括舞台提示。舞台提示是一种叙述说明的语言，用以说明时间、场所、人物动作、表情、声调、心理状态、舞台布景、灯光、效果等，是给导演、演员以及读者提供必要的提示和启发的辅助性文字。戏剧动作一般分为外部动作和内部动作，外部动作主要通过舞台提示来说明，它是剧情的一部分，更重要的是来源于人物的心理，一般能揭示人物的某种心理动机或思想情感。

在戏剧教学中，教师要特别重视戏剧语言的教学，很多教师感兴趣的可能是戏剧冲突、人物关系、思想主题，但这些都以语言作为媒介。湖南工商大学教授郑宪春认为中国戏剧史上名垂后世的作家，无不在戏剧语言上反复锤炼，其目的有：一是推进戏剧的故事进程；二是揭示人物内心；三是塑造人物性格；四是制造舞台气氛（帮腔）；五是揭示戏剧的时代精神[④]。教师可以引导学生关注剧本台词的动作化、个性化特点，还有舞台提示中的动作语言，思考作者为什么安排这个动作？比如《雷雨》中周朴园和鲁侍萍见面时，当周朴园看到眼前这个人对她和鲁侍萍的往事如此清楚，惊问“你是谁”时，舞台提示语是“忽然立起”，这个外部动作暴露了周朴园的内心活动，他担心自己的声誉受到损害，于是下意识地立起。内部动作是看不见的，主要通

① 老舍．老舍谈写作［M］．南昌：百花洲文艺出版社，2019：82.

② 林焕平．高尔基论文学［M］．南宁：广西人民出版社，1980：78.

③ 老舍．老舍谈写作［M］．南昌：百花洲文艺出版社，2019：83.

④ 郑宪春．中国文化与中国戏剧［M］．长沙：湖南人民出版社，2007：53.

过台词来体现，教师可以引导学生思考，这个人物为什么说这些话？再者，关注戏剧语言的潜台词。“潜台词”是指人物的台词除了表面上的意义外，还包含深一层的意义，而这深一层的意义才是人物所要表达的真正意思。文艺理论家王朝闻认为潜台词“它那‘意在言外’的感人力量……还在于它能够唤起观众设身处地，以自己直接或间接的生活经验为依据，从有限的台词领会到它那‘无限’的生活内容”[①]。

需要注意的是，戏剧不仅以文学的形式供读者阅读欣赏，而且最终以舞台表演的形式展示其魅力。戏剧教学，如果仅仅停留在剧本分析上，将是不完善的教学，要教出戏剧的表演性特点。“戏剧教学离不开让学生了解人物性格，把握主题思想，感受戏剧冲突，离不开让学生分析背景、道具、边白、旁白的作用，这些是戏剧教学的主要内容。因此，语文剧本教学中如何体现戏剧表演性特点，就是要把表演性和上述教学活动结合起来。[②]”戏剧教学首先要打破以教师“讲”为主导的教学模式，宜采用情景式、体验式教学策略，比如演读台词，引导学生与剧本对话，朗读不是简单地把剧本中的语言通过声音传达出来，而是要把人物的思想感情表达出来，让学生想象，如果你是导演，你会用何种语气念台词？还可以用课堂剧的形式进行表演，教师指导学生认真研读剧本片段，学生按小组分配剧本角色，师生组织排演，将经验内化，对于人物、情节产生自己的认知，这种“代入式”学习符合戏剧的表演性特点。美国的乔治·贝克在《戏剧技巧》一书中谈道：“因为戏剧对话是剧本作者的一种速写，是让演员去作补充，主要由于这个情况，多数人才觉得读剧本比读小说麻烦得多。没有几个经受过想象训练的人能够迅速地感觉到剧本印页上的充分含义。[③]”华东师范大学教授赵山林认为“欣赏戏曲的过程是一种饱含情感活动的过程，如果死死咬定‘戏就是假’，一点不动感情，那也根本不能进入审美情境”[④]。在欣赏戏剧文学作品时，可以把自己假想成为导演或观看舞台演出的观众，努力想象剧本当下正在进行怎样的场景，在脑海中自导自演。这不失为阅读剧本的有效途径。

另外，戏剧又分为很多种类，不同种类的戏剧的教学重点不同，要挖掘每类戏剧作品最适宜的教学价值点。比如中国古典戏曲，以元杂剧为代表，不追求故事情节，更讲究语言的运用，“曲”主“白”宾的戏剧传统使得中国古典戏曲在语言运用上非常讲究，中国古典诗词的言情传统被中国戏曲继承，所以在教学中国古典戏曲时，戏剧语言的鉴赏比故事情节、人物形象和戏剧主旨更为重要，戏曲教学必须以语言鉴赏为基础。

---

① 大连市艺术研究所剧作理论研究组．剧作艺术论［M］．北京：文化艺术出版社，1990：447.

② 孙慧玲．把戏剧当成戏剧来教——以《雷雨》教学为例［J］．当代教育科学，2007（14）：47-49.

③［美］乔治·贝克．戏剧技巧［M］．余上沅，译．北京：中国戏剧出版社，1985：10.

④ 赵山林．海内外中国戏剧史家自选集 赵山林卷［M］．郑州：大象出版社，2017：152-153.

# 《威尼斯商人》（节选）：如何教出戏剧的表演性？

威廉·莎士比亚（1564—1616），英国文艺复兴时期伟大的戏剧家、诗人，被称为英国“戏剧之父”，曾当过剧场杂差、演员、编剧等。他的戏剧从各方面深刻地揭示了他所处时代的种种矛盾和斗争，剧中人物性格鲜明，情节丰富生动，语言精练而富于表现力，创造了世界艺术史上的高峰，对后代作家的影响极为深远。

《威尼斯商人》是莎士比亚早期喜剧中最富有社会讽刺色彩的一部戏剧，课文节选自该剧的第四幕第一场，“借债割肉”的情节来自意大利短篇小说《傻瓜》（1558年），这场剧情讲述的是夏洛克与安东尼奥之间关于“割一磅肉”的契约纠纷，充满了矛盾和对抗。莎士比亚身处一个对犹太民族充满敌视和偏见的社会环境中，但他没有把夏洛克写成寓言式的纯粹邪恶的化身，而是在谴责夏洛克“复仇”的同时，也写出了夏洛克遭受的歧视，间接地揭示了矛盾冲突背后的民族根源，使这部戏剧具有了深刻的悲剧性。

## 课例综述

一线教师往往围绕戏剧的三要素，即戏剧冲突、人物形象、戏剧语言实施教学，教学内容如下。

### 1．戏剧冲突

通过复述情节把握戏剧冲突。让学生讲清主要人物的活动：夏洛克上场前，公爵与安东尼奥对话交代审判缘由；夏洛克上场，拒绝了公爵、巴萨尼奥、葛莱西安诺的劝说，执意报复；鲍西娅上场，采用欲擒故纵、请君入瓮的策略智挫夏洛克。把握戏剧冲突的核心：是否要割安东尼奥一磅肉还债？

### 2．人物形象

研读剧本，分析安东尼奥、夏洛克和鲍西娅的形象。重点辨析夏洛克的形象，引导学生从剧本中找出依据，理解夏洛克形象的复杂性，他既是一个施暴者，又是一个受害者。

### 3．戏剧语言

学生先分小组朗诵表演，教师再选小组在课堂展示，引导学生在朗诵表演中体会人物的个性特点。有的教师组织学生排演课堂剧，让学生体会戏剧的独特魅力。

## 教例展示

### 教例一：辨析人物形象，理解夏洛克也是一个受害者

学生研读剧本，教师引入整部剧的剧情，引导学生认识夏洛克形象的另外一面：维护犹太人尊严的斗士。

**教学设计片段一**

学生分小组合作交流。一组准备夏洛克是吝啬鬼的相关信息（将剧本中的相关情节列表）；另一组准备为夏洛克辩护的信息（列出剧本中的相关台词）。小组发言辩论，教者补充节选剧本前面的相关台词：

夏洛克：安东尼奥先生，好多次您在交易所里骂我，说我盘剥取利，我总是忍气吞声，耸耸肩膀，没有跟您争辩，因为忍受迫害本来就是本民族的特色。您骂我异教徒，杀人的狗。把唾沫吐在我的犹太长袍上，只因为我用自己的钱博取了几个利息。

夏洛克：他曾经羞辱过我，夺去我几十万块钱的生意，讥笑我的亏蚀，挖苦我的盈余，污蔑我的民族，破坏我的买卖，离间我的朋友，煽动我的仇敌，他有什么理由吗？只因为我是一个犹太人。难道犹太人没长眼睛吗？难道犹太人没有五官四肢，没有知觉，没有感情，没有血气吗？……你们要是用毒药谋害我们，我们不是也会死吗？要是你们欺侮了我们，我们难道不会复仇吗？

探究课文中不同的人对夏洛克的称呼，说说你的看法。

公爵：一个心如铁石的对手，一个不懂得怜悯、没有一丝慈悲心的不近人情的恶汉。

公爵：来人，传那犹太人到庭。

巴萨尼奥：你这冷酷无情的家伙。

葛莱西安诺：万恶不赦的狗；你的前生一定是一头豺狼。

明确：我们不妨先除去夏洛克“吝啬鬼”的商标。看看一个真实的夏洛克——作为高利贷者的夏洛克。他的生活的唯一目的就是积累财富，他富有而又吝啬，作为高

利贷者，他贪婪、奸诈、狠毒，唯利是图。

作为犹太人的夏洛克。剧中称呼夏洛克时，大都用“犹太人”称呼，夏洛克即代表了一个犹太民族，一个基督徒认为的低劣的民族。人们称呼夏洛克是“冷酷无情的家伙”“万恶不赦的狗”“豺狼”“恶狗”“恶魔”……夏洛克既痛恨又无奈。既气愤又可怜，既恼怒又悲伤。夏洛克可以说是一个捍卫犹太人尊严的“孤独的斗士”，他的作为令人敬佩！

作为人父的夏洛克。他热爱自己唯一的亲人——女儿杰西卡，他不愿女儿多接触外界，多接触基督徒，只因为他们是犹太人。

（参考文献：袁爱国.“发现人”：每个人都是一个世界——《威尼斯商人》（节选）教学设计［J］. 中学语文教学，2011（12）：50-53.）

学生分角色朗读从“（鲍西娅）那犹太人为什么还不动手？”至文章的结尾部分。听读品味以下几句话，体悟夏洛克说话的语气和心情。

### 教学设计片段二

夏洛克的话：“把我的本钱还我，放我去吧。”“难道我单单拿回我的本钱都不成吗？”“好，那么魔鬼保佑他去享用吧！我不打官司了。”“不，把我的生命连着财产一起拿了去吧，我不要你们的宽恕。你们拿掉支撑房子的柱子，就是拆了我的房子；你们夺去了我的养家活命的根本，就是活活要了我的命。”

安东尼奥提议的“判决”：“免予没收他的财产的一半，我就十分满足了；只要他能够让我接管他的另外一半的财产，等他死了以后，把它交给最近和他的女儿私奔的那位绅士；可是还要有两个附带的条件：第一，他接受了这样的恩典，必须立刻改信基督教；第二，他必须当庭写下一张文契，声明他死以后，他的全部财产传给他的女婿罗兰佐和他的女儿。”

明确：以上的乞求，字里行间流露着夏洛克的无助和无奈。夏洛克一败涂地：最疼爱的女儿抛弃他，最根本的财产被没收，最最痛苦的是改信基督教。人可以什么都没有，但不能没有自己的人格尊严和民族信仰！

（参考文献：何庆华. 孤立无援的抗争　凄然无助的落败——《威尼斯商人》（节选）教学设计之二［J］. 中学语文教学参考（中旬刊），2014（04）：24-26.）

## 教例二：品味剧本的语言艺术，进行读写结合训练

让学生选择自己喜欢的段落朗读，品味莎剧语言艺术，并进行仿写练习，学习其语言表达技巧。

## 教学设计片段

**1．请学生选择自己最喜欢的一个段落朗读，读后说明：所朗读的段落在语言运用上有何特点？**

学生回答预设

（1）安东尼奥的话，运用一系列比喻（大海的怒涛、豺狼、松柏）强调夏洛克的残忍无法改变，给人一种生动形象、华美流畅、富有诗意的艺术美感。

（2）鲍西娅关于慈悲的表述，精辟、深刻、动情，直接表达了莎翁的人文主义理想。比喻、排比、对比修辞格的运用，增强了语言的感染力。

（3）葛莱西安诺借用夏洛克的话称赞鲍西娅，也是对夏洛克自食其果的奚落嘲讽，有很强的喜剧效果，这得益于戏剧性的反复。

**2．仿写句子，学习语言表达技巧。**

例句：慈悲不是出于勉强，它像甘霖一样从天上降下尘世；它不但给幸福于受施的人，也同样给幸福于施与的人；它有超乎一切的无上威力，比皇冠更足以显出一个帝王的高贵。

仿句：以“承诺”为主语。学生思考、写作，教师任选三位学生展示。

课件预设：承诺不是随便答应，它像泰山一样永远屹立在那儿；它不但给信心于受诺者，也同样给信心于许诺者；它有横扫千军的无穷勇气，比证书更足以体现一个人的能力。

（参考文献：白传开．培养听说读写能力 感悟莎翁戏剧魅力——《威尼斯商人》（节选）教学设计之一［J］．中学语文教学参考（中旬刊），2014（04）：20-23.）

## 教学建议

《中等职业学校语文课程标准》（2020年版）的课程目标第8条提到“拓展文化视野，理解文化的多样性，懂得尊重和包容，学习和借鉴不同民族、不同地域、不同国家的优秀文化，抵御外来不良文化，提高吸收人类文明优秀成果的能力”。《威尼斯商人》是莎士比亚的一部讽刺喜剧，是世界戏剧史上的经典之作，艺术价值很高，同时也给学生了解西方文化提供了窗口。

## 一、做好课前准备，为理解剧本奠基

学生对戏剧相对陌生，加上中西文化差异，理解这部戏剧很有难度。教师可以让学生课前搜集有关莎士比亚以及他生活的时代背景资料，了解《威尼斯商人》的整个剧情，对剧中人物具备感性认识，为课堂深入学习奠基。

《威尼斯商人》是16世纪西方文艺复兴运动时期的讽刺喜剧，作品探讨了“金钱”这个古老的话题，成功塑造了一系列人物形象，吝啬冷酷的高利贷商人夏洛克，助人为乐、重情重义的新兴资产阶级商人安东尼奥，智慧博学、追求自由的鲍西娅。当时英国社会各种矛盾凸显，首先是民族矛盾，犹太族被称作异教徒，受到基督教徒的轻蔑和压迫；再者，高利贷资本被排斥，新兴商业资产阶级从事海外贸易，富有开拓精神，受到欢迎。《威尼斯商人》有三条情节线索：第一条是威尼斯商人安东尼奥为了帮助巴萨尼奥，向高利贷商人夏洛克借三千元而引起“割一磅肉”的契约纠纷；第二条是鲍西娅选亲，巴萨尼奥选中铅盒子与鲍西娅成亲；第三条是夏洛克的女儿杰西卡与安东尼奥的朋友罗伦佐私奔。第一条线索是主线，其他两条是副线，副线为主线服务。

## 二、分析戏剧冲突，把握人物形象

戏剧冲突是戏剧的基本要素，没有冲突就没有戏剧。戏剧冲突表现人物性格，通过分析戏剧冲突，可以把握人物形象。

《威尼斯商人》的戏剧冲突主要产生在安东尼奥和夏洛克之间。安东尼奥为了帮助朋友巴萨尼奥娶亲，向夏洛克借了三千块钱，结果他的商船没有如期返航，导致他没能按时还钱，夏洛克就要取他胸口的一磅肉抵债，于是两人冲突升级，闹上法庭。学生可能从表面上理解这是正义（安东尼奥）与邪恶（夏洛克）之间的矛盾，教师可以引导学生认真研读剧本，思考：夏洛克为什么宁愿不要钱，也要取一磅没用的腐肉？难道仅仅是因为性格冷酷吗？夏洛克说因为“对于安东尼奥抱着久积的仇恨和深刻的反感”，所以坚持按约取肉。那么“仇恨”的原因是什么？

### 1．两种资本形式的矛盾

教师可以引入前面的剧情，抓住人物的台词进行分析。夏洛克控诉安东尼奥在交易所骂他“异教徒，杀人的狗”，向他吐唾沫，公开羞辱他，还破坏他的高利贷生意，另外，法庭审判时，从公爵、巴萨尼奥等人对夏洛克的称呼和态度看，安东尼奥与夏洛克在威尼斯人心目中的地位是不一样的，安东尼奥是从事海外贸易的新兴资本家，受人尊重，夏洛克是被人唾弃的高利贷商人，两人聚敛财富的途径不一样，在生意场上是对手。教师可以补充时代背景，引导学生理解他们之间的冲突反映的是资本主义早期商业资本与高利贷资本的矛盾，高利贷资本的利滚利的谋财方式也不符合莎士比亚的人文主义观念。

**2．两种民族文化的冲突**

教师引导学生抓住夏洛克对安东尼奥的控诉，法庭审判时，夏洛克对威尼斯人购买奴隶的指责、对长期遭受不公待遇的愤怒，以及公爵、巴萨尼奥以及法庭现场的群众对夏洛克的称呼与态度，鲍西娅公布的威尼斯城专门针对异邦人的法律，最后以强迫夏洛克改变信仰作为惩罚，这些都反映了西方文化与犹太文化之间的矛盾冲突，夏洛克的复仇代表的是犹太民族的集体反抗，他以一人之力对抗威尼斯城邦强大的集团力量，因此，夏洛克又有值得同情的一面。夏洛克不仅是施暴者，也是一个受害者。

为了进一步理解人物形象，教师可以设计读写练习，夏洛克对鲍西娅的劝说选择了“不”，那么，安东尼奥对夏洛克的审判选择了“慈悲”吗？要求在完整把握人物性格的基础上续写一段安东尼奥与法官的话。

## 三、分角色朗读剧本，把握戏剧语言特色

戏剧语言与小说语言有区别，戏剧语言要有动作性，也就是说台词要表示人物的意愿、意志，意愿、意志越强，动作性越强；戏剧语言要性格化，剧作家必须根据人物的文化程度、生活经验和个性特点说独特的话；戏剧语言要有抒情性，要有诗意，避免抽象化；受戏剧时长和舞台空间的限制，戏剧语言一般很精练，不像小说语言那么冗长拖沓。

让学生分小组分角色演读台词，体会人物的性格特点。《威尼斯商人》的语言生动华丽，善用比喻，带有很强的抒情性。夏洛克、葛莱西安诺、鲍西娅都用大量的比喻说理、抒情，但体现出人物不同的性格特点，夏洛克的比喻显得粗俗，葛莱西安诺的比喻显得通俗，鲍西娅的比喻显得博学高雅。另外，还可以组织学生编排课堂剧，这样可以帮助学生体会戏剧的独特魅力。

## 综合实践活动设计

### 活动方案一：尝试建立剧社，表演课本剧

让学生自愿报名成立青春剧社，以中外经典戏剧为蓝本改编剧本，定时排演课本剧，并在全校公演。

### 活动方案二：辩论赛：金钱是不是万恶之源

把参赛选手分为正方与反方，由学生充任主持人，举行辩论赛，赛后其他同学自由发言，教师小结。

# 《雷雨》（节选）：把戏剧当作戏剧

曹禺（1910—1996），原名万家宝，祖籍湖北潜江，中国现代杰出的戏剧家，代表作品有《雷雨》《日出》《原野》《北京人》等。《雷雨》是曹禺的成名作，本文节选自《雷雨》第二幕，作者巧妙地将周、鲁两家几十年的爱恨情仇浓缩于发生在周家客厅的故事之中。全剧矛盾冲突激烈，情节扣人心弦，语言简练含蓄，人物各具特色，潜台词极为丰富。欣赏课文时注意分析剧中的主要矛盾冲突，以及在冲突中揭示了怎样的人物性格。

## 课例综述

从收集的课例来看，目前一线教师基本围绕戏剧冲突、人物形象、戏剧主题、语言艺术实施教学，归纳如下。

### 1．戏剧冲突

播放《雷雨》剧情简介的视频，了解整部戏剧的故事情节。引导学生绘制全剧人物关系图。课文节选第二幕，主要写周、鲁两家的冲突。可分为前后两场，第一场：周朴园同鲁侍萍的冲突——重逢。第一层，周朴园认出鲁侍萍的经过——相遇述旧怨。第二层，周朴园认出鲁侍萍后的态度——相认生新恨。第二场：周朴园同鲁大海的冲突——斗争。

在此基础上，引导学生理清四个人物之间多重交叉的矛盾冲突：①周朴园与鲁侍萍——虚伪自私的资本家和善良坚韧的劳动妇女之间的矛盾冲突；资本家与下层劳动人民之间的矛盾冲突，这是根本利益的冲突。②周朴园与鲁大海——父与子之间的矛盾冲突；资本家与工人之间的矛盾冲突，这是根本利益的冲突。③鲁大海与周萍——兄弟之间的矛盾冲突。④鲁侍萍与周萍——母与子之间的矛盾冲突。

### 2．人物形象

引导学生把握鉴赏戏剧人物的方法：①抓住人物的主要特征。②揣摩人物语言（人物语言即台词）。③理清人物性格的发展变化。比如，周朴园与鲁侍萍见面后的心理变化过程：奇怪—疑惑—慌张—惊惧，可以看出周朴园的自私虚伪。周朴园知道鲁大海是亲生儿子后，周朴园依然摆出资本家对待工人的态度，可以看出周朴园的冷酷强硬。还可以通过挖掘潜台词分析人物形象，比如周朴园与鲁侍萍的对话中反复出现“哦”字，让学生分角色演读，体味“哦”字蕴含的潜台词，可以看出周朴园由漫不经心到做贼心虚的心理变化。

人物形象特点归纳如下：

周朴园：带有浓厚封建色彩的资本家，虚伪自私、冷酷强硬、老谋深算。与鲁侍萍的冲突表现了他的自私虚伪，与鲁大海的冲突表现了他的冷酷强硬。但也要注意，周朴园是一个“人”，他的爱情是失败的，婚姻是不幸的。因此，他是一个既可恨又可怜的悲剧性人物。

鲁侍萍：典型的旧中国劳动妇女，善良正直，虽然命运多舛，处境艰难，但自尊坚强。

鲁大海：觉醒的年轻工人，勇敢质朴、头脑清醒、疾恶如仇，具有反抗精神，但斗争经验不足，表现了工人阶级的英勇顽强的反抗精神。

**3．戏剧主题**

《雷雨》是一部动人心魄的悲剧。一般认为剧本以20世纪20年代旧中国的社会环境为背景，通过带有浓厚封建色彩的资本家周朴园家庭内部的种种纠葛和周鲁两家错综复杂的矛盾冲突，艺术地反映了资产阶级的腐朽、糜烂的生活，揭露了资产阶级的自私、虚伪，猛烈地抨击了旧中国的黑暗腐朽的社会制度，从家庭的崩溃，看到半殖民地半封建社会的罪恶与黑暗以及它必然灭亡的命运。

**4．语言艺术**

一般从以下几方面分析该剧的语言艺术。

（1）语言的个性化。如周朴园的语言简短又盛气凌人、鲁侍萍的语言时而和缓时而激动，鲁大海的语言直截了当，这些个性鲜明的语言与人物的身份、性格相吻合。

（2）语言的动作性。如周萍打鲁大海时，鲁侍萍大哭起来，走到周萍面前冲口而出：“哦，这真是一群强盗！你是萍……凭——凭什么打我的儿子？”这句话体现出鲁侍萍心中极其复杂的感情，她先是因为鲁大海被打而感到震惊，接着猛然清醒，继而感到愤怒，最后便是怒斥，这一系列的感情变化是巨大的。将“萍”字改为“凭”字并怒斥“凭什么打我的儿子”，准确地表达了她内心情感的急剧变化，推动了戏剧情节的发展。

（3）丰富的潜台词。如当周朴园问鲁侍萍是否认识贤惠规矩的梅小姐时，鲁侍萍说：“她不是小姐，也不贤惠，听说也不大规矩。”其潜台词是“我是你始乱终弃的侍女，无须你的恭维和美化。”这句话流露出鲁侍萍强压怒火的愤懑之情。

## 教例展示

### 教例一：运用思维导图理解文本内容

思维导图是通过图文并茂的形式，以问题为导向，以任务为驱动来开展阅读的学习方法，它有利于引导学生更全面地理解文本内容，促进学生与文本之间的对话，从而推动学生养成个性化的阅读习惯。史筠教师将思维导图运用在课前预习、整体感知、研讨鉴赏、课后拓展等教学环节。

如整体感知环节，用思维导图梳理课文结构，简洁明了。侍萍找四凤——偶遇周朴园——回忆30年前——双双相认——大海登场时——周萍亦出现——兄弟反目——周鲁梦远去。其中，每一个情节又可以通过思维导图进一步梳理，如侍萍找四凤可以从原因、事实追溯、造成后果、最终悲剧等方面展开思维导图。这样，学生对文本的结构也得到进一步的理解。

（参考文献：史筠．思维导图在高中语文阅读教学中的应用——以《雷雨（节选）》为例［J］．课程教育研究，2021（29）：156-157．）

### 教例二：通过揣摩潜台词理解人物形象

如何引导学生分析人物形象？雷悦老师认为可以从三方面着手：①抓住人物关系，初步理解人物性格；②围绕问题探讨，深入把握人物性格；③揣摩人物潜台词，全面把握人物形象。

如揣摩人物潜台词，以周朴园、鲁侍萍的一段对话为例分析如下。

周朴园：梅家的一个年轻小姐，很贤惠，也很规矩。有一天夜里，忽然地投水死了。后来，后来，——你知道么？

鲁侍萍：不敢说。

周朴园：哦。

鲁侍萍：我倒认识一个年轻的姑娘姓梅的。

周朴园：哦？你说说看。

鲁侍萍：可是她不是小姐，她也不贤惠，并且听说是不大规矩的。

在这段对话中，周朴园撒谎说侍萍是一个年轻小姐，是规矩贤惠的，他实际上是在为自己打掩护，为了保全自己的名誉，面对“外人”（此时他并不知道鲁侍萍就是梅侍萍），他伪装自己，以一副虚假面孔示人。而这时周朴园的虚假面具却被自己曾经的恋人鲁侍萍识破，这对于鲁侍萍来说是很大的伤害，因为直到现在，周朴园仍然不肯承认自己当年的丑恶行径，却用谎言试图博取他人的敬仰。鲁侍萍在听到周朴园的谎话后，想起自己曾经遭遇的一切，愤怒和不满涌上心头，于是她带着嘲讽回应周朴园的谎言："可是她不是小姐，她也不贤惠，并且听说是不大规矩的。"这一句看似平静的话背后潜藏着鲁侍萍的悲伤与痛苦以及她对周朴园的不满和愤恨。曾经痛苦的过往再度被提起，而此时她却只能选择隐忍，因为她清醒地认识到现实的残酷。教师要引导学生对此进行反复朗读、细加揣摩，去体会周朴园的虚伪，感受鲁侍萍的坚强刚毅。通过这些潜台词的揣摩，学生能够真正走进人物的内心世界，了解人物的所思所想，从而全面把握人物形象。

（参考文献：雷悦.《雷雨》人物形象分析教学[J]. 文学教育，2022（07）：110-112.）

## 教学建议

### 一、把戏剧当作戏剧，培养阅读戏剧文本的能力

特级教师李海林指出，戏剧教学的关键是教会学生将剧本还原为"剧场"的"表演"。教师要把握戏剧的文体特点，打破将戏剧当作小说教学的僵局，实现戏剧教学的新突破。

首先，要抓住戏剧的"表演性"，引导学生关注人物语言的动作性特点。比如让学生结合剧本想象生活场景；请学生自由朗读，体会人物的心理活动；请学生分角色演读。

再者，通过戏剧教学培养学生的语言表达能力。比如让学生对剧本进行仿写、改编和再创作。

最后，顺应新时代的发展需要，着力培养学生的实践创新能力。中职学校可以充分利用现代媒体，让学生欣赏《雷雨》的话剧视频，并尝试组织学生进行课堂剧表演。通过这一实践活动，可以强化学生对故事情节、人物形象和戏剧主题的理解。在排演的过程中，可根据学生的专业特点及个人专长分配导演、演员、舞台设计人员、音响师、灯光师、服装师等相关工作。

### 二、掌握关于戏剧的基本常识

《雷雨》是现代话剧史上的经典作品，课文虽是节选，但也足以体现该剧的特点，利用本课的教学可以让学生掌握戏剧的基本常识。

如戏剧的"三一律"原则，"三一律"是17世纪西方古典戏剧的金科玉律，要求保持时间、地点和情节的统一性，"时间的统一性"指戏剧情节的发生时间不能超过一天（24

个小时），“地点的统一性”指戏剧行动只能发生在同一地点，而且悲剧情节只能有一个主角。《雷雨》全剧时间集中在上午到深夜24小时以内，地点集中在周公馆和鲁家，故事情节紧紧围绕戏剧中心，没有节外生枝。短短的四幕剧，故事接榫自然，情节发展合情合理，显得紧凑连贯而又自然，给人以浑然一体的感觉。

课文剧情发生在周公馆，鲁侍萍来周公馆找在周家打工的女儿四凤，意外碰见抛妇弃子的周朴园，还看见了自己牵挂了三十年的大儿子周萍。小儿子鲁大海来周家谈判，也汇聚到周公馆。时间、人物、地点高度集中，有血缘关系的人齐聚于此，使得矛盾冲突更加激烈。故事的时间跨度长达三十年，但剧情却浓缩在24小时内，那么，整个故事的前因后果、来龙去脉如何交代清楚？作家采取戏剧中常用的“悬念”“伏笔”“穿插”“突转”等方式，在情节渐次发展中逐步融入过往的故事，将过去与现在巧妙勾连。如通过鲁侍萍之口，讲述了三十年前被周朴园抛弃的悲惨故事；通过鲁大海之口，控诉了周朴园对工人的迫害，让读者对故事的来龙去脉有了较为全面的把握。

如舞台说明，课文的舞台说明类型十分丰富：①周家客厅的布景设计：既看得出是个阔绰豪华的资本家家庭，又带有浓重的封建色彩。②人物的服装：鲁侍萍上场，她的“衣服朴素，洁净”“头上包着一条白毛巾”，反映出她的性格，又交代了她的身份。③人物的动作：（鲁侍萍）“很自然地走到窗前，关上窗户，慢慢走向大门”，这是人物动作的说明，“很自然地”暗示她曾在这屋里生活过，有关窗的习惯。“慢慢地”暗示她心情痛苦，内心矛盾。她的动作自然地使周朴园回想起三十年前的梅姑娘，推动剧情发展。④表情：（周朴园）“汗涔涔地”显出一副狼狈相；（周朴园）“惊愕”反映出他极度的恐惧和不安。⑤人物的上下场：作者总是在剧情发展的关键处让人物登场或下场，为剧情的发展创造条件。

## 三、人物形象分析要避免绝对化

很多教师引导学生围绕“周朴园对鲁侍萍的怀念是真还是假”这一问题展开讨论，进而把握人物形象，学生较易得出结论：周朴园自私虚伪；鲁侍萍正直善良、自尊刚强。教师可进一步提醒学生注意周朴园人性与温情的一面。但大多数教师对鲁侍萍的形象解读就显得脸谱化了：“一个被侮辱、被损害的旧中国劳动妇女”。鲁侍萍的形象过于完美，少了一点人性中的真实。

教师可引导学生关注鲁侍萍对周朴园的情感态度的变化。依据课文内容，鲁侍萍对周朴园的情感态度并非一成不变，而是可以分为“爱情幻想”和“幻想破灭”两个阶段。

### 1. 鲁侍萍的爱情幻想

鲁侍萍到周公馆，应该能认出周朴园，为什么她不立即与周朴园相认呢？她大概想试探周朴园对她是否还有感情。既然想试探，说明还在乎。鲁侍萍之所以告诉周朴园“梅小姐”活着的消息以及生活很不如意的状况，或许是想让周朴园受到良心的谴责，更多的是想引发周朴园的关切。所以鲁侍萍才反复问“老爷，您想见一见她么”，“老爷想帮一帮她么”。当周朴园无动于衷地回答“你先下去”，“让我想一想”时，鲁侍萍是非常伤心的。所以她“望着朴园，泪要涌出”。但是她对周朴园仍然心存幻想，所以她通过绸衬衣上的一朵梅花表明自己的真实身份。当周朴园还在质疑眼前的人是否真的是侍萍时，鲁侍萍连忙问询“你找侍萍么”，并强调“侍萍在这儿”。而且，此时她对周朴园的称呼变成了“朴园”。这里不难体会到鲁侍萍内心强烈的期盼。

鲁侍萍的爱情幻想有客观依据，联系《雷雨》前面的剧情，鲁侍萍与周朴园曾经是恋人，大年三十晚上赶走鲁侍萍的不是周朴园。当时的周朴园至多是懦弱无能的，毕竟受封建家长制的影响，他只能听从父母的安排。分手三十年，鲁侍萍一直没有去打听周朴园的情况，说明善良的鲁侍萍不想去打扰他，而是将所有的苦默默地吞下。虽然过去了三十年，眼前的周朴园除了多了一点岁月的沧桑，其行为举止仍然不失儒雅威严。眼前一成不变的家居摆设，也让鲁侍萍产生了错觉式的感动。另外，三十年前的周朴园没有话语权，现在，作为一家之长，应该有了话语权，可以决定自己的爱情和婚姻了。这些都是鲁侍萍爱情幻想存在的前提因素。

### 2．鲁侍萍爱情幻想的破灭

三十年后的周朴园变得冷酷了，他真正在乎的是自己的名声和利益。鲁侍萍的突然出现，无疑会给他的名声带来一定的威胁，所以，他马上声色俱厉地责问鲁侍萍：“你来干什么？”直到此时此刻，鲁侍萍才从梦幻中惊醒：“命！不公平的命指使我来的。”鲁侍萍说这话的时候，除了悲愤，其实还有悔恨，自己竟然对眼前这个无情无义的男人抱有幻想。当周朴园最终决定用支票来打发鲁侍萍时，鲁侍萍彻底看清了他虚伪丑恶的嘴脸。所以毫不犹豫地撕毁了对她来说是天文数字的支票，彰显了她作为底层劳动者的尊严和刚烈。

尽管鲁侍萍对周朴园心存幻想，而且最终破灭了，却丝毫不影响她作为一个底层妇女的光辉形象。因为每个女人都有追求幸福生活的愿望，不管这愿望多么的不合时宜。中国自古以来就有“痴心女子负心汉”一说，鲁侍萍的爱情幻想表现了中国传统女性单纯善良的优秀品质。周朴园为了名誉、地位变成了无情无义的冷血动物，是可恨可耻的，鲁侍萍仍痴心地爱着这个无情无义的冷血动物却是可悲可叹的。

总的说来，鲁侍萍的未了情，不仅反衬了周朴园的丑陋与无耻，而且使鲁侍萍这一形象规避了很多戏剧作品人物塑造的脸谱化缺陷，显得更加立体丰满、细腻真实，从而增强了戏剧的感染力。

另外，《雷雨》中的其他人物如繁漪、周萍、周冲、四凤、鲁贵、鲁大海等，都各具特色，值得大家仔细揣摩。

## 四、鼓励多元化解读戏剧主题

关于《雷雨》的主题，教材有个标准的表述：“这个剧本通过一个封建、资产阶级的家庭内部错综复杂的矛盾，深刻地揭示了封建大家庭的罪恶和工人与资本家之间的矛盾，反映了正在酝酿着一场大变动的20年代的中国现实。”这个论断值得商榷。

实际上，关于这部戏剧的主题一直争议不断。如《雷雨》是不是一部“社会问题剧”？钱理群指出，读者不能用要求剧本对某一重大社会问题做出明确的回答，或依照价值判断的“社会问题剧”的主题模式去硬套《雷雨》。曹禺研究专家尹鸿强调《雷雨》表达的并不是阶级对立，而是天地间的残忍，是一种外在的不可知力量的残忍，所接近的并非19世纪的批判现实主义而是古希腊的命运悲剧，一方面，它告诉人们，人是有限的、渺小的，而外在于人的异己的力量则是强大的、不以人的意志为转移的；另一方面，人又是刚强的、不屈的，应该在与命运的拼死抗争中，显示出自己的价值与尊严①。由于曹禺是从哲理高度来探寻人性问题的，这种深刻的、超前的创作理念难以为一般人所领会，人们更容易认同《雷雨》是一部“社会问题剧”。

有的学者认为《雷雨》的主题具有多面性，钱理群从显意识与潜意识的双重结构分析曹禺的创作心理：在显意识里，他感到的是对宇宙间压抑着人的本性的不可知的力量的恐惧，以至于不可言喻的憧憬；另一面，在潜意识里，他的愤懑又隐隐指向中国的家庭和社会②。陈思和认为《雷雨》通过一系列与人的情欲有关的罪完成了对人性的拷问。人的情欲的三道扭曲——主仆关系的扭曲、母子关系的扭曲、兄妹关系的扭曲，构筑了三个悲剧，即社会悲剧、家庭悲剧、伦理血缘悲剧，构成了这部作品所有的冲突，导致了最终的悲剧结局③。这些多元化的解读有助于深化对《雷雨》主题的理解。

## 综合实践活动设计

### 活动方案一：由节选到整本书阅读

教师要鼓励和引导学生自主学习。在课程导入时，可播放《雷雨》视频片段（推荐濮存昕主演的明星版话剧《雷雨》），激发学生阅读《雷雨》整部话剧的兴趣。教师还可组织讲故事、改编结局等活动鼓励学生进行整本书阅读。

---

① 尹鸿．命运与人——曹禺《雷雨》悲剧性新解［J］．名作欣赏，1989（02）：119-122.

② 钱理群．大小舞台之间［M］．杭州：浙江文艺出版社，1994：55.

③ 陈思和．细读《雷雨》——现代文学名作细读之三［J］．南方文坛，2003（05）：20-25.

### 活动方案二：话剧表演《雷雨》

让学生自由分组组合，各饰一角，再现《雷雨》第二幕的一些场景，尽量保留剧本的人物语言，融入人物的心理活动。有条件的班级，可安排较长时间训练，最后登台演出。

### 活动方案三：拓展到戏剧、现代戏曲等表演类艺术鉴赏

有条件的学校，可引导学生从《雷雨》话剧的欣赏，拓展到地方戏剧、现代戏曲等表演艺术的鉴赏，以增强学生鉴赏戏曲艺术的能力。

# 第二编

# 实用文

## 导 语
## ——用获取信息的方式教学实用文

依据文章的功能划分，现代文一般可以分为实用文类和文学类两大块，即除了诗歌、小说、文学性散文和戏剧之外的所有现代文都是实用文。实用文源于人类实践活动的需要，一般指“有特定应用场合、有具体应用目的的文章”[①]，浙江省语文学习科学专业委员会学术委员陈隆升把中学语文教材中的实用文分为科普类文章、新闻类文章、社科类文章、演说辞、书信类文章、人物传记、书评与影评、序言类、访谈录、调查报告、议论与辩论、图片说明、日记十三种，且较多地集中在科普类文章、新闻类文章、社科类文章、演说辞、书信类五大类别[②]。

实用文的根本特征是以用为本、崇尚实用。《中等职业学校语文课程标准》（2020年版）中的“实用性阅读与交流”专题提到“丰富学生的言语实践，提高实用性阅读与交流的水平，满足学生职业发展需要，增强学生适应与服务社会的能力”。实用文总是要解决实际生活中的某些具体问题，有很强的目的性和实用性，它不宣泄个人情感，也不反映社会问题，不追求审美价值，这是它与文学作品不同的地方。“实”强调的是实用文的内容必须是现实社会的真实情况，不能虚构，比如新闻，必须如实报道真实的事件，真实是新闻的生命。科普说明文要求客观介绍、普及科学知识，即使是文学色彩较浓的科学小品也要结合历史和现实说明事物或阐明事理，不能带有主观性的判断。“用”强调的是实用文必须解决现实生活中的某些问题，其目的是现实的、有用的，比如书信，主要是为了沟通情感、交流思想。演说词是针对某个问题对听众说明事理，表达见解。

除了以上共性的体式特征，每一类实用文体又各有其特点，需要具体把握。比如科普说明文，目的是向非专业人士传播专业知识、介绍相关的规则与原理。其共性是具有科学性、知识性、通俗性等体式特征。它又分为一般科学说明文与科学小品，前者是用平实的语言传授一般的科学知识，后者多用文艺的笔调介绍科学知识，具有较强的文学色彩。语文教材中比较多的是科学小品，形式简短，融知识性与趣味性于一体。因此，教师要在把握实用文共性特征和某一类实用文体的个性特征的前提下实施教学，才能有的放矢。

特别需要注意，不能用简单粗暴的方法让学生死记硬背文体知识，而应随文学

① 王荣生．实用文教学教什么［M］．上海：华东师范大学出版社，2014：23.
② 王荣生．实用文教学教什么［M］．上海：华东师范大学出版社，2014：49.

习文体知识，要在阅读文本过程中学会阅读这一类型文本的方法，这才符合从具体现象到抽象概念的认知规律。体式不同，阅读方法也不同，文学作品的阅读是“品其言才能会其意”，实用文的阅读是“得其意可以忘其言”①。前者着眼于作品的艺术性，挖掘审美价值，阅读方式是鉴赏型的，重点放在语言的品味和感悟上，阅读的终极目的是获得文学素养。而后者着眼于获取信息，偏重实用价值，阅读方式是理解型，阅读的终极目的是获取信息、培养理性思维能力。因此，实用文与文学作品的教学目的不同，文学作品的教学目的主要是提高学生的文学素养和文学情趣，教学方法重在感受、体验和鉴赏。而实用文的教学目的是提高学生在生活、工作中阅读和写作具体实用文，利用实用文解决具体问题的能力。

很多教师没有区分文学作品与实用文的体式特征，把两类作品混在一起教学，用“品味语言”的方式去教实用文，用“获取信息”的方式教学文学作品，导致无效教学。还有些教师对实用文的文体知识很清楚，但只是教了一些干巴巴的知识点和抽象的术语，对提高学生的实用文阅读能力和理性思维能力没有太大帮助。

第一，理解体式。应引导学生发现文本的“篇性”（某一篇文章的个性特征）与“类性”（同一类文体特征）之间的差异，领会作者应用文体创作的独特性。很多教师喜欢把实用文的体式特征直接告诉学生，让学生当作知识点识记，但从教学论的角度看，这只能让学生获得一点抽象的干巴巴的文体知识，不符合学生的认知规律，难以使学生获得具体的阅读方法，也根本无法提升学生的理性思维能力。文本的体式特征体现在文本的言说方式和行文结构中，不能单独切割出来，作者往往根据“实用”的目的，选择有利于实现自己目的的内容和形式来完成文章的写作。比如《南州六月荔枝丹》与一般的说明文不同，它的语言生动形象，作者还运用大量的说明方法，特别是引用大量的诗句，既传播了荔枝的科学知识，又表明了自己的意图：希望读者喜欢荔枝，同时可以促进荔枝的大量生产。这样带有文学趣味的科学小品文，拉近了作者与读者的距离，使读者乐于接受作者的观点，很好地实现了作者的写作意图。教师在教学这篇课文时，要引导学生把握这篇科学小品文的作者如何运用文体知识来达到写作意图的。

第二，理解内容。相对于文学作品而言，实用文的行文对象和产生情境很明确，如书信是写给具体对象的，读者如果结合写信人、收信人的特点以及要解决的具体问题，比较容易理解书信的内容和写法。文学作品的写作背景只是理解作品的参考，不是必须把握的，但实用文的写作背景是理解文章的必要依据。实用文的“用”主要体现在作者怎样更好地解决实际问题上，比如新闻是用来如实报道新鲜有价值的见闻，书信是为了沟通思想、传递情感。教师要引导学生深入地理解文章的具体内容、写作意图。比如陶行知的《创造宣言》，它是一篇驳论文，又是一篇面向教师的演讲词。

① 王荣生. 实用文教学教什么［M］. 上海：华东师范大学出版社，2014：49.

当时，正值国难当头，他呼吁用教育创造新人、改变旧世界，给当时的旧中国点燃教育的曙光，教师不能仅仅停留在分析文章的论证思路与论证方法上，还要引导学生理解陶行知所说的“创造”的含义，以及“人人能创造”的观点，帮助学生树立创造的自信心。比如李斌的《以工匠精神雕琢时代品质》，它呼吁每个人在自己的工作中努力践行工匠精神，具有很强的现实意义，教学这篇课文，“工匠精神”的丰富内涵应是教学的重难点。

第三，领悟语言。语文教学的落脚点，最终要落实到语言上。引导学生领会作者如何运用语言更好地传情达意，一是作者怎样选词炼句，二是作者怎样建构自己的话语秩序、话语规范、话语特征[①]。文学作品语言品鉴是审美取向，实用文的语言品鉴是实用取向。大多数教师因循熟悉的模式，把领会文章的主题作为教学目标。仅仅关注主题显然是不够的，教师在教学时应该把目光聚焦在文本语言中体现出来的体式特征上面，把作者如何在语言中落实文章的体式特征作为教学重点，引导学生通过相关的语言及表达方式去理解和体会文章的主旨。

① 郑文富．真实阅读理论与实践［M］．广州：广东高等教育出版社，2019：170.

# 《创造宣言》：驳论文的典范之作

陶行知（1891—1946），安徽省歙县人，中国近代教育家、思想家。毕业于金陵大学（1952年并入南京大学）文学系，后留学美国，曾师从美国教育家杜威学习。先后创办晓庄学校、生活教育社、山海工学团、育才学校和社会大学，提出了“生活即教育”“社会即学校”“教学做合一”三大主张，推行平民教育运动。生活教育理论是陶行知教育思想的理论核心。

《创造宣言》原载于1943年11月25日的重庆《新华日报》，发表前陶行知曾于10月15日在育才学校指导会宣读。当时，正值国难当头，国家和人民对教育无望，这篇教育救国的《创造宣言》正当其时，它呼吁用教育去培养创造之人，鼓励更多人用创造去改变旧世界，给当时的旧中国点燃教育的曙光。文中陶行知采用大量典型的事例与文质兼备的名言警句对几种错误观点予以驳斥，有力地论证了文章的中心论点，是驳论文的典范之作。

## 课例综述

从整理的教学设计、课堂实录等资料来看，一线教师基本是按照议论文教学的一般步骤实施教学，具体表现为：导入新课，解题以及介绍驳论文的文体知识；理清文章结构，把握论点及分论点；掌握论证方法；品味语言特点。主要教学内容归纳如下。

### 1．导入新课

在导入环节，解题以及介绍驳论文的文体知识。教师引导学生理解“宣言”是指国家、政党或团体对重大问题公开发表意见的文告，也指宣告、声明，本文以“宣言”为题，意在强调内容的重要性，提醒大家关注。另外，学生对驳论文这种文体比较陌生，教师往往都重点介绍了驳论文的文体知识。

### 2．文章结构

教师基本上都能引导学生理清文章结构，并提醒学生根据每段开头的句子划分层次。文章结构划分：第一部分（第1～3段），把宗教家、美术家与教育家进行对比，引出话题：“人人是创造之人。”第二部分（第4～11段），反驳五种“不能创造”的错误观点。第三部分（第12段），引用罗丹的话，正面阐明“人人能创造”的观点。整篇文章论证结构严密。

### 3．论证方法

重点精读4～11段，掌握论证方法及作用。综合运用了举例论证、正反对比论证，批驳了五种错误观点，前两种错误观点强调外部环境（“平凡”“单调”），后三种错误观点强调主观因素（“年纪太小”“太无能”“陷入绝境”）。重点讲举例论证，引导学生理解这些例证本身的意义，理清材料与观点之间的关系，比如慧能的例子，不识字能说是无能吗？培养学生的公共说理能力和逻辑思维能力。

一线教师基本抓住文章的论证方式——驳论进行重点讲解，但大部分教师按照老模式进行：解释（什么是“驳论”）——提出问题（驳斥的观点是什么？采用什么论据进行驳斥？）——学生寻找驳斥的观点及论据，这种教学模式不利于调动学生学习的主动性。有的教师进行了创新，比如让学生效仿陶行知的驳论方式，补充论据，给文章中的“五个借口”予以回击，改变了传统议论文教学中教师一味灌输的现状，使课堂气氛变得生动、活跃。

### 4．语言特点

抓住演讲词的特点，引导学生品味本文的语言特点，比如文章运用了大量的排比，层层深入地剖析了缺乏自信的危害。运用了短句，局促有力，具有号召力。反问句的使用充分体现了演讲词要有激情、号召力以及趣味性的特点。

## 教例展示

通过创设问题情境理解“创造”的含义

教师抓住“创造”一词，层层设问，引导学生理解陶行知所说的“创造”的含义，树立人人都可以创造的信心。

**教学镜头**

生　（纷纷议论）：只有名人才会创造，我们这平凡人怎么会创造呢？

师　那么你们说说看，这些人成名之前是名人还是凡人呢？他们知不知道自己会成名呢？如果他们用前面的种种理由而放弃了创造的话，那么历史上会不会有他们的名字存在？陶行知先生会不会在文中提到他们呢？

（学生们都纷纷摇头）

师　那么，你们是不是仍旧认为创造是名人才能做的事情，而凡人就不能做了呢？老师也是一个凡人吧？老师在课堂上教授你们知识，虽然不能和曾参相比，但同样也在传承文化，教你们真善美，是不是创造？是啊！老师也在创造。那么，你们呢？你们创造了没？

生　我经常写作文，虽然写得不怎么好，但我创造了。

生　昨天，我画了一幅画，我也进行了创造。

生　我给自己化妆，创造了另一张脸。

生　我天天搭配衣服，这也是一种创造。

师　所以，陶行知先生在《创造宣言》这篇文章中到底告诉了我们什么道理呢？

生　（齐声回答）：处处是创造之地，天天是创造之时，人人是创造之人。

（参考文献：周淑茹，罗灵菲．创设问题情境激发学生的自主探究精神——以《创造宣言》为例［J］．中学语文，2017（36）：144-145．）

## 教学建议

### 一、抓住文体特征，挖掘教学价值

探究作者如何在具体篇章中“用”文体、“用”语言是实用文的教学重点，依体式特征实施教学，让学生明白体式特征与文章内容主题是内在统一的，必须弄清楚“这一篇”文章的文体特征。

#### 1．驳论文

多数教师看到这篇课文是一篇典型的驳论文，所以按照议论文的文体实施教学，比如梳理论证结构，分析论证方法，把握论证观点，这种教学思路基本是不错的。教师可以补充驳论文的文体知识，驳论文是议论文的一种，以驳论为主的议论文就叫驳论文。驳论文通过对不正确、不全面、错误或有害的观点及现象进行驳论，从而阐明自己的观点和主张。驳论可以从三方面入手：驳论点、驳论据、驳论证。本文是通过驳论据的方法对五种错误观点进行一一批驳。教学时要引导学生把握驳论文的特点，还可以学以致用，安排仿写练习，让学生学写驳论文。

#### 2．演讲词

很多教师往往忽略了这篇课文还是一篇演讲词。演讲词有什么特点呢？演讲词，也称演讲稿或演讲辞，指公众阐述自己的见解、主张，以号召、鼓舞听众而使用的讲话文稿。演讲词要求主旨鲜明，对所讲的人物、事件、问题有明确的态度、见解和主张。演讲稿一般以议论文为主，为了吸引和说服听众，既要依靠事实的说服力，又要借助逻辑的征服力，还要辅之以必要的情感因素，即文辞优美，感情充沛，说理生动，鼓动性强。

因为课文是节选，演讲词的特征弱了一些，教师可以补充部分原文，引导学生理解演讲词的文体特点。比如体会语言的生动性，可以分析几处排比句，“只要有一滴汗，一滴血，一滴热情，便是创造之神所爱住的行宫，就能开创造之花，结创造之果，繁殖创造之森林”，强调只要努力创造，就会有所成效。另外，“有人说……不能创造”五个段落，突出强调缺乏创造的危害性。补充原文中比喻修辞的运用，“教育者也要创造值得自己崇拜之创造理论和创造技术。活人的塑像和大理石的塑像有一点不同，刀法如果用得不对，可以万像同毁，刀法如果用得对，则一笔下去，画龙点睛”，生动形象地说明教育者的创造作用。引导学生体会演讲词中修辞手法的运用可以将抽象的道理变得生动具体，使语言更有鼓动性。

## 二、了解例证法，把握事例与观点之间的联系

《中等职业学校语文课程标准》（2020年版）提到“阅读常用的论述类文本，把握作者的观点、态度，理解作者阐述观点的方法和逻辑。学习表达和阐发自己的观点，力求立论正确，论据恰当，具有逻辑性”。

何为例证法？例证法又称“事实论证法”，指运用归纳推理进行论证的一种方法，即用典型的个别或若干具体事例作为论据，来证明一个具有普遍意义的论点。运用例证法要注意：所列举的事例必须有代表性，并尽可能全面，要避免以偏概全。

为了批驳这五种观点，作者主要运用例证法来证明自己的观点，教师要引导学生对这五种观点进行分类，并对课文中大量的事例进行梳理，重点把握事例与观点之间的联系，培养学生公共说理的能力和逻辑思辨的能力。

这篇文章是怎么运用例证法进行论证的？效果如何？

陶行知列举了五种“不能创造”的借口，并对其进行了针锋相对的批驳。其中，“环境太平凡”“生活太单调”强调外在环境，“年纪太小”“自己太无能”“陷入绝境”强调主观因素。比如，有的人认为环境平凡、生活单调导致无法创造，他们强调的是客观环境对创造力的限制，那么，陶行知列举的画家八大山人、雕塑家飞帝亚斯（现译为菲狄亚斯）与米开朗基（现译为米开朗基罗）、周文王、雷塞布等几位名人的事例，能否驳斥论点？你还能举出哪些例子支持陶行知的观点？还可进一步思考：客观环境对创造力是否有限制？如果觉得有限制，你该如何论证？

有的人认为年纪小、无知无能、陷入绝境导致无法创造，他们强调的是主观因素对创造力的限制，陶行知列举了“乐坛神童”莫扎特、幼时被视为“低能儿”的爱迪生、“神童”帕斯加尔（现译为帕斯卡）、愚钝的曾参、不识字的慧能、遭遇八十一难的玄奘、陷入众叛亲离绝境的哥伦布等事例，强调创造要靠勇气、智慧、

意志。不妨让学生思考，这些事例能否驳斥错误观点？你还能列举哪些事例支持陶行知的观点？还可进一步思考：主观因素对创造力是否有限制？如果觉得有限制，你该如何论证？

通过引导学生仔细辨析事例与观点之间的逻辑关系，使学生理解例证法所采用的事例与观点之间是或然性的，不是必然性的。理性的逻辑思维能力的培养在中职（中学）语文教学中长期不受重视，但公共说理能力和理性思辨精神是现代公民必备的能力，这应是论述类文本教学的重要目标。

## 综合实践活动设计

### 活动方案一：开办关于“创造”的讨论会

学生围绕“什么是创造”“如何创造”“创造的价值”等问题展开讨论，帮助学生树立创造的信心，培养创新精神。

### 活动方案二：举行辩论会：创造与继承谁更重要？

将全班同学分为正反两方，由学生充任主持人，双方辩手围绕“创造与继承谁更重要”话题展开辩论，其他同学赛后自由发言，最后教师点评小结。

# 《敬业与乐业》：把握论述类文本的内在逻辑

梁启超（1873—1929），字卓如，号“任公”，别署“饮冰室主人”，广东新会人，中国近代思想家、政治家、文学家。光绪举人，与康有为一道倡导变法维新，并称“康梁”。曾力倡“诗界革命”“小说界革命”。散文成就最高，自成新体，与康有为的文章合称“康梁体”，代表作为《少年中国说》。《敬业与乐业》选自梁启超的《饮冰室合集》，是一篇对人生与事业关系的演讲词。文章主旨鲜明，层次清楚，语言通俗，文短意长。

## 课例综述

关于《敬业与乐业》一文，教学内容基本围绕文章结构、论证思路、论证方法、语言特色等方面进行。归纳如下。

### 1. 文章结构

文章层次分明、条理清晰，先让学生概括段落大意，再划分层次，最后得出文章总体结构。开头总起全篇，然后分别论述敬业和乐业，两个分论点平行并列，最后总结全篇。总体结构是“总—分—总”。全文可分为三部分，第一部分（第1段）：提出中心论点：敬业与乐业是人类生活的不二法门。第二部分（第2～8段）：分别论述了“有业”“敬业”“乐业”的重要性。第三部分（第9段）：用“责任心”和“趣味”总结全文。

### 2. 论证思路

这是教学重点。

（1）讲解第2～5段，把握作者如何论证“有业之必要”。先引用孔子的话，从反面论证，说明无所事事的懒人和耍小聪明的闲人是最难教诲的，因为他们无业。再列举百丈禅师的事例，正面说明人应当有事可做。最后从反面论证，把没有职业的懒人比喻成“蛀米虫”“盗贼”，要彻底讨伐。

（2）讲解第6～7段，把握作者如何论证敬业的重要性。先引用朱熹的话阐明何为“敬”；然后谈为何敬，举例论证，列举“当大总统”和“拉黄包车”两件事证明凡职业无高下，凡劳作是可敬的，职业没有不神圣的；最后谈怎么敬，先从正面谈要专注，采用举例论证，分工不同，但价值相同，木匠做好桌子等同政治家建设国家，挑粪工收拾干净马桶等同军人打胜仗，都是为社会做事，分工不同，做好了价值一样，意义相同，这样就会专注，不分心。再引用曾文正的话从反面说明如果不敬，亵渎职业，害自己。

（3）讲解第8段，把握作者如何论证乐业的重要性。先破：列出“做工苦”的观点，接着反驳“做工苦”观点的错误，用归谬法，假设不做工会怎样，进而得出正面结论：苦乐全在主观的心，不在客观的事。反驳理由：①不做工也苦（赌钱吃酒也劳神费力）；②人活着，便是费力，劳苦免不掉。怎么办？——苦中找乐。为什么？举例论证：①无业游民，无所事事，日子难过，这是第一等苦人；②厌恶本业的人，不愿做却又不得不做，这是第二等苦人。后立：提出观点——凡职业都是有趣味的，只要你肯继续做下去，趣味自然会发生。理由1：投身职业，能体会变化与进展；理由2：成就职业要奋斗，奋斗中有快乐；理由3：与同业人竞赛得快乐；理由4：专注职业，少了烦恼。再引用孔子的话总结：乐业能忘忧，这种生活才是理想的生活。

### 3．论证方法

本文主要采用举例论证和引用论证。引导学生找出论证方法并分析其作用，比如第4段举了百丈禅师一日不做事便不吃饭的例子，论证了有业的重要性，以事实为依据，增强了文章的说服力。第6段举了当大总统和拉黄包车的人的例子，论证了凡职业没有不是神圣的，所以凡职业没有不是可敬的，因为职业没有高低贵贱之分，增强了文章的说服力。第7段记佝偻丈人承蜩的故事，论证了“忠实才能做到敬业”，增强了文章的说服力。第3段引用了孔子的名言，论证了有业的必要性，增强了文章的说服力。第6段，引用朱子的话，论证了专心致志、心无旁骛便是敬，增强了文章的说服力。第7段引用了曾文正的话、庄子与孔子的话，论证了做事的时候要敬业，不能分心，增强了文章的说服力。

### 4．语言特色

大多数教师注意到本文是一篇演讲词，因此引导学生分析本文的语言特点，有些教师忽视了语言特色的分析。语言特色集中在以下几点：第一，引用古人名言，并用通俗的口语进行解释，化深为浅。第二，语言精辟，多用短句，很少用长句，显得精练有力。第三，结合演讲现场情境，形成口语交流的氛围。

## 教例展示

### 教例一：有效设问，把握文章结构

教师通过有效设问：“有业”“敬业”“乐业”三部分能否调换顺序？引导学生把握文章行文思路。

**教学镜头**

师　“有业”“敬业”“乐业”这三部分可以随意调换顺序吗？

生　不可以。

生　课文第2段写道“在讲演正文以前，先要说说有业之必要”，第6段写道“第一要敬业”，第8段写道“第二要乐业”，作者是按一定顺序写的。

师　你很注意结合原文，言之有据。若能在你找到的关键语句上加入些自己的思考，就更好了。

生　“先要说说有业之必要”表明“有业”是“敬业”“乐业”的前提，只有有了业，才谈得上敬或不敬、乐或不乐。在“敬业”的过程中，感受到业给自己带来的乐趣，才会有乐业。这是一个过程，也是有时间先后的。所以不能调换顺序。

师　你在前一位同学的基础上，又往前走了一步。讲清楚了三者之间的内在关系，思路很清晰，表达得也很清楚。

师　由前提到基础到最高境界，这篇演讲稿就这样思路清晰、循序渐进，带我们渐入业的佳境。

（参考文献：何艳，吴益. 慢慢来，比较快——《敬业与乐业》课堂实录及评点［J］. 语文教学研究，2021（11）：29-34.）

### 教例二：细读文本，理清论证思路

教师引导学生研读文本，分析作者的论证思路，把握观点与论据的关系，有效提升学生的逻辑思维能力。

**教学设计片段**

请学生齐读第6、7段。边读边勾画表明作者观点的句子以及作者提供的依据。

明确：①表明作者观点的句子是：“第一要敬业”；（引导学生再次关注论点的位置，温故知新）②作者的依据；a. 朱子的话；b. 做总统和拉黄包车的例子；c. 佝偻丈人承蜩的例子；d. 木匠与政治家、挑粪工人与军人具有同一价值的例子；e. 曾文正、庄子、孔子等的话。（注意引导学生概括事例。）

教师提问：这些依据可以分为几类？分别起了什么作用？（学生讨论交流。）

明确：①可分为两类：一类是具体的事例，另一类是名人名言。（点拨：引导学生掌握论据的类型：事实论据和道理论据。确定论据的特点：事实论据往往是一些具体的事例和数据；道理论据往往是一些名人名言、公理、定理等。）②作用：引用朱子的话，证明了什么是“敬”。举了做总统和拉黄包车两个例子来证明“凡职业都是神圣的，都是可敬的”，从而说明了为什么要“敬业”的道理。举了佝偻丈人承蜩、木匠与政治家、挑粪工人与军人的例子，再引用曾文正、庄子和孔子的话，都是为了说明怎么“敬业”的道理。

教师提问：把所有论据放在一起是否意味着议论完成？

明确：不是，还应对其进行分析与阐述。（教师示范一个部分的论证思路，剩余部分由学生讨论探究，注意利用关键词和关键句来进行探究。）

（参考文献：陈晓玲.《敬业与乐业》教学设计［J］.读写月报，2022（18）：40-45.）

## 教学建议

1920年，梁启超从欧洲游学归国后，致力于文化教育和学术研究活动。本文写于1922年8月，是梁启超为上海中华职业学校的学生演讲准备的演讲词，较好地体现了演讲词的独特要求：演讲时，因为“听”演讲的接受方式，要求主旨鲜明，思维清晰，条理性强，层次分明，这样才会令听众明白演讲者的思路，而且，演讲是面对听众的单向诉说，演讲者会预想听众的反应，因此，演讲是“对话的对话”。

本文也是一篇典范的议论文，观点鲜明，论证合理。《中等职业学校语文课程标准》（2020年版）提到“思维发展与提升”是中职生的四大核心素养之一：“思维发展与提升是指学生在语文学习中，通过语言运用，发展直觉思维、形象思维、逻辑思维、辩证思维和创造思维，运用多种思维方式丰富自己对作品的感受和理解，比较、分析、归纳和概括基本的语言现象，准确传递信息、论述观点、表明态度，提升思维的深刻性、敏捷性、灵活性、批判性和创造性等品质。”本篇课文在促进思维发展与提升方面的价值很大。基于此，从以下几个方面提供建议。

### 一、品味语言，领会演讲词的体式特征

（1）多引用古籍名言，并用通俗的口语进行解释，化深为浅。如作者引用孔子的两句名言时，没有直译，而用通俗的口语进行生动而饶有趣味的讲解，说出大意。师生可以变换语句演讲，比较原句与变句之间的差异，领会演讲词语言的特点。

比如：

> 原句：孔子说："饱食终日，无所用心，难矣哉!"又说："群居终日，言不及义，好行小慧，难矣哉!"孔子是一位教育大家，他心目中没有什么人不可教诲，独独对于这两种人便摇头叹气说道："难！难!"可见人生一切毛病都有药可医，唯有无业游民，虽大圣人碰着他，也没有办法。
>
> 变句：孔子说："饱食终日，无所用心，难矣哉!"又说："群居终日，言不及义，好行小慧，难矣哉!"说的就是"有业之必要"。

把两句话进行比较，可以发现都是引用孔子的两句名言从反面进行论证，但原句更适合演讲，它不是板着面孔说教，也不是直译圣人话语，而是把它转化成大众口语，饶有趣味地解释，使道理通俗易懂，易被听众接受。"独独""无业游民""碰着他"这些词完全是大白话，"摇头叹气"是模拟孔子说话的神态，两个"难"字是模拟孔子的语言，增强了情境感。因为听众是即将就业的大学毕业生，至圣名言毕竟艰涩了点，通俗的讲解让人更亲切，也更符合演讲的要求。

（2）注意现场交流的氛围，营造情境感。演讲词是在特定情境下，说给特定人群听的，所以作者要结合现场情境，注意和听众现场交流，形成口语的交流氛围。

模拟或描写语气和神态。比如以下文段：

> 原句："做工好苦呀!"这种叹气的声音，无论何人都会常在口边流露出来。但我要问他："做工苦，难道不做工就不苦吗?"今日大热天气，我在这里喊破喉咙来讲，诸君扯直耳朵来听，有些人看着我们好苦；翻过来讲，倘若我们去赌钱去吃酒，还不是一样在淘神费力?难道又不苦?
>
> 变句：做工是很苦，但不做工也苦，去赌钱去吃酒也很劳神费力。

对比两句话，原句更适合演讲。这里驳斥"做工好苦"这个错误观点，运用归谬法，先假设不做工会怎样，进而得出正面结论：苦乐全在主观的心，不在客观的事。原句中的"做工好苦"是一个精妙的感叹句，加上"叹气"的声音，表达就非常形象。又如"今日大热天气，我在这里喊破喉咙来讲，诸君扯直耳朵来听"，把演讲者的状态和听众听讲的神态描绘得极为逼真，口语色彩浓烈，形成口语交流的效果。

（3）设问句、反问句兼用，发人深省。在这篇文章中，作者多次运用设问，且有几处是两句设问连用，不仅引发了听众的思考，还实现了话题的转换和对分论点的提炼。"业有什么可敬呢？为什么该敬呢?""怎样才能把一种劳作做到圆满呢?""难道不做工就不苦吗?""还不是一样在淘神费力？难道又不苦?"反问句的使用，既否定了做工苦的观点，又在一定程度上增加了论证说理的气势，使论述过程波澜起伏又富有变化，形成面对面的口语交流效果。

“敬业乐业”四个字，是人类生活的不二法门。这个道理不难理解，但要说服大家，说得明白，说得让大家愿意听、喜欢听，实属不易。梁启超用通俗又形象生动的口语来说，晓之以理，动之以情，既有诚挚热烈的感情，又有说服力和鼓动性，达到了演讲的目的。演讲最后，“盼望诸君和我一同受用”更是对听众直接说出内心的诉求。

## 二、把握事例与观点的关系，培养逻辑思维能力

《中等职业学校语文课程标准》（2020年版）提到，论述类文本教学要注重对学生思维过程和思维方法的引导，注重辨析观点与材料之间的联系，注重培养学生思维的逻辑性。有些教师注意围绕论点、论据、论证等议论文的文体知识讲解，对文章体式所蕴含的内在的逻辑关系阐发不足，不利于学生逻辑思维能力的培养。

比如本文三个分论点与总论点之间的内在联系是怎样的？每个分论点的论证思路是怎样的？本文用了哪些论证方法，有何作用？这些问题都需要教师引导学生细读文本，把握事例与观点之间的关系。

教师也可以在教学过程中对文中观点提出质疑，比如作者认为“劳作便是功德。不劳作便是罪恶”，这种观点是放之四海而皆准的吗？引导学生大胆质疑问难，培养学生的逆向思维和批判质疑精神。人类或个体的生活，并不都是只有“劳作”，“休闲”也是生活的重要部分。而且，随着社会的发展，休闲在生活中所占的比例还在不断提高。正如“人不是为吃饭而生活”一样，人也不是“为劳动生活”。

又比如作者把木匠做好一张桌子等同于大总统治理好国家，把挑马粪的工作等同于军人打仗，这种观点与拿破仑“不想当将军的士兵不是好士兵”对比，组织学生展开辩论。另外要注意，有的历史阶段职业确实有尊卑之分，让职业卑贱者“敬业乐业”有维护既有等级秩序之嫌。

## 三、领悟文章主旨，挖掘思政教育资源

文章开宗明义提出“敬业乐业”的主旨，说它是“人类生活的不二法门”，由此领悟文章主旨成了本文的教学难点。

关键是对“业”字的解说，一般认为是指“职业”，文中也说，“今日所讲，专为现在有职业及现在正做职业上预备的人——学生——说法”，似乎以听众的身份再次巩固了这一观点。但“业”不应只限于谋生的正式职业，也可以指生活中任何一件有价值的事情；不只限于成人的工作，也包括学生的学习。在教学中，应该将“业”的含义扩大化，让学生立足现在的学习，结合自身经验，仔细揣摩文中的观点，进行

反省式阅读，审视自己对待学业的态度。

比如廖茹玲老师将“业”的内涵层次化，抓住“业”字的不同含义解读文章主旨。“有业”之“业”其实泛指劳作，“敬业”之“业”指的是事业，“乐业”之“业”可指志业。从普通的劳作，到具有强烈责任意识的事业，再到能感受无穷趣味的志业，可以看出梁启超演讲的层递性是极强的。他既告诫了即将就业的青年学子们，要有脚踏实地的务实精神，同时，又为所有就业或即将就业的人，勾画了职业蓝图中仰望星空的理想情怀，无论业之高低、工作之苦累，皆要忠于其事，乐以忘忧[①]。这种解读很有创意，也很有说服力。

在教学过程中应引导学生细读文本，品味与领悟敬业与乐业的精神，树立正确的人生价值观。

## 综合实践活动设计

### 活动方案一：开办以“爱岗敬业”为主题的演讲活动

组织学生围绕爱岗敬业的故事、意义等举行演讲比赛，要求制作ppt或者视频短片，在班上演讲。

### 活动方案二：走进企业，了解劳模故事

组织班级同学到当地企业，了解企业劳模故事，领会爱岗敬业精神。

### 活动方案三：讨论会：你如何认识“躺平”这种人生态度？

“躺平”与竞争是两种不同的人生态度，前者是看淡竞争之后主动追求低欲望生活，是“佛系文化”心态，在现代年轻人很有市场，在“内卷”的当前社会，你如何看待“躺平”现象？组织学生畅谈“躺平”文化的是是非非。

① 廖茹玲．从“业”的内涵看梁任公演讲的境界——《敬业与乐业》解读［J］．中学语文，2020（29）：45-46.

# 《南州六月荔枝丹》：把握科学小品文的艺术性

贾祖璋（1901—1988），浙江海宁人。科普作家、生物学家。所写的科学小品融知识性、思想性、趣味性于一体，脍炙人口。《花儿为什么这样红》一文，1981年获“全国新长征优秀科普作品奖”一等奖。《南州六月荔枝丹》是一篇介绍荔枝的科学小品文，属于说明文。“南州六月荔枝丹”是明朝陈辉《荔枝》诗中的句子。作者从幼年读《荔枝图序》产生的疑惑写起，详尽地说明了荔枝的果形、果实以及贮运情况，介绍了荔枝的习性、产地、栽培史等有关科学知识，最后展望了荔枝生产的发展前景。文章引用了很多古诗文、谚语和文献资料，在具有科学性的同时，又增添了艺术趣味。

## 课例综述

从搜集的相关教学课例看，一线教师主要抓住说明顺序、说明方法、语言特点来实施教学，教学内容归纳如下。

### 1．说明顺序

本文的说明顺序较难把握，通过理清文章结构把握说明顺序，分两方面把握：先从幼时的质疑起笔，引出下文，接着说明荔枝果实的形态特点，最后介绍荔枝的生产情况，说明顺序是由主到次；介绍荔枝的果实又由荔枝的外形特点（外壳构造、颜色、形状、大小、重量）到内部构造（壳膜、果肉、贮藏、果核），说明顺序是由表及里。

### 2．说明方法

重点讲解“引用”，注意引用的种类、角度和方式，特别是引用的作用。

### 3．语言特点

体会本文语言的科学性与文学性。科学性表现为：一是明确的科学术语，如“片峰”“果肩”等；还有确数、约数的运算，如“一年开花两次”“大约60克”等；二是语言的周密，如“荔枝的大小，通常直径三四厘米”中的“通常”，“荔枝的肉的细胞壁特别薄，一般都不留渣滓”中的“一般”等。文学性表现为：一是引用古诗文、史料、故事，相继引用了陈辉、郭子章、邓肃、徐渤、杜牧、苏轼等人的诗句；二是多用描写、比喻、拟人等修辞手法。

## 教例展示

### 教例一：抓住语言特点，把握作者的写作意图

将本文与《辞海》的“荔枝”条目进行对比，体会本文的写作意图与语言表达方式之间的关系。

**教学镜头**

师　本文是一篇科学小品，试与《辞海》“荔枝”条目进行比较，体会这篇说明文的写作意图与语言特点。

生　首先，本文的题目与“说‘荔枝’”相比要好得多。

师　好在哪里，能具体说一下吗？

生　……很有诗意。还有，这句诗句虽只有七个字，但包含了荔枝的生长地域、成熟的时间以及颜色等信息，言简意赅、生动形象。而“说‘荔枝’”仅是简单地交代了说明对象。

师　那么两者的写作意图呢？

生　本文不仅把有关荔枝的知识介绍给读者，而且提出了“大力发展荔枝的生产”“逐步满足广大人民的生活需要”这样的要求。

生　《辞海》的编撰者是想对一般读者进行荔枝相关知识的介绍与普及，就是让读者对“荔枝”有一个客观、全面、具体的了解，介绍清楚了，目的也就达到了。

师　对，荔枝是原产于我国亚热带地区的一种果木植物，它的生长特性及生产情况不为我国其他地区的人们所普遍了解。作者希望他的介绍不但要让人们了解，更要让人们投入荔枝的生产。

生　文章的写作意图不同，选择的介绍方式也有区别。《辞海》的条目采用一种非常客观、冷静的知识介绍方式，在表达方式上就是说明。

生　此文作者在介绍荔枝时，从小学时学过的《荔枝图序》写起，用老师的无奈造成悬念，创设开启下文的契机。读者带着疑问阅读下文，解难释疑，在不知不觉中获得了对荔枝的科学认识。

生　作者这样写无意间拉近了作者和读者的情感距离，让读者心底油然而生对劳动的热爱之情，对劳动人民生活的关怀之情。

师　我们可以总结为作者选择的介绍方式也有助于实现作者的写作意图。

（参考文献：童明辉．基于意图选择内容［J］．语文学习，2013（09）：22-23．）

## 教例二：分析引用的说明方法，感受小品文的文学性

详细分析引用的说明方法及其作用，感受本文语言生动活泼，富于文学性的特点。

### 教学镜头

**师** 就说明文而言，语言风格上生动形象的效果，必得取决于具体的说明方法的使用。那么，本文运用说明方法上最大的特点是什么？

**生** 引用大量的故事、诗文。

**师** 的确，引用这种说明方法在这篇文章中可谓独领风骚，独放异彩。全文引用的故事、诗文达二十多处。引用除了使文章生动形象、富有文学性之外，它在具体的语言环境中还有各自不同的作用。我这里把课文中部分诗句在具体语言环境中的作用罗列了出来，你们来找一下相对应的诗句在哪里。

（投影）

1. 通过引用，形象地说明荔枝大多数是深红色或紫色，远看便犹如火焰红云。
2. 引用诗句恰到好处地描绘出荔枝膜色白、膜质薄的特点。
3. 说明荔枝性喜温暖，很难北移，偶有北移成功，值得大书特书。
4. 荔枝性喜温暖。
5. 对荔枝的形态作总的说明。

**生** “至于整株树以至成片的树林，那就成为‘飞焰欲横天’，‘红云几万重’那样绚丽烂漫的动人景色了。”（**编者注：原文应为“至于整株树以至成片的树林，那就成为‘飞焰欲横天’，‘红云几万重’的绚丽景色了。”**）此处把荔枝比作“飞焰”、“红云”，那一大片挂满荔枝果实的荔枝树林，它的那种壮观的景象，远远地看去像极了欲横天飞舞的火焰，像极了层层叠叠的红云，引用极其精当！

（投影图片略）

**生** “明代徐勃（**编著注：应为“徐𤊹”**）有一首《咏荔枝膜》诗，描写吃荔枝时把壳和膜扔在地上，好似‘盈盈荷瓣风前落，片片桃花雨后娇’，是夸张的说法。”这里虽有些夸张，但那随风飘舞的盈盈荷瓣，那雨后无比娇嫩妩媚的桃花，却将我们带入一个绝妙的意境之中，仿佛我们也在感受那意境之美。

**生** “明代文徵明有《新荔篇》诗，说常熟顾氏种活了几株，‘仙人本是海山姿，从此江乡亦萌蘖’。但究竟活了多少年，并无下文。”这里把荔枝比作仙人，他本是生在海底深山的仙境中，如今化作一株荔枝树，从此在人间也能发芽生长了。

**生** “密移造化出闽山，禁御新栽荔枝丹。”自然天成之物从南方秘密移植到北方，皇宫中新近栽种了挂着红红果实的荔枝树。在具体的语言环境中表现荔枝是喜温暖的。

生 “壳如红缯，膜如紫绡，瓤肉莹白如冰雪，浆液甘酸如醴酪。”这是对荔枝的总体形态的描绘，可谓淋漓尽致，恰到好处。

（投影图片略）

（大量的引用，不仅有助于读者了解荔枝的特点，而且把人们带入了优美的意境中，使原本可能枯燥的说明变得生动形象，这一点在教学时需特别强调。学生明确了引用的作用，感受到其生动活泼，富于文学性的效果，也就进一步了解了科学小品文。）

（参考文献：吴明蕾.《南州六月荔枝丹》教学案例［J］. 教育教学论坛，2013（50）：189-190.）

## 教学建议

科学小品文通常是采用文学写作的手法把科学知识生动形象地阐述出来。此类文章独具科学性、生动性、通俗性等特点，在说明文中“独领风骚”。因此，不能将这篇课文当成一般说明文来教学。中职学生已经熟练掌握了说明对象、说明顺序、说明方法等相关的文体知识，贴标签式的教学只会消磨学生学习说明文的积极性。

《中等职业学校语文课程标准》（2020年版）提到“阅读知识性读物类文本，如说明文、科普作品等，学习运用简明准确的语言，介绍比较复杂的事物，说明比较复杂的事理”。

本文是一篇科学性与文学性兼备的科学小品文，科学小品文是科普说明文的一种，它除了具备一般说明文的体式之外，还有独特的个性：文学性的表现手法。但文学是其手段，传播科学知识才是其目的。

### 一、科学小品文的科学性

#### 1．引据丰富

不管是介绍荔枝的结构、追溯它的种植历史、叙述它的生长特点，还是强调它的存储条件，总是取据丰繁，信手拈来。如写荔枝外壳的色彩，即采用了唐代白居易《荔枝图序》中的“壳如红缯”和宋代邓肃《看荔枝》中的“红云几万重”来描述。再如写到荔枝不耐储藏的问题，引用了白居易《荔枝图序》中的“一日而色变，二日而香变，三日而味变，四五日外，色香味尽去矣”，证实了唐代杜牧《过华清宫》中为何有运送荔枝时“一骑红尘”的迫切。这种信手拈来的引用，增强了文章的真实性和说服力，同时，也向读者呈现出严谨求实的科学精神。

### 2．考辨严谨

本文在考辨前人说法的基础上提出自己的看法，力求使自己的观点科学严谨。在荔枝悠久的栽培历史上，学者的记载和诗人的吟哦不免为时所限，存在不准确乃至谬误之处。面对这一现象，作者并不盲从古人，而是立足于现在，对许多妄传臆想作了严谨的辨正。如对白居易《荔枝图序》中“膜如紫绡”的记载，作者指出白居易“是把壳内壁的花纹误作膜的花纹了”，膜其实是白色的。而对“壳如红缯”的比喻，作者也不以为然，因为荔枝壳粗糙，在质感上与细腻的红缯没有多少相似之处，这个比喻是不够贴切的。基于对性喜温暖的荔枝生长地域的考察，作者认为宋徽宗《宣和殿荔枝》中“密移造化出闽山，禁御新栽荔枝丹”为狂妄自大的吹嘘，因为河南开封超出了荔枝的生长地域，既不会成活更不会结果。科学求实的考察，宣告了误笔妄说的破产，显示了作者不迷信古人、不盲从权威的实事求是的研究态度。

### 3．遵循科学规律

文中引用唐明皇让人运送荔枝的例子，又连续连用汉武帝筑扶荔宫、宋徽宗移植荔枝、文徵明误认为常熟可种荔枝的例子，有何用意？一方面说明了荔枝性喜温暖，成都、福州是它的生长北限，另一方面告诫人们要尊重科学规律，一切妄图改变植物生长规律的做法注定失败。最后作者提出了“因地制宜，努力发展本地区的特产”的观点。本文不仅为了普及科学知识，也在弘扬科学精神。

## 二、科学小品文的文学性

### 1．文学气息浓郁

荔枝因其特殊的生长习性，仅产于中国南部部分省区。物以稀为贵，它的不易获取无疑抬高了它的品位，众多文人墨客为它写出赞美的诗篇。苏东坡被贬至岭南，荔枝成为他随遇而安、自得其乐的寄托与象征：“日啖荔枝三百颗，不辞长作岭南人。”文徵明异想天开，以为它本系海山仙果，以移栽常熟为奇：“仙人本是海山姿，从此江乡亦萌蘖。”明代徐渤则通过《咏荔枝膜》对它的娇美做出浪漫的描绘：“盈盈荷瓣风前落，片片桃花雨后娇。”香满齿颊的佳果壳膜竟也具备了桃花荷瓣的风致，遂亦成为视觉享受。其他如喻其色形味为“红云”“飞焰”“红缯”“紫绡”“冰雪”“绛囊”“红星”“珊瑚珠”“醴酪”等，不一而足，美丽、热烈、鲜艳、甘甜，色香韵味的荔枝形象，尽在笔底呈现，表达了人们对荔枝发自内心的喜爱，也使《南州六月荔枝丹》一文发出浓郁的文学气息。既以知教人，也以情动人。

2．丰厚的文化意蕴

果中佳品荔枝负载着丰厚的中国历史文化意蕴，成为与历史有着千丝万缕联系的“文物”。它见证着历史沧桑，牵系着君民苦乐。文中引汉武帝筑扶荔宫，移荔枝于长安，没有栽活之史实，本为说明荔枝喜热习性及生长地域的问题，却同时也表现出封建帝王的骄妄无知；其迁怒于养护者，对他们处以极刑，则又写出了君主的残忍嗜杀。引杜牧《过华清宫》“长安回望绣成堆，山顶千门次第开。一骑红尘妃子笑，无人知是荔枝来”，本为说明荔枝不耐储藏的特征，却同时也暴露和谴责了封建帝王贪图口腹之欲、置国计民生于不顾、奢靡误国的行为。一篇短短的说明文，引入史料，既为说明服务，又饱含历史教训，实有一箭双雕的功效。而引入苏轼诗“罗浮山下四时春，卢橘杨梅次第新。日啖荔枝三百颗，不辞长作岭南人”，诗人处逆境而不颓丧、笑对厄运、放达自适的形象跃然纸上，散发着迷人的人格魅力。虽然引文的主要目的是说明荔枝的生产应满足人们的生活需要，但诗人风流蕴藉之情怀却又在无声地滋养着读者的精神。阅读此文，其多重感受恰如面对“红云几万重”的荔枝：既愉眼目，复香齿颊，更导沉思。

由此看来，一篇说明文，达到科学性和文学性的和谐统一，是完全可以实现的。《南州六月荔枝丹》无疑是这两方面完美结合的典范。

## 三、把握语言的准确性，提升筛选信息的能力

1．通读全文，把握各段的说明要点

全文共15段，可依次概括为：引出说明对象、壳状、颜色、形态、大小、壳膜、果肉、贮运、种子、花、荔枝蜜、产地栽培史、荔枝谱、生长习性、发展前景。引导学生用不同色彩的笔和不同的标记符号勾画重点语句，认真揣摩，掌握文章基本内容。

2．筛选信息

对一些关键词和关键句进行筛选。关键词指文中的名词术语、表达逻辑关系的关联词、某些修饰词和限制词、某些代词（比如“其”“这”“如此”“与此相反”）等。关键句指中心句、过渡句、议论句、疑问句等。

3．比较鉴别

本文注重客观性和知识性，语言准确。注意文中体现语言准确的句子，比如范围的扩大与缩小，程度的加深与减轻，注意先后顺序、因果条件、主次关系的排列等。教师可以采用替换法，对原句进行改写，让学生比较原句与换句之间的差异，从而提升筛选信息的能力。

## 综合实践活动设计

### 活动方案一：模拟直播农产品

让学生利用学到的说明方法介绍一种农产品，以此为脚本进行模拟直播，目的是让学生把学到的说明文知识运用到实践中，学以致用，提升学生的语文素养。

### 活动方案二：演讲活动——走进科学家

在当今追星的年代，社会特别需要“科技之星”，只有科学家的辛勤付出，才有中华民族的伟大复兴，要求学生制作PPT或视频短片，围绕科学家的故事开展演讲活动，感受新时代弘扬科学精神的意义。

# 《以工匠精神雕琢时代品质》：新闻评论的范本

《以工匠精神雕琢时代品质》原载于2016年4月30日的《人民日报》，是一篇新闻评论，作者李斌是《人民日报》评论部的评论员。这篇新闻评论结合时代特点深入阐述了工匠精神的内涵，点明其当代价值，呼吁每个人在自己的工作中努力践行工匠精神，具有很强的现实意义。

## 课例综述

通过搜集相关的教学课例，发现一线教师基本上是按照议论文的教学思路组织课堂，教学内容归纳如下。

### 1．介绍写作背景、新闻评论文体特征

2016年3月15日，国务院原总理李克强在《政府工作报告》中提出“工匠精神”，随后，各行各业都提倡“工匠精神”。本文是一篇新闻评论，教师可介绍其文体特征。

### 2．文章结构

全文是总分总结构，第1段引出话题，提倡践行工匠精神。第2～4段进行论证，阐述“工匠精神”的内涵。第5段总结全文，从个人、企业、社会国家三个层面再次强调“工匠精神”的重要性。

### 3．论证方法

主要运用了引证法、对比论证、类比论证、假设论证。

### 4．语言特色

本文语言生动形象，主要特点：句式上整散结合，富有节奏感；语言丰富生动，富有时代性；运用大量成语，言简意赅。

## 教例展示

### 教例一：由表及里，把握“工匠精神”的内涵

请学生结合文本，把握“工匠精神”的内涵，绘制“工匠精神”的发展历程图。

**教学设计片段**

“工匠精神”的内涵是一个不断丰富的过程，请大家结合文本内容，用恰当的词语概括其发展的层级，并绘制“工匠精神”的发展历程图。

点拨：研读课文第2～4段，从时间维度提取整合文本信息，用最精准的词语进行概括。

明确：“工匠精神”的内涵是不断发展、丰富的，作者明确总结出三个不同的阶段。

初级阶段：较为原始的含义主要是指“专业技艺”。如课文第2段，今天的“匠”，已成为心思巧妙、技艺精湛、造诣高深的代名词。

中级阶段：指“职业操守”，从“术”开始上升为“道”。如课文第2段，职业与职业没有高低贵贱之分，但人与人从来都有职业品质、专业精神的差别。第4段，将一门技术掌握到炉火纯青，这固然是工匠精神，但工匠精神的内涵又远不限于此。

高级阶段：“生命哲学”是“工匠精神”的最高境界。如课文第4段，工匠精神中所深藏的，有格物致知、真心诚意的生命哲学，也有技进乎道、超然达观的人生信念。

由此看来，随着技术的不断进步和发展，“工匠精神”的第一阶段会被超越，但第二、第三阶段始终能够塑造人们的精神，影响人们的社会。

参考图示：

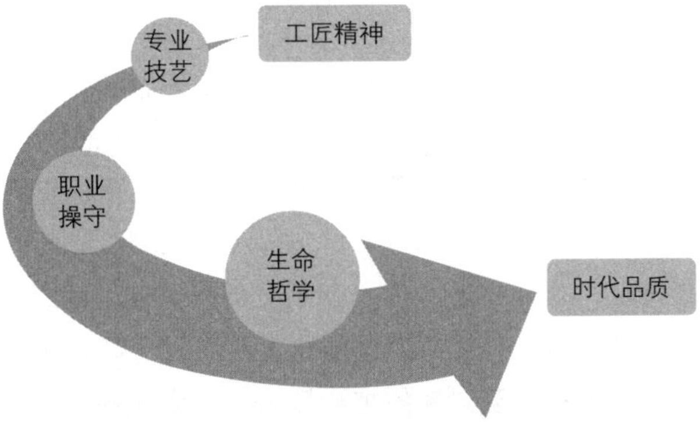


（参考文献：杨艳.《以工匠精神雕琢时代品质》教学设计［J］. 中学语文教学，2022（08）：65-68.）

## 教例二：构建“语文实践活动情境”实施教学

布置课前学习任务单：首先，预习课文，并阅读《一心在一艺　匠心铸重器》与《工匠精神》两篇文章。假如你是《新闻，我来评》杂志的编辑，负责挑选优秀的新闻评论文章进行刊登，请发布一份“绳墨表”，告知刊登标准。

任务一：学生互评课前设计的“绳墨表”，并提出修改意见。

任务二：编制“绳墨表”，细品文本。活动一：比较《一心在一艺　匠心铸重器》与《工匠精神》的异同，《以工匠精神雕琢时代品质》与《工匠精神》的异同。明确《一心在一艺》是一篇人物通讯，《工匠精神》是议论文，《以工匠精神雕琢时代品质》是新闻评论，引导学生把握新闻评论的文体特征。活动二：品析课文，寻找精妙之处。引导学生把握文章结构，并抓住关键词把握论证思路。

### 教学镜头一

师　先来谈谈《一心在一艺　匠心铸重器》与《工匠精神》的异同。

生　都在讲工匠精神，前一篇故事性比较强，后一篇在讨论。

生　主题一样，前一篇介绍具有工匠精神的代表人物，后一篇讲工匠精神的重要性。

师　两位同学讲得基本一致。在比对的过程中，同学们可以发现《一心在一艺　匠心铸重器》与《工匠精神》的主题都是工匠精神。前者是在报道2021年中华技能大奖获得者的事迹，以叙述、描写为主；后者是阐述工匠精神的价值，以议论为主，有论点、论据、论证。因此，前者是讲述“新闻故事”。

### 教学镜头二

师　开头用时代特征、企业家的话引出话题，企业家的话是引用论证，增强了说服力。除了引用论证，还有其他特点吗？第一段要表达什么观点呢？

生　“手工匠人”那句是类比论证。第一段阐述“工匠精神是时代的召唤”。

师　是的，将手工匠人类比企业，进一步强调说明工匠精神是时代的召唤。接下来怎样来证明观点呢？

生　第二段指出“匠”是什么，第三段再否定错误观点，明确正确的观点，第四段阐释内涵，最后总结。

师　你的表达条理清晰，分析大致到位。我们一起来看看。第二段引用《说文解字》中的记载，用引证法指出当代“匠”的含义是心思巧妙、技艺精湛、造诣高深，以及工匠精神对于企业乃至国家的重要性——企业变得气质雍容、活力涌流，国家拥有健康的市场环境和深厚的人文素养。

师　第三段的句式有什么特点？

生　“可能……但……”“必都不是……而是……”“并不是……也不是……而是……”。

**师** “可能”“从来都不是”“并不是”“也不是”后的内容有什么特点？

**生** 是错误的观点或不完全正确的观点。

**师** 说得好。这种句式边破边立，用对比论证廓清了世人对工匠精神的误会，写出了工匠精神的意义价值：工匠精神是一种改变世界的现实力量；坚守工匠精神是为中国制造强筋健骨，为中国文化立根固本，为中国力量凝神铸魂。

（参考文献：胡文君. 以评贯之：鉴新闻评论之妙——部级精品课《以工匠精神雕琢时代品质》品鉴［J］. 语文教学通讯，2022（19）：38-41.）

## 教学建议

2016年的第十二届全国人民代表大会第四次会议上，国务院原总理李克强在政府工作报告中提出“要鼓励企业开展个性化定制、柔性化生产，培育精益求精的工匠精神”。“工匠精神”首次被写入政府工作报告。李斌敏锐地把握了这个新闻热点，写成了这篇优秀的新闻评论。

《中等职业学校语文课程标准》（2020年版）的课程目标第6条提到，阅读“弘扬劳动精神和劳模精神、工匠精神的作品，在审美体验的基础上开展审美鉴赏活动”。中职语文课程设置了“劳模精神工匠精神作品研读”专题，目的是满足学生未来职业发展的需要，所以本教材选录了这篇新闻评论。

### 一、把握新闻评论的文体特征

新闻评论是媒体或作者对新近发生的有价值的新闻事件和有普遍意义的紧迫问题所发表的言论的总称，包括社论、评论、评论员文章、短评、编者按、专栏评论和评述等，是带有新闻性质的论述类文本。新闻和评论如同鸟之两翼，缺一不可，其特性是代表媒体的立场和态度，对新闻事件加以深层次解读，提供新颖的观点和深刻的见解，启发读者深入思考，用于指导自己的工作实践。

新闻评论兼有新闻与议论文两种文体的特点。它立足新闻现象展开评论、关注当下生活，具有时效性；由论点、论据、论证三要素组成，具有议论文的文体特征。

需要注意的是，让学生把握文体特征，不是背诵抽象的文体知识，而是要在引导学生对课文内容的具体分析中把握。课文结合时代特点，深入阐述了工匠精神的内涵，点明其价值，呼吁每个人在自己的工作中都成为“工匠精神”的践行者，具有很强的现实意义。如果只将其当作一般的议论文来讲解，还是未能充分挖掘新闻评论的价值，本文评论的对象是“工匠精神”，主要谈了工匠精神的时代内涵以及发扬工匠精神的现实意义，实现中华民族伟大复兴的中国梦，不仅需要大批科学技术专家，同时也需要千千万万的能工巧匠。更为重要的是，“工匠精神”作为一种优秀的职业道德文化，它的传承和发展契合了时代发展的需要，具有重要的时代价值与广泛的社会意义。教师可以将教学的重点放在“评论的角度”，引导学生思考新闻评论是如何选取角度的，这样就把文章内容与形式有效结合起来。

## 二、把握论证思路，培养逻辑思维能力

论证是揭示论据与论据之间的逻辑联系，使论点得以确立的过程与方法，论证的过程就是运用概念、判断和推理的过程，即摆事实、讲道理。一篇新闻评论是否具有较强的说服力，重要的是围绕论点，合理安排论据，进行合乎逻辑的推理，即严密的论证。本文的论证思路既是教学目标也是教学难点，教师不妨领着学生一句一句地读，分析句子与句子之间的逻辑关系。以第一段为例：

> “①今天，我们迎来了一个更加注重精细品质和独特体验的时代。②‘我是真的希望工匠精神可以变成我的墓志铭。’③不久前，一位生产智能电器的企业家如是感慨。④企业对高精尖、炫彩酷的不懈追求，同工匠精神不谋而合。⑤只有像手工匠人一样雕琢技艺、打造产品，企业才有金字招牌，产品才能经受住用户最挑剔眼光的检验。”（编者注：序号为编者加）

这段话总共有5句，可以带领学生划分层次。第一句总体介绍“我们”这个时代的特征——越来越重视精细品质和独特体验。第二、三句运用引证法，引入一位企业家的话，使前句所阐述的时代特征更具说服力，企业家发出感慨的原因是这个时代只有拥有工匠精神的企业才能生产出经得住用户挑剔眼光检验的产品，很明显，第四、五句是对企业家感慨的进一步解释。所以，在逐句分析之后，学生自然明白第一段的主要内容是由企业家的感慨引出“工匠精神”这一话题。

接下来分析话题，学生可以从哪些角度去分析？作者又是如何分析的呢？这一问题的设置既可以帮助学生梳理论证思路，也可以紧扣单元任务——论证角度。同样的方法也适用于第三段和第四段。

辩证分析主要体现在第四段。虽然拥有工匠精神很重要，有许多人对工匠精神有一种偏见，他们认为工匠精神是雕虫小技，是“拜手工教”，是离群索居，作者一一驳斥了这些错误的认知，进一步分析了工匠精神的意义。这种辩证分析的思维方法需要着重让学生体悟。

## 三、把握论证方法及其作用

新闻评论的论证方法就是将推理应用于论证所形成的推论方法。针对这篇课文，梳理本文的论证方法。

### 1．引证法

引证法也称事理论证法，即引用已被证明的、公认的道理、原则或理论等证明论点的论证方法。本文存在多处引用，如引用企业家的话，写出了工匠精神在当代的意义；引用《说文解字》里对“匠”的记载，写出“匠”的原初意义，然后写出其演变意义；引用鲁迅的话，是为了在此基础上深入论证。总之，作者引用古典文献、名人观点等作为论据，可以从不同的角度对工匠精神的内涵进行阐发。引证法的使用，可以使文章更有说服力，使观点更加深入人心。

### 2．对比论证

如“工匠精神从来都不是什么雕虫小技，而是一种改变世界的现实力量”，边破边立，写出了工匠精神的作用。

### 3．类比论证

类比论证是以两个或两类事物在一系列属性上的异同，推出它们在其他属性上的异同，这是从特殊到特殊的论证方式。如第一段“只有像手工匠人一样雕琢技艺、打造产品，企业才有金字招牌，产品才能经受住用户最挑剔眼光的检验。”，将手工匠人和企业进行类比，写出了企业拥有工匠精神的重要性。

### 4．假设论证

假设论证是先假设一种相反或相似的情况，然后通过对假设情况的肯定或否定来论述观点的正确或错误。这种方法不着眼于现实，而是着意于推理，使文章更具说服力。如第四段“倘若没有发自肺腑、专心如一的热爱，怎能有废寝忘食、尽心竭力的付出；没有臻于至善、超今冠古的追求，怎能有出类拔萃、巧夺天工的卓越；没有冰心一片、物我两忘的境界，怎能有雷打不动、脚踏实地的笃实”。通过对三种情况的假设，论证了工匠精神的重要性。

## 四、语言特色层面

### 1．排比造势

课文运用了排比修辞手法，如“倘若没有发自肺腑、专心如一的热爱，怎能有废寝忘食、尽心竭力的付出；没有臻于至善、超今冠古的追求，怎能有出类拔萃、巧夺天工的卓越；没有冰心一片、物我两忘的境界，怎能有雷打不动、脚踏实地的笃实”，读起来朗朗上口，有一股强大的力量，强化了语言气势，增强了表达效果，令文章更有说服力。

**2．语言丰富，整散结合**

本文是一篇时评，但文章并没有给人面目可憎、枯燥说教的感觉，而是生动形象，绚丽多彩。这主要是因为文章语言丰富，整散结合。如第1段用到了“高精尖、炫彩酷”等具有时代特点的新词，使人们容易接受和理解。第2段用“气质雍容、活力涌流”来写企业，使企业具备了人的特点，生动地写出了厚植工匠精神对企业的意义。第3、4、5段运用排比、对偶的修辞手法，起到增强气势、调节音律的作用，增强了读者的阅读兴趣，使观点更加鲜明突出、更具有说服力。此外，本文运用大量成语，言简意赅，掷地有声。

语文教学不只是要告诉学生文章“写了什么”，更重要的是告诉学生文章是“怎么写的”，因此，相比文章内容和结构的把握，语文教材的核心价值是语言信息的处理，教学这篇新闻评论，如果能以“一篇”带动“一类”，教会学生阅读新闻评论文本的方法，才是有效的语文教学。

## 综合实践活动设计

### 活动方案一：组织以“致敬普通劳动者”为主题的演讲

通过主题演讲活动，使学生对“工匠精神”的内涵与时代意义有进一步的了解，也可以提升学生创意表达的能力。

### 活动方案二：搜集“工匠”故事，表演课堂剧

通过分享故事，把课堂延伸到课外，使学生深化对“工匠精神”的时代意义的认识。

### 活动方案三：访问劳模活动

组织学生采访当地劳模，了解劳模故事，增强敬业、诚信、奉献等职业道德意识。

第三编

# 文言文

# 导语——以“文”带“言”，依“言”悟“文”

古代的书面语作品包括文言文和古代白话文，文言文是以“文言”这种古代书面语写成的文章，“包括先秦时期的作品，以及后世历代文人模仿先秦书面语写成的作品”①。除了古代诗、词、曲、小说之外，散体文、赋与骈文等都是文言文。语文教材文言文选文多是古代散体文。在古代，相对于白话而言，文言才是具有正宗地位的书面语言，特别是唐宋时期，文言与白话分轨，人们须经专门学习训练，才能掌握文言这种特殊的语言系统。中国古代官方文献和正统文学都是使用文言，白话则不登大雅之堂，基本上只被通俗文学作者使用，如汉魏乐府民歌、唐代变文、宋元话本、明清小说等。直到二十世纪初的“五四白话文运动”之后，白话文才取代文言文获得合法的地位，成为文学之正宗。

百年前的“文白之争”已经尘埃落定，时过境迁，如今轮到文言文为能在语文教育中争取一席之地而发声了，“现在的学生有没有必要学习文言文”的质疑声从未断过。“五四”时期的鲁迅曾断言“古文已死”，并大力提倡用白话文取代文言文，但鲁迅文章里的文言气息不少，“其得力于文言文处多多。今日读来也就是新知旧雨了，叫人起一种特别的挂念”②。鲁迅反对的正是他拥有的文言功底，深厚的国学底子成就了鲁迅文章的伟大。学者唐德刚谈到，文言文保留的十九世纪以前人类社会的文明，超过了世界上其他所有文字保留的总和。语文教育名家刘国正也谈到，“我国几千年的文献资料，绝大多数是用文言记录下来的，拍案叫绝的文学作品（包括艺术性很强的论文）也大都是用文言文或接近文言的古白话写的。学习文言文，如同交给学生一把打开我国历史宝库的金钥匙……自然，中学阶段只是打基础，但是没有这个基础大不一样”③。作为华夏子孙，要了解祖先给人们留下的这份丰厚的文化遗产，是很有必要学习文言文的，一个拒绝接受优秀传统文化熏陶的人不是完全意义的现代人。

而且，古汉语与现代汉语，从来不是分道扬镳的“非我族类”，而是有血缘关系的兄弟，语文教育学家吕叔湘先生以晚唐五代为界，将汉语分为古代汉语（文言）和近代汉语（白话）两个阶段。又有学者在此基础上进行细分：晚唐五代以前的古代汉语（文言）、晚唐五代至“五四”（也有学者认为下限是清初）的近代汉语（古白

---

① 王荣生，童志斌．文言文阅读教学设计［J］．语文教学通讯，2012（29）：29-36.

② 伍立杨．故纸边上的圈点［M］．成都：四川文艺出版社，2021：167.

③ 任彦钧，刘远．教师·编辑·作家［M］．南宁：广西教育出版社，2020：114.

话）、“五四”至今的现代汉语（现代白话）。古白话作为中介，往往具有文白交杂的特点，现代汉语以古白话为基础，自然保留了大量的文言用法。比如“中国队大败西班牙队”和“中国队大胜西班牙队”，谓词“败”和“胜”明明是反义词，为什么都是说“中国队胜利了”？要解释清楚，必须要有点文言常识，第一句中的谓词“败”是文言的使动用法，“败西班牙队”是“使西班牙队失败”，自然是中国队胜了，而第二句是现代汉语中的“施事+动词+受事”的用法，意思简单明了，就不用解释了。现代汉语中既有“阳春白雪”式的“文言成分”，也包含“下里巴人”式的“口语白话”成分。朱光潜先生说：“白话也还是从文言变来的，文言与白话并非两种截然不同的语文……如果我们硬是要把文言奉为天尊，白话看成大逆不道，那就无异于替母亲立贞节牌坊，斥她的儿子为私生子，不让他上家谱。[①]”反过来理解，放弃文言文的学习是不是大逆不道、弃祖忘宗呢？另外，学习文言文对写作也大有裨益，语文教育家刘国正认为，“学习一些古代汉语，非但不会阻碍学习现代汉语，反而是学习中必不可少的，可以丰富词汇，活跃语言的运用方式，可以使语言简单而富于表现力。而且运用现代汉语，适当引用古语（名言、警句、成语、诗句等）可以增加文章的华彩，更能打动读者”[②]。学生多读一些文言文，多读一些古书，对他们提升白话文的读写能力大有好处。相反，如果天天读白话文，他们的笔下就不免有些枯竭。

既然学生有必要学习文言文，那么下一个问题就是如何让学生接受文言文？很多学生谈文言文色变，一是因为文言文很难懂，毕竟有时空差距，二是因为文言文课寡淡无味，学生感受不到文言文的魅力。第二个原因可能是最根本的，如果文言文课如同甜醇的美酒散发出醇厚的香味，谁不愿意主动去抿一口呢？

有教师总结目前文言文教学的有两种情形：一是“言”霸权，受考试功利心支配，片面追求字词句的孤立训练，只讲授文章的字词句的翻译，稍微涉及文章内容，不加深究，更不要说挖掘文本的文学价值和文化意蕴了，课堂气氛沉闷，使文言文教学“死于章句”；二是“文”霸权，几乎不讲字词句，只是通过反复诵读对文章的内容进行文学性赏析，片面追求人文素养的拓展延伸，实际上对文章的内容一知半解，使文言文教学“毁于清逸”，这样的课程也带有“非语文化”倾向，很容易上成了思想政治课。

朱小健老师认为文言文教学的要点可以用“古”“汉”“语”三个字来代表。“古”是要注意文言文的时代性特征，把握文言文与现代汉语的差别；“汉”是要注意文言文的民族性特征，比如文言文的特殊修辞手法，它对汉语词汇构成的影响等；“语”是要用现代语言科学理论指导文言文的学习，不能像古人那样通过死记硬背来学

① 朱光潜. 朱光潜谈文学［M］. 西安：陕西师范大学出版总社，2019：86.

② 任彦钧，刘远. 教师·编辑·作家［M］. 南宁：广西教育出版社，2020：114.

习[①]。他从教学内容与学习方法方面谈到文言文的教学。王荣生教授提出文言文教学要把握文言文的“文言”“文章”“文学”和“文化”四个方面，它们一体四面，相辅相成[②]。归纳起来看，文言文教学始终要处理好文言、文学与文化之间的关系。

首先谈“言”的教学。“言”指文言知识，包括字、词、句的理解。比如不常见的字、通假字、一词多义现象、古今异义现象、词类活用现象以及文言虚词，判断句、省略句、倒装句等文言句式。文言是以先秦汉语为基础形成的一种书面语，唐宋之后，文言与白话完全脱轨，文言成了供贵族和读书人使用的书面语言，口语则在老百姓之中传播，普通老百姓根本看不懂文言文，不会写文言文的人被称为“引车卖浆者之流”。现代汉语是以古代白话为基础演变而来，它与文言有很大的差异，文言有一套严格的词汇、语法系统。语文教育学家吕叔湘在《语言的演变》中谈到，假如朱熹闯入孔子的学堂，他可能一句也听不懂孔子他们在讲什么。因为语言在变化，后世的人听不懂古人的话是很正常的，更何况学生面对的是时代久远的文言。20世纪50年代，朱自清、叶圣陶和吕叔湘三人在《开明文言读本》的“编辑例言”谈到，“我们学习文言的时候应该多少采取一点学习外国语的态度和方法，一切从根本上做起，处处注意它跟现代口语的同异”[③]。文言文与现代生活距离较远，很多词语的意义、用法都发生了变化，一些特殊句式也需要学生重点记忆，首先保证学生掌握字、词、句的翻译，积累文言文翻译知识和技巧，培养学生古文语感和自主阅读课外文言的能力，这是刚性任务。文言文晦涩难懂，只有解决“言”这堵墙，才能缩短学生与文言文之间的距离，这是让学生接受文言文的前提条件。

再谈“文”的教学。“文”是指负载在文章内容上的文学价值、文化意蕴。先说文学价值，实际上，语文教材中的文言文选文，既有大量山水游记、寓言、传记等有很强文学性的散文，也有书信、奏议、诏令、碑记、序跋、赠序等偏于实用和论述的文章。如果按照现代文体划分，这些文章涵盖文学性散文、论述类文体、实用类文体，因此，从文体看，文言文是一个“杂货铺”，什么货色都有。郁达夫说，自古以来，提到文章，就指散文，所以古代散文概念太大了。广州大学教授陈剑晖认为“界定何为古代散文，在我看来不能持论过严，而应根据现代散文的文体规范和文体特征，同时顾及产生古代散文的特定历史语境，只要有一定的文学性，即‘事出于沉思，义归乎翰藻’或‘吟咏风谣，流连哀思’，就可以视其为散文。否则，我们就不能正确认识中国古代散文的文体特征”[④]。所以没有必要纠结古代散文这个文体概念，它的文学性是不容置疑的。北京教育学院张学君老师根据知识分子所处的社会环境，

---

① 朱小健．关于如何实施中学文言文教学的思考［J］．中学语文教学，2005（10）：59-62.

② 王荣生，童志斌．文言文阅读教学设计［J］．语文教学通讯，2012（29）：29-36.

③ 顾黄初，李杏保．二十世纪前期中国语文教育论集［M］．成都：四川教育出版社，1991：949.

④ 陈剑晖．散文文化与中华民族精神［M］．广州：广东人民出版社，2019：205-206.

把古代散文分为三种：诸子之文（先秦）、士大夫之文（封建社会）和才子之文（明清至五四）[①]。先秦的诸子之文旨在说理，宽容的社会环境造就诸子独立的人格，深刻的思想使诸子散文成为无法超越的经典，理性带来的“理趣”“智趣”也是一种审美。封建社会时期的士大夫之文，其思想境界无法与诸子之文相提并论，但在文笔上显得成熟进步，具有较高的文学价值，比如韩愈的《师说》，文章批判当时社会上耻于从师的不良风气，极富思想锋芒，而且写作技巧很高，正反论证，文势滔滔，文句错杂多变，如长江大河，浑浩流转，在当时引起极大的反响。明清是中国社会现代转型期，才子之文指的是明清“小品”，形式自由，篇幅短小，不同于士大夫载道之文那般刻板严肃，“小品”内容多是作者个人的生活见闻、审美趣味与内在情感，是充满个人情趣的才情之作。不论是诸子之文的理趣，士大夫之文的文道合一，才子之文的个人才情，都体现文言文的文学性，具有极高的审美价值。

再说文化内涵。文言文教学最重要的目标是使学生了解并继承先人的思想精华，把握先人所言之志，所载之道。经典文言文背后站立的是几千年文化的精髓，它的灵妙之处在于它是中国人内心的东西。选入教材的文言文都是文质兼美的范文，它们传达的是中国古代先贤的情意与思想。比如《劝学》是论述类文本，采用比喻论证，体现了汉族偏于感性的思维方式。又比如司马迁代表中华民族反抗压迫、追求理想、百折不挠的民族精神，学生读了他的文章，了解他的为人，可以铸造他们刚强如铁的灵魂。文言文教学的落点是文化的传承与反思[②]。

目前的文言文教学要解决的是“文”霸权与“言”霸权的问题，探讨如何将“文”“言”融合起来，教学中共同兼顾，以求达到最好的教学效果。显然，传统文言文教学的八字真经“字字落实，句句清楚”是不合时宜的，教师把一字一句嚼烂了喂给学生，肢解课文到“碎尸万段”的地步，这不是真正的文言文教学，所有的名文佳作都成了按照语法规则组合起的实词虚词而已。另一个极端是脱离语言的层面去追求文学、文化，这也不是真正的文言文教学，文学性分析应建立在对文言知识的理解基础上。

如何处理两者的关系？文言文教学中的“文”与“言”不能如同两张皮截然分开，而是应该融合起来，不能将字、词从具体的篇、章中找出来进行孤立的解释，阅读文言文必须在篇、章中理解句意，在句子中识别词义。钱钟书先生谈到，“乾嘉‘朴学’教人，必知字之诂，而后识句之意，识句之意，而后通全篇之，进而窥全书之指……复须解全篇之义乃至全书之指（‘志’），庶得以定某句之意（‘词’），解全句之意，庶得以定某字之诂（‘文’）”[③]。文字的背后是文化，文字的背后是立着的作者，要通

① 张学君．语文指津［M］．北京：华文出版社，2016：121.

② 王荣生，童志斌．文言文阅读教学设计［J］．语文教学通讯，2012（29）：29-36.

③ 钱钟书．管锥篇［M］．北京：中华书局，1979：168.

过文字来领悟文章深层的文化内涵。

“文”与“言”犹如鸟之双翼、车之两轮，互为依傍，相得益彰。文言文教学要做到“文”“言”相融、以文帅言。文言，首先是“文”，宜以“文”带动“言”，教师没有必要逐字逐句地串讲文言知识，而是要在文章紧要处尽情发挥，酣畅淋漓，其他地方让学生自己感知领悟，使课堂疏密有致。王荣生教授认为文言文阅读的要点集中体现在“章法考究处，炼字炼句处”的“所言之志，所载之道”[①]。学习文言文，要注意研习谋篇布局的章法、体会炼字炼句的艺术，这是文本语言的表层，但往往是作者言志载道的关节点、精髓处，所谓“文道合一”。文言文教学的关键在于找到文言文的“章法考究处，炼字炼句处”这样的关键点，引导学生透过语言的表层把握作者的“所言之志，所载之道”。只有那些有足够专业素养的教师才能发掘出这些关键点。

① 王荣生，童志斌．文言文阅读教学设计［J］．语文教学通讯，2012（29）：29-36.

# 《子路、曾晳、冉有、公西华侍坐》：走近儒家思想

孔子（前551—前479），名丘，字仲尼，春秋末期鲁国人。儒家学派的创始人，曾任鲁国司寇。《论语》是孔子弟子及再传弟子记录孔子言行的著作，儒家重要的经典之一。《子路、曾晳、冉有、公西华侍坐》是《论语》中较长的一个片段，以语录体形式记录了孔子和子路、曾晳、冉有、公西华等四个弟子“言志”的过程，生动再现了课堂上师生互动时的精彩对话。本篇与《论语》的其他篇章不同，超出了单纯记言的框架而带有记事的性质，通过对话刻画人物各自的性格特点，使用短句过渡，有一定的故事情节。全篇以“言志”为中心组织材料，思路清晰，极有层次。

## 课例综述

梳理近年公开发表或网站发布的相关课例发现，当前关于本课的教学基本围绕主题分析、语言分析、结构分析、课堂魅力四个方面展开，归纳如下。

### 1．主题分析

了解儒家思想和孔子的礼乐治国思想，学习文中人物“以天下为己任”的责任与担当精神，培养学生的使命感和社会责任感，达到立德树人的目的。

### 2．语言分析

这篇课文的语言简洁、凝练，能够恰切地表现人物的动作、神态和精神气质。品味孔子和四位弟子的语言描写，分析人物性格、人物志向，大多数课例重点分析了文中特别的学生——曾晳的志向。例如，写曾晳听到老师的提问后，“铿尔”“舍瑟而作”。仅仅数字，曾晳从容有礼的精神气质便跃然纸上。再如写孔子听到曾晳的志向后，竟然情不自禁地赞叹道：“吾与点也！”寥寥几个字勾勒出了孔子亦师亦友的形象。为强化学生对本篇课文语言的感知，教师通常采用朗读教学法，指导学生通过朗读品味不同人物的志向和性格。

### 3．结构分析

在读懂课文内容后，将全文分为三个部分，即孔子问志、弟子言志、孔子评志，主线清晰，结构完整。

**4．课堂魅力**

孔子的课堂氛围是宽松和谐、民主平等的，教师注重循循善诱，因材施教，“授人以渔”，鼓励学生积极发言，尊重学生个性。

## 教例展示

### 教例一：主题分析

大多数课例集中在孔子的礼乐治国思想上。如刘飞老师引导学生了解儒家的政治追求与精神境界。廖瑾老师则是鼓励学生纵使“求志”道路上遭遇挫折，也不应失本心和放弃梦想。杨勇老师认为大多数学生只看到了四个人志向的差异，却没发现他们的共性，其主题教学是引导学生感受孔子及弟子们“以天下为己任”的责任与担当精神。王晓薇老师旁征博引，举《论语》中另一则谈论人生志向的语录《论语·公冶长》的例子，帮助学生进一步体会孔子的志向及治国思想。

（参考文献：刘飞．指向核心素养的“一致性”语文教学——以《子路、曾皙、冉有、公西华侍坐》设计为例［J］．读写月报，2017（06）：27−33．

廖瑾．品读儒者之志——《子路、曾皙、冉有、公西华侍坐》教学设计［J］．中学语文教学参考，2021（25）：34−36．

杨勇．《子路、曾皙、冉有、公西华侍坐》教学设计［J］．学语文，2022（05）：27−29．

王晓薇．旁征博引促深思，随堂练笔有升华——《子路、曾皙、冉有、公西华侍坐》教学设计［J］．试题与研究，2021（05）：56−57．）

### 教例二：点评孔子课堂

教学中设置“为课堂实录点评”环节，请学生化身为评课专家，给孔子的课堂进行点评，趣味生动。

**教学镜头**

**师**　孔老师给四位弟子上课，我和大家相当于蹭课的，坐在一旁听一节春秋时期的名师示范课。想象一下，如果你身临其境，看到孔老师的讲课风采，看到弟子们发言的情状，会有何观感？请加以点评。（学生思考、交流。）

**生**　孔老师把自己的教育思想巧妙地传授给弟子们，而弟子们很聪慧，很有灵气，对老师的心理期待心领神会，一个比一个谦让。

生　曾皙同学在其他同学发言的时候弹琴，但对他们的发言竟然都很了解，说明他是在认真听讲的。可贵的是，孔老师一直没有制止他弹琴，这说明孔老师上课是很民主的，是尊重学生个性的。

师　曾皙就像我们班上某位同学，在语文课上有时做数学作业，而李老师故意装作看不到。（众大笑。）

生　孔老师善于引导学生发言，他说不要以为他年纪大就不好意思发言，这就缓解了学生的紧张心理，这才有了子路立即站起来抢答问题的可爱场景。按座位序号，第二个发言的应该是曾皙——这从题目可以看出来；但孔老师大概觉察出曾皙在玩琴，暂时还不想发言，于是就跳过了他，先向冉有和公西华问志，一直到最后才问他。这说明孔老师富有教育智慧，懂得学生心理，能够循循善诱。这就是启发式教学。

师　从刚才大家的点评中可以看出，大家很佩服孔老师。是的，孔子就是这样一位伟大的教育家，他不仅是经师，更是人师。（投影“伟大的教育家——经师、人师”。）经师是教学生读经的，让学生将来获取功名、找到职业；而人师是教学生做人的，使他们懂得礼乐文化，处处合礼，时时有礼。

（参考文献：李仁甫. 最早的课堂实录，深藏的礼乐文化——《子路、曾皙、冉有、公西华侍坐》教学［J］. 语文教学通讯，2023（01）：28-33.）

## 教学建议

《子路、曾皙、冉有、公西华侍坐》是《论语》中文学性较强的一章，目前已出版的中职语文国家规划教材中，只有高教社中职语文教材基础模块上册中收录了此文。这篇课文也是《福建省中等职业学校学业水平考试语文大纲》（以下简称《考纲》）中的重点篇目。《考纲》关于文言文的考核点如下：

| 内容类别 | 能力要求① | 考试考点与要求 |
| --- | --- | --- |
| 阅读与欣赏（文言文阅读） | A | 准确判断文言诗文句读。 |
| | B | 掌握常见文言实词的含义（包括通假字、古今异义、一词多义、词类活用等用法）。 |
| | B | 了解常见文言虚词（“之”“而”“于”“为”“以”“其”）的含义和用法。 |
| | C | 辨析常见文言句式（包括判断句、被动句、省略句、倒装句）。 |
| | B | 能够根据语境翻译文言文篇目中的句子。 |

① 根据中等职业学校培养目标对学生语文素养的要求，学业水平考试将考查学生识记［A］、理解［B］、分析综合［C］、评价［D］和表达应用［E］五种能力。

这篇课文出现在2022年福建省中职语文学考等级试卷中，共4题，10分。分别考核通假字、词类活用、重要词语意思和句子翻译。考题根据《考纲》要求编写，侧重文言知识积累，属于基础题。

当前教学发现，这篇课文因为年代久远，表达习惯跟今天有很大不同，文中较多的倒装句（状语后置、宾语前置）、古今异义（“因”“师”“方”“如”“居”等字）、一词多义（“以”“如”“言”等字）、词类活用（“端章甫”“风乎舞雩”“赤也为之小，孰能为之大”等）等文言知识，教学中梳理字面意思和句子翻译占用大量时间，这个过程通常较为枯燥，很难调动学生兴趣，加上学生文言文基础普遍薄弱，对文言文学习信心不足，积极性不够，因此出现学生畏学厌学，教师愁教难教的局面。而文言知识的讲授，读懂内容是最基础的环节，读懂字面意思才能为结构梳理、人物分析、主题理解打下基础。所以，如何在文言知识讲解中调动学生的学习积极性，打消对文言文的畏难情绪，帮助学生树立信心非常重要。

## 一、趣味导入、激发学习兴趣

学生对《论语》这本书有一定的了解，教学中可通过“你都知道哪些孔子及《论语》有关的知识”导入，通过小组竞赛、幸运大转盘抽奖问答等方式激发学生参与活动，回顾已学知识点，为本篇课文学习预热。随后教师展示本篇课文有关的图片，请学生猜猜图中人物分别是谁，组织小组讨论。小组代表总结发言，教师通过这个环节了解学生课前预习情况，为后续教学作好准备。

## 二、梳理字句，读懂课文内容

在梳理字句中，对于教学难点，如宾语前置、状语后置、词类活用等，教师要花较多时间讲解，很多学生的文言语法很是薄弱，甚至为零，例如分不清楚主谓宾状（语）。教师应耐心地、由浅入深地讲解，从词性（什么是名词、动词、形容词、副词）、最简单的主谓宾句子结构讲解，慢慢过渡到词类活用、宾语前置、状语后置，帮助学生了解古人的写作方式，积累文言基础。对于文中的通假字、一词多义字要进行梳理和总结。文中较难理解的句子多是省略句，如“以吾一日长乎尔，毋吾以也”“安见方六七十如五六十而非邦也者”“宗庙会同，非诸侯而何”等，可通过补充省略内容的方式帮助学生理解。

讲解过程中为更好激发学生积极性，教师可通过一系列问题组织教学。

问题1：孔子在授课前先鼓励学生“你们不要因为我比你们年长”就不说了，这是为什么？孔子究竟要问的是什么特殊问题？

问题2：如果问你孔子的这个问题，你会怎么回答？

问题3：子路第一个站起来回答，看来子路对这个问题已经思考很久，假设你是子路的同学，你怎么评价他的回答？孔子“哂”的背后意思是什么？

问题4：四个弟子中只有子路是不请自答，其他三个弟子都是老师点名才回答，这是为什么？

问题5：冉有、公西华的志向和子路有何不同？

问题6：曾皙上课弹琴是否不认真听课？他这一行为是否不尊重老师？

## 三、分析形象，感受孔子课堂

在梳理文字意思的基础上，教师再次出示课堂导入环节的图片，请学生结合对文中人物的了解再次确认图片中的人物身份并说明理由，教师补充四弟子年龄相关资料，请学生完成人物性格分析表格。

| 人物 | 述志 | 性格 | 描写方法 |
| --- | --- | --- | --- |
| 子路　51岁 | | | |
| 冉有　36岁 | | | |
| 公西华　18岁 | | | |
| 曾皙　39岁 | | | |

学生通过完成图表内容实现了三个目标：①再次梳理课文内容。②明确人物特点和描写方法。③加深对人物形象的理解。文中着墨最多的是曾皙，曾皙一边弹琴还能同时认真听课，甚至捕捉到老师“哂之”的微表情，可谓一心二用的“学霸”，并且他有问题及时请教老师，当老师以“亦各言其志也已矣”为理由不愿对弟子志向进行点评时，曾皙没有放弃，而是聪明地改变提问角度，最终得到想要的答案。教学中可引导学生揣摩曾皙的谈话艺术，分析两种问法的不同，探究孔子为何不愿意回答“夫三子者之言何如”的问题，却对“夫子何哂由也”的问题侃侃而谈。

文中四个弟子的“述志”围绕孔子的“问志”展开，教学中可引导学生根据孔子的语言描写分析孔子的授课风格。孔子称呼弟子的“名”而非“字”，可以看出孔子的亲切、和蔼可亲。孔子在与弟子交流中多次使用“也”“也已矣”等语气词，体现他说话语气温和，善于启发。曾皙课堂“鼓瑟”也从侧面反映了孔子的包容和随和。

作为语录体，本文通过语言描写塑造人物性格，教学中可组织学生分角色诵读课文内容，要求学生读出不同人物的性格特征，如子路的自信直率、冉有和公西华的谦逊谨慎、曾皙的从容洒脱以及孔子的循循善诱。在诵读中强化文言语感，深入理解人物。

## 四、围绕主题，走近儒家思想

本文结构清晰，以“言志”为主线，分别是孔子问志——弟子言志——孔子评志。全文再现了孔子和弟子们一起畅谈理想的情景，以小见大，可以触摸到儒家的社会理想、处世观念、为政之道等，思想内涵极其丰富，值得细细品味。

子路的志向，“千乘之国，摄乎大国之间，加之以师旅，因之以饥馑”。对于既有内忧又有外患的国家，子路认为当以勇治国，可见其对军事的看重和强兵治国的政治抱负。子路的强兵治国观念，放到今天来看，颇有军事强国之意。子路对于民众的教化，除了“有勇”，还提出了“知方”的目标。百姓除了具备勇武精神，还需明白道义，并非莽夫之辈。要使国家强盛、民众一心，需联结“有勇”和“知方”，以君子之勇教化民众，才能真正实现强兵治国理想。

冉有的治国理念是以富治国，对于纵横五六十里或者六七十里的小国，要“足民”，这是经济富国之意。在“足民”之外，不忘提到礼乐教化。“如其礼乐，以俟君子”，这是冉有的谦辞，可见其富民理想离不开教化。百姓富足，知礼懂乐，社会和谐，这才是儒家推崇的理想社会。富民，是“藏富于民”，使百姓的口袋富足起来，同时也要使精神富足起来。公西华“端章甫，愿为小相焉”，也是主张礼治。

与上述三人不同，曾皙的回答看似非为政之志，却描述了一幅春日畅游图，“浴乎沂，风乎舞雩，咏而归”。“舞雩”是古代求雨时举行的伴有乐舞的祭祀仪式，在文中指的是舞雩台，求雨之坛。“浴乎沂”，为的是去污垢；“春服既成”，是春季以供郊庙祭祀用的祭服；“冠者”“童子”，皆与祭祀之礼有关。由此可见，曾皙所描绘的沂水春风，看似悠闲自得，实则是文修武偃的理想生活，孔子听后“喟然而叹”，发出了“吾与点也”的感慨。

再细品曾皙的描述，在这一幅沂水春风图中，除了礼乐的要素，更有人与自然、人与人之间、人与社会之间的和谐之美。①人与自然的和谐。暮春三月，天气回暖，沂水解冻，春风和煦，万物生长。五六人冠者，六七人童子，偕同出游，沐浴、吹风、歌唱。②人与人的和谐。在曾皙的描述中，提到了两类人：少年人和成年人。暮春时节，这两类不同年龄阶层的人不分彼此，一起“浴乎沂，风乎舞雩”，甚至是兴致盎然“咏而归”，人与人之间关系和睦又美好。③人与社会的和谐。人民怡然自得的背后是社会的稳定。孔子“与点”，不仅仅是赞赏曾皙的乐道，更是从这幅画卷中看到了自己礼治的愿景，是对太平盛世的向往。

弟子们述志后，孔子的评价不尽相同。子路率尔而对，夫子哂之。“哂”并非嘲笑，而是对“其言不让”的不赞同，孔子对子路才能是认可的，他曾评价子路：“由也，千乘之国，可使治其赋也。”（《论语·公冶长》）“让”是“礼”的一部分。“为国以礼”，为政者自身必须具备“礼”的修养，这也是儒家对自身道德规范的严格要求。子路率性而为忽略了谦让。孔子认为公西华过于谦逊了，评价他“赤也为之小，孰能为之大”。

从五人述志，可以看到儒家的礼乐观，以礼乐教化民众，使民众外有制度规范，内有道德礼义；可以看到儒家的修身观，君子要敢于承担，谦逊礼让，又要不卑不亢；可以看到儒家的治国之道涉及物质、制度、军事、文明多层次；也可以看到儒家的处世态度和实践精神。最重要的是，看到了先哲们在千年前不断追寻真理，探寻建设理想社会的道路，从强兵、富民、文明、和谐多角度地探索和实践，为后人留下了宝贵的思想文化财富。

## 综合实践活动设计

### 活动方案一：课本剧表演

挑选五位学生扮演文中的孔子和弟子上课情景，要求神态、语言、动作符合文中人物特征。其他同学组成评委团，为演员的表现打分，评选最佳演员。

### 活动方案二：绘制人物画像

为文中人物画像，检验学生对人物形象的理解，深化人物形象认知。

### 活动方案三：了解孔子其他弟子

诵读《论语》，选取1～2位孔子弟子，借助资料分析人物形象，制作手抄报或电子小报，要求图文并茂。

# 《劝学》：注重文言文的文化传承

朗诵视频

荀子（约前313—前238），名况，时人尊号为“卿”，故又称荀卿，汉代避宣帝讳改称孙卿，战国末期赵国人，继承儒学并有所发展，吸收百家之长，在儒学中自成一派。《荀子》一书共20卷，32篇，《劝学》是《荀子》的首篇，是一篇说理性的散文，较系统地论述了学习的目的、意义、态度和方法。本文节选了其中的着重论述学习的重要意义和学习应持有的态度的部分（共800多字）。

## 课例综述

大多数教师认为《劝学》是一篇逻辑严密的议论文，因此按照议论文的教学模式实施教学，即“找论点—理结构—析论据”。从搜集的课例看，目前一线教师的主要教学内容如下。

**1．中心论点**

引导学生找出第1段的中心论点：“学不可以已”，但没有对中心论点进行深入阐发，实际上，可以结合荀子思想深化对中心论点的理解进行深入分析。荀子将人分为三个层次：普通人、君子、圣人，强调学习可以使人成为君子，这与儒家的劝学传统相承，也与当下社会提倡的“终身学习”观念相合。

**2．文章结构**

引导学生梳理文章大致结构：全文共4段，第1段，提出中心论点：学不可以已。第2段，提出分论点：学习的意义。第3段，提出分论点：学习的作用。第4段，提出分论点：学习的方法与态度。很多教师不再分析文段内部的逻辑结构，实际上，《劝学》的论证体系极为严密，从论证结构上看，荀子采用总分总和分总相结合的方式，即在对大论点的阐释上，先提出论点，再从几个方面展开论证；而在对小论点的阐释上，则先列举材料，再一层一层不断地归纳观点。教师可以在文章结构特点上进一步引导，让学生体会说理性文章逻辑的严密性。

3．论证方法

这是教学的重难点。很多教师以提问的方式让学生找出论点和论据，并未对论点和论据之间内在逻辑层次进行深入分析，这样很难真正提升学生的思维能力。

第2段是如何论证学习的意义的？学生较易发现文章用了五个比喻，论证了学习的意义在提高自己，改变自己。但这五个比喻的逻辑层次是怎样的？分为三层。首先，“青取之于蓝”“冰寒于水”说明学习可以提高自己；再者，輮轮之功说明学习改变自己；第三，“木受绳”“金就砺”说明学习可以使人增长智慧，提高品德修养。

第3段是如何论证学习的作用的？文章用了五个比喻，论证了学习能够弥补不足。理解逻辑层次：先通过学思对比、跂望与登高对比，说明学习利用外物的作用；再通过假舆马和假舟楫两个例子说明利用工具的重要性；最后得出结论：君子本性与普通人无异，他们只是善于利用外界条件弥补自身的不足，站在伟人的肩膀上前行，所以站得高看得远。

第4段是如何论证学习的方法与态度的？文章用了十个比喻论证学习要逐步积累，要坚持不懈，要专心致志。也可以分三层，首先用积土、积水和跬步、小流两组比喻，从正反两面强调学习要积累；接着用骐骥、驽马和朽木、金石两组对比，从正反两面论证学习要坚持；最后通过蚓和蟹的对比，从正反两面论证学习要专心。

## 教例展示

### 教例一：结合荀子的思想，把握中心论点

教师引入荀子思想，知人论世，从文化层面理解荀子提出的学习的意义。

#### 教学设计片段

1．知人论世

介绍荀子的生平，概括荀子的论点。

| 中文名 | 荀况（字“卿”） | 职业 | 思想家、文学家、政治家 |
| --- | --- | --- | --- |
| 别名 | 荀子、荀卿、孙卿 | 信仰 | 儒学 |
| 出生地 | 赵国猗氏（今山西运城临猗县，一说河北邯郸人） | 主要成就 | 儒家代表人物，辞赋之祖 |
| 民族 | 华夏族（汉族） | 代表作品 | 《荀子》 |
| 国籍 | 战国时期赵国 | 地位 | 后圣 |
| 出生日期 | 公元前313年 | 著名弟子 | 李斯、韩非 |
| 逝世日期 | 公元前238年 | | |

孔子中心思想为“仁”，孟子中心思想为“义”，荀子继二人后提出“礼”“法”，重视社会上人们的行为规范，提倡“所积而致的成圣之道”。荀子认为在天生的性情方面，圣人与普通人没有什么不同，都是只有经过后天的努力，才能够成就自己。

圣人与一般人，君子与小人，在先天本性上的差别被取消了。但是荀子立论的意图并不在于从根本上废弃这种差别，反而要从后天努力的角度凸显这种差别。凸显只有通过后天努力才能造就君子、圣人，是在强调精神气质、文化教养上的贵族性。荀子讲成圣，又希望借圣人的教化，使得社会大众得以转变性情，以至于善。

备注：在学生已经背诵完整篇文章的基础上，回到第一段思考：谁提出的“学不可以已”？引出荀子，介绍荀子的个人资料（紧扣核心“普通人——君子——圣人”的过程，来选择荀子的个人资料），并指出其将人分为“普通人、君子、圣人”三种类型。

**2．找出每段中所隐藏的关于“君子”的特点**

（1）第一段：君子曰：学不可以已。

（2）第二段：君子博学而日参省乎己，则知明而行无过矣。

（3）第三段：君子生非异也，善假于物也。

（4）第四段：积善成德，而神明自得，圣心备焉。

总结：①找出显线：君子提出观点（第一段）——君子自身的做法（第二、三段）——具备圣心（第四段，走向圣人的标准）

学习　　学习

②寻找隐线：普通人——君子——圣人

（参考文献：徐婷.《劝学》教学设计［J］. 现代语文（教学研究版），2014（11）：68-72.）

## 教例二：把握论证结构，理解比喻论证方法

探究第二段，分析“青出于蓝”“冰寒于水”两个比喻与中心论点的关系，理解比喻论证方法的运用。

## 教学设计片段

师生共同探究第二段。提问：“青出于蓝”“冰寒于水”两个比喻是怎样论证中心论点的？（这是本课的难点所在，应该着力探究）

明确：“青”“蓝”与“冰”“水”都是喻体，且每句喻体之间有一种特殊关系，关键是找出本体。“青”与“冰”的本体都是指学习之后的知识状态或水平，“蓝”与“水”的本体都是指学习之前的知识状态或水平，意在强调人经过学习就可以使知识水平得到提高。“青于蓝”是萃取，是提纯；“寒于水”是改变形态、状态，即从无形到有形。二者都是强调学习这种后天行为可以改变固有、天生的属性。把“青，取之于蓝，而青于蓝”理解为“青出于蓝而胜于蓝”是错误的。后者作为成语是从前者脱胎而出的，意为学生是跟老师学习的，但超过了老师。这种理解主体不一致，违背荀子的原意。这样理解，“冰，水为之”一句就没有对应了。

提问：“輮”与学习有什么相似点？

明确：“木直中绳，輮以为轮，其曲中规”设喻，表面上是说“直木”——非器。“直木”变成“中规”的车轮——成器，这种成器的过程在于“輮”——用火烤使之弯曲，隐含的论断是无学之人经过后天的学习，可以成为有学之人。“木”经过“輮”这种加工工艺，与人的学习——也就是后天加工上有相似点。“虽有槁暴”一句进一步阐明获得了本质改变以后，很难回到无学、无用的原始状态。这都是为了阐明后天学习对人有重要的意义。

提问：“木受绳则直”一句比喻论证的重点是什么？

明确：“木受绳则直，金就砺则利”是说“不直”的“木”经过墨绳的取直然后经过加工就会像墨绳画的那样直了（即成材了），金属制成（没有开刃）的刀剑在砺石上磨砺就会变得比没开刃时锋利。同样的道理，人只有经过“博学而日参省”才能增长知识，培养品德，锻炼才干，成为一个有道德有学问的人。“木受绳则直，金就砺则利”两个加一起是比喻的喻体，“君子博学而日参省乎己，则知明而行无过”是这个比喻的本体，两层之间构成一个结构复杂的比喻。（板书）

喻体，即直观的生活现象：

木受绳则直（成材）

金就砺则利（成器）

本体，即抽象的道理：

君子博学而日参省乎己则知明而行无过（成人）

其相似点为：

前提：“木”“金”有似于“君子”，“受绳”“就砺”有似于“博学而日参省乎己”；

结果：“直”“利”有似于“知明而行无过”。

这个复杂的比喻是围绕“博学而日参省”可以改变人的品性来进行论证的。“博学”侧重孔子说的“学”，“日参省”侧重孔子说的“思”。

荀子认为人的知识、道德、才能都不是先天生成的，而是后天不断学习改造才获得的。“木”要改造为“中规”的轮，要用“鞣”；金要“利”，就得“就砺”；人要改造成为“知明而行无过”的君子，就要“博学而日参省乎己”。可见，学习多么重要，所以“学不可以已”。

（参考文献：张玉新．晓其意·析其法·明其理——《劝学》教学设计［J］．中学语文教学，2012（03）：54-57.）

## 教学建议

《劝学》作为议论说理的经典之作，说理性极强，但语言清新、脍炙人口，关键在于全文以喻代议、内容生动、寓意丰富。教材节选了其中三段，荀子否定了“生而知之”的天才，强调后天学习的重要性；总结了“善假于物”的学习方法，揭示了循序渐进、不断积累的学习规律；提倡坚持不懈、专心致志的学习态度。《劝学》是我国教育思想的优秀遗产，在教学时，教师不仅要关注其说理性，也要注重其文学、文化层面的审美价值。

目前，许多一线教师把议论性文言文看作现代议论文，围绕议论文三要素开展教学，忽视了古代论述文的特殊性，也忽视了文言文的文学、文化审美价值，对此，提供以下建议。

### 一、扫除文字障碍，培养文言自学能力

要求学生课前借助工具书和书本注释扫除文字障碍，并反复诵读课文，最好能背下来。很多教师讲文言文喜欢逐字逐句地串讲，耗费大量时间，学生听起来也枯燥乏味，昏昏欲睡，教师吃力不讨好。实际上，不必搞烦琐的字词解释和文句解释，每篇文言文中的重难点字句不会太多，拎出来做总结性归纳和讲解就可以了，中职（中学）语文教学目的不是培养大学中文系的预科生，不能像大学的古代汉语课那样每字必究，每句必讲。但疏通文句，把握大意是中职（中学）文言文教学的刚性任务，也丝毫马虎不得，怎么处理这个问题？

王荣生老师提出几个处理原则：放过那些学生理解没有困难的，学生借助工具书和课本注释可以知道的字词；突出古今“同中有异”的“常用字词”；深入那些集中体现作者情意和思想的章法考究处、炼字炼句处；分离那些语文课程标准所列的文言文常用字词以及句法，让学生通过课前或课后的练习巩固，不宜串讲。具体

见表1[①]：

表1 文言文字词语句的教学处理原则

| 字词、语句 | 处理原则 | 教学方法 |
| --- | --- | --- |
| 1. 古今一致，古今词义直接对应<br>2. 生僻的难字难句 | 放过 | 不管<br>学生参阅注释 |
| 古今“同中有异”的“常用字词” | 突出 | 运用讲述，提问，组织讨论，探究等多种教学方法 |
| 1. 章法考究处、炼字炼句处<br>2. 需要具体感受的语句 | 深入 | 讲述，学生查字典，绘制词义发展网络图等 |
| 考试中常出现的“考点” | 分离 | 反复作业练习，利用黑板、墙报等强化记忆 |

## 二、理清论证方式，提升逻辑思维能力

《劝学》选入的篇幅不大，竟用了二十个比喻，这些比喻大都取材于人们熟知的日常现象，言浅意深，明白晓畅，这些比喻又往往与对偶、排比等修辞手法相结合，结构匀称而又错落，这是课文独特的论证方式，反映了中国传统的思维方式。

（1）到底是比喻论证还是类比论证？

关于《劝学》的论证方法，争议不断。比如贵州省贵定一中教师郑光复认为是类比论证，不是比喻论证。郑光复认为比喻是修辞学范畴，类比论证是逻辑学范畴，《劝学》的论证方法只能是类比论证，并且认为“类比的类比物，情节比较完整，有一定的故事性，不能是同类事物……事物之间的类比，有的是同类物，有的是异类物，灵活性较大”[②]。实际上，郑光复的观点不足以令人信服，首先，比喻论证也是逻辑学范畴，它是中国古代典型的思维范式；再者，类比论证与比喻论证的区别在于，类比论证的类比物必须是同类事物，而不是异类事物，这是现代逻辑学的界定。

《劝学》运用的是比喻论证，而不是类比论证。比喻论证是用具体、生动、形象的事物作比喻，来证明较抽象道理的论证方法。类比论证是根据两个或两类相关对象具有相似或相同的属性，从而推理他们在另外的属性上也具有相同或相似的性质。比喻论证的两事物之间，只要有类似之点，即可用一类事物比喻另一事物，从而论证一个比较抽象的事理。比喻者与被比喻者之间类相异而理相同。

逻辑学上的推理形式有三种：归纳推理（特殊到一般）、演绎推理（一般到特殊）

---

① 王荣生. 文言文教学教什么［M］. 上海：华东师范大学出版社，2015：9.

② 郑光复. 是比喻还是类比？——《劝学》论证特点质疑［J］. 修辞学习，2003（03）：38-39.

和类比推理（特殊到特殊）。比喻论证不同于归纳推理和演绎推理，也不同于类比推理（比喻论证的论据和结论之间是异类事物的某一点相似，类比论证的论据和结论是同类事物之间的相似）[①]。比如《劝学》以大量的自然现象、生活现象作为论据，论证君子学习的重要性，论据与结论之间是异类相比，应视为比喻论证。

（2）比喻论证是如何在本文运用的？引导学生把握事例与论点之间的逻辑关系。

第一段，文章提到四种情形：一是用蓝草为原料进行染色，颜色变得更深；二是水在温度降低的情况下变成了冰，温度变得比水更低；三是木材经过加工后可以做成车轮；四是金属刀具被打磨后更加锋利。四种情形有一个共同点：都是经过后天的影响，发生了改变，导致自身属性提升，这是通过列举不同领域（植物、水、器物）的例子得到的普遍结论。因此，作者提出君子经过后天努力（“博学而日参省乎己”），也可以提升自身属性（“知明而行无过”）的观点。前面列举四个客观的生活现象，现象本身是正确的，来自感性经验，作者要论证的抽象的观点是君子后天学习很重要，生活中物的变化与人的变化之间并无必然联系，也不是同类事物，但有相似点，所以是比喻论证。

第二段，本段列举了四种情形，一是登高招手，手臂并未加长，远处的人却能看到；二是顺风呼喊，声音并未加强，但被听得很清楚；三是达到千里之外，是因为借助了车马；四是渡过江河，是因为借助了船桨。四种情形有一个共同点：不论是视觉、听觉还是运动方面借助外物都能取得更好的效果。因此，任何人要想有更好的效果，就要善于借助外物，而君子的行为具有好的效果，所以，君子善假于外物。这就暗合文章的中心论点，君子与一般人在天性上并无不同，君子善于利用外在客观条件提升自己恰恰说明后天学习很重要。论证思路如同第二段，也是借日常生活现象论证人的学习的重要性。

第三段，先说积土成山，积水成渊，积善成德，说明一个道理：只有一点一滴的积累（积土、积水、积善），才能有大成就（成山、成渊、成德）。接着举了三个例子，每个例子又采用对比论证，第一个例子将骐骥与驽马对比，驽马能到千里之外，完全在于坚持不懈地跑，因此，坚持很重要。第二个例子将朽木与金石对比，说明雕刻成功与否并不取决于材质，金石不容易雕刻，但坚持不懈，金石也可以雕刻成功，还是说明坚持很重要。第三个例子将蚯蚓与螃蟹对比，蚯蚓没有强骨利齿，但吃土，喝泉水，螃蟹腿多，还有钳子，但只能借助蛇鳝洞穴容身，因为蚯蚓专一，螃蟹浮躁，依然说明坚持不懈、专心致志的重要性。本段的结论：做任何事只有坚持不懈、一点一滴的积累，才能有大成就。这一段采用更多的生活常见事物设喻，其论证思路与前面两段并无区别，也是比喻论证。

（3）比喻论证是一种严密论证吗？引导学生辨析论证材料与论点之间的逻辑关系。

---

① 杨传明．比喻论证和类比论证辨析［J］．新乡师范高等专科学校学报，2004（04）：104-106.

比喻论证是一般到一般的推理形式，它只作为一种论证方法存在，不具备现代逻辑学范畴内的论证形式上的合法性。它体现了中国传统的偏于感性的思维方式。

中国传统思维方式的重要特点是经验综合型的整体思维，倾向于对感性经验做抽象的整体把握。荀子是先秦后期的大儒，他认为事物有不同的类别，同类事物有相同的道理、规律，“草木畴生，禽兽群焉，物各从其类也”“类不悖，虽久同理”。但荀子所说的“类”并不是现代意义上的类别，更准确地说是“譬”式推理，“譬”式推理是通过引用某些生动的、具体的事物来形象地揭示说明事物的属性或特征，但“譬”式推理并非严格意义上的类比推理，它是一种喻证法，即比喻论证的方法，与类比论证不同，类比论证属于归纳推理，采用从特殊到一般的推理方式，类比的事物必须具有真实性，虽然结论不具有必然性，但可信度还是很强的。

中国传统的“譬”式推理方式，不属于现代形式逻辑学范畴内的推理方式，它轻形式，重内容，“由于推类的正确与否与形式结构无关，而与实质内容有关，这就决定了中国的传统思维方式具有实质性特点”[①]。只要论者认为内容是正确的，形式的周严并非要考虑的问题，这与西方思维方式中的逻辑学不同。比如《劝学》中作者列举了大量的日常生活现象，目的是论证君子学习的重要性，这些现象是客观真实的，君子学习很重要也是正确的，但客观现象与君子学习并不是同类事物，中间的推理过程如何进行？作者并不重视这个推理形式，所以就由感性经验直接得出抽象的整体结论，按照现代逻辑看，是不周密的。

## 三、比较儒家劝学传统，传承中华优秀传统文化

《中等职业学校语文课程标准》（2020年版）中课标目标第7条提到“在学习和运用祖国语言文字的过程中，体会中华文化的源远流长、博大精深和深远影响，体认中华优秀传统文化蕴含的思想理念、传统美德、人文精深，增强热爱中华文化的思想感情”。《劝学》作为流传两千多年的经典古文，它的价值绝不是任何一篇现代议论文能取代的。学习经典文言文，落点是文化的传承与反思，文化是文言文所传达的中国古代仁人志士的情意与思想，即所言志所载道[②]。《劝学》不应只停留在议论文的知识性学习上，更应确定以荀子的儒家思想作为教学内容，以小见大，由此及彼，激发学生对阅读儒家其他文章的兴趣。

### 1. 理解《劝学》之“学”的内容

荀子所说的“学”不是现在学的记忆书本文化知识，而是学人生的道理。荀子构

---

① 陈锐. 法律推理论［M］. 青岛：山东人民出版社，2006：240.

② 王荣生. 文言文教学教什么［M］. 上海：华东师范大学出版社，2015：7.

建的理想人格有三个层次：士、君子、圣人。爱好礼法而依其行事的是士；志向坚定而身体力行的是君子；智虑敏捷而不枯竭的是圣人。学者应以圣王为师，效法他的礼法，并努力仿效他的为人。“圣王”是既精通事物之理又精通治国之理的人，是天下人仿效的标准。由低到高，循序渐进，由士到君子，最终成为圣人。荀子继承了儒家的劝学传统，荀子强调学习能够使士成为君子、圣人，反映儒家对成君成圣的追求，而成君成圣的途径就是后天的学习。

**2．理解荀子与孔孟观点的差异**

儒家有劝学传统，《论语》首句“子曰：学而时习之，不亦说乎”，荀子开篇“学不可以已”，荀子的确继承了儒家的劝学传统。但荀子与孔子对学习的作用的观点有很大差别，孔子认为“生而知之者上也”，荀子则认为礼仪道德和知识智慧都要靠后天学习才能获得，这种朴素的唯物论思想，发展了儒家的劝学传统。

荀子是先秦学术思想的集大成者，与孔子的仁学和孟子的“性善论”不同，他批判了孟子的“先天道德论”，孟子认为人的天性是善的，“恻隐之心”“辞让之心”“是非之心”都是人固有的，不是后天习得的，荀子认为人本性是恶的，必须用礼义来矫正，所以他强调通过后天学习，才能成为谦谦君子。“性恶论”是荀子社会政治思想的出发点，他首先提出学习不可以停止，就是要抓住关键，解决根本问题。

因为人性本恶，所以就要像木材一样“受绳”而变得通直，像刀剑一样“就砺”而变得锋利，学习的作用远非“生而知之”者的“悦”能比。所以，要有学习中“鞣功”，首倡“善假于物”练外功，还要苦练内功，荀子在劝学的力度和深度上超过先师孔子和孟子。他借用君子之口，从反面强调学习的重要性，不直接说学习要努力不懈，而是说学习不可以停止，更切合现代提倡的“终身学习”的理念。

## 综合实践活动设计

### 活动方案一：朗读比赛——走进圣贤

圣贤指那些品德高尚、才智超凡的人。中国古代圣贤众多，要求学生4～6人为一组，每组选择一位圣贤的经典作品举行朗读比赛。

### 活动方案二：演讲比赛——学习之道

俗话说，活到老，学到老。可以提前设置好演讲话题，比如学习的内容、学习的方法以及学习的意义，学生抽取其中一个主题参加即席演讲比赛。

# 《鸿门宴》：充分挖掘丰富的教育价值

司马迁（约前145?），字子长，夏阳（今陕西韩城）人，西汉伟大的史学家、文学家、思想家。曾为李陵辩护，获罪被捕，被判宫刑，后获赦出狱，发愤著书，写成《史记》(又称《太史公书》)。《史记》是我国第一部纪传体通史，开创了以人物为中心的史书编写体例，记载了从黄帝到汉武帝共3000多年的历史，对后世的散文、小说、戏曲都产生了深远的影响，被鲁迅评价为“史家之绝唱，无韵之离骚”。

本文选自《史记·项羽本纪》。鸿门宴是刘邦、项羽在推翻秦王朝后，为争夺天下而首次展开的一场惊心动魄的政治斗争，也是长达五年之久的楚、汉之争的序幕。作者以高超、娴熟的艺术技巧，生动地再现了这场斗争中两大政治集团较量的全过程，描绘了许多令人难以忘怀的戏剧性场面，刻画了众多性格各异的人物形象，情节波澜起伏，扣人心弦。

## 课例综述

关于《鸿门宴》一文，教学内容大多围绕故事情节、人物形象、写作特色、文章主题等方面来展开。

### 1．故事情节

本文共七段，可按“鸿门宴”的前后过程，分为宴前、宴会上、宴后三个部分进行梳理。

第一部分（1、2段）宴前。写宴会前刘项两军驻地、力量对比、事件的起因及双方的幕后活动。主要写了五件事：一是曹无伤的告密，这是矛盾的导火索。二是范增分析刘邦的前后情况，说明他有“天子气”，劝项羽“急击勿失”，这是火上添油，使矛盾激化。三是项伯夜访张良，紧张的形势开始缓和。四是张良与刘邦商量对策，拉拢项伯。项伯被收买，为下文替刘邦说情及“以身翼蔽沛公”留下伏笔。五是项伯劝说项羽勿击刘邦。这一部分形势从紧张到渐趋缓和，为下一场鸿门宴上惊心动魄的斗争场面作铺垫。

第二部分（3、4段）宴会上。写鸿门宴上双方的尖锐斗争，是课文的重点，情节的高潮。刘邦到项羽军营，说了一番好话。项羽虽设宴招待刘邦，宾主双方都各有打算，斗争时紧时弛，变幻莫测。可将宴会上的情节概括为三起三落。三起：一起，范增“数目项王，举所佩玉玦以示之者三”，暗示项羽动手杀刘邦，气氛趋紧张；二起，范增见项羽“默然不应”，就叫项庄以舞剑为由，趁机刺杀刘邦，形势极为严峻；三起，樊哙撞倒守门卫士入帐，怒视项羽，并予以斥责，情节发展到最高潮，紧张气氛达到了极点。三落：一落，项羽对樊哙闯帐，不仅不怒，反而称之为“壮士”；二落，项羽让樊哙喝酒赐生彘肩，被他斥责一顿之后还赐座；三落，刘邦“如厕”逃脱。这一部分总共写了刘邦谢罪、范增举玦、项庄舞剑、樊哙闯帐四件事，既反映了刘项双方的矛盾，又反映了项羽内部范增与项羽杀不杀刘邦、项庄与项伯“杀刘”与“卫刘”的矛盾。这两种矛盾错综交织，有张有弛，波澜起伏，惊心动魄。

第三部分（5、6、7段）宴后。写刘邦脱身逃走，张良入谢与刘邦诛杀内奸。这是情节的结束与尾声。文章不仅写了项羽在鸿门宴中斗争失败，失掉消灭刘邦的机会，而且也写出了鸿门宴后他与范增之间的矛盾加深，为项羽最后彻底的失败埋下伏笔。而刘邦诛杀了曹无伤，内部则更加团结了。

全文以“鸿门宴”为中心，以“杀不杀刘邦”为线索，按时间顺序展开故事情节，以项羽欲击刘邦始，到刘邦被放终；以曹无伤告密始，到曹无伤被杀终；以范增劝说项羽始，到范增怒骂项羽终。矛盾复杂，波澜起伏，虽是节选，却结构严谨，前后呼应紧密，是一个动人的完整的故事。

**2．人物形象**

抓住人物的行为和语言，概括人物形象。

项羽：胸无城府（听到密报和劝说时，勃然大怒），妇人之仁（听到项伯说情时，答应“善遇”刘邦；范增多次暗示时，置之不理），沽名钓誉（听到刘邦的谎话时，洋洋自得、说出线人），缺乏政治远见（项庄舞剑、项伯翼蔽时，熟视无睹、刚愎自用）。

刘邦：委曲求全（得知项羽来攻击自己时），攀龙附凤（了解张良与项伯关系时，约为婚姻），能屈能伸（宴会上甘居卑位），机智敏捷（借口上厕所趁机逃走），坚决果断（回到营寨诛杀曹无伤）。

**3．写作特色**

大多数教师抓住细节描写和对比手法进行教学。

（1）细节描写。如对忠心护主的樊哙，文中不惜笔墨进行大量的细节描写：神态（“头发上指，目眦尽裂”）、动作（“覆其盾于地，加彘肩上，拔剑切而啖之”）、语言（“臣死且不避，卮酒安足辞”）等。这些细节描写使樊哙这个人物变得生动、立体，跃然纸上。又如作者对鸿门宴座次细节进行大写特写：“项王、项伯东向坐，亚父南向坐……沛公北向坐，张良西向侍”，暗示着这是一个不合礼法的宴席，表面上吃饭饮酒，背地里却暗流涌动。

（2）对比手法。一是同一人物在事件前后的对比。比如，项羽在杀不杀刘邦这件事上前后态度不一，反映出他有勇无谋、优柔寡断的性格。二是刘邦阵营和项羽阵营内的两大人物群像对比。主帅项羽和刘邦、谋臣范增和张良、武士项庄和樊哙、内奸项伯和曹无伤之间的对比。

**4．文章主题**

一般从以下三个角度探讨：一是鸿门宴对项刘两人政治生涯的影响；二是鸿门宴反映出项刘两人性格、政治观念的差异（可引导学生理解司马迁用春秋笔法已经对项羽的“道义”暗作褒奖，对刘邦的人品予以否定）；三是揭示项羽的悲剧性格，他刚愎自用，优柔寡断，注定失败。

## 教例展示

### 教例一：研读文本，辨析“操”与“持”

引导学生咀嚼刘邦与张良对话中“操”与“持”这两个词语，辨析两者之间细微的区别。

**教学镜头**

**师**　请看：（投影）乃令张良留谢。良问曰：“大王来何操？”曰：“我持白璧一双，欲献项王，玉斗一双，欲与亚父。会其怒，不敢献。公为我献之。”张良曰：“谨诺。”

**师**　注意到了吗？张良问“何操”，刘邦答“我持”，请大家思考一下：“操”和“持”究竟有什么区别？可以查查词典，看看各自的本义是什么。

**生**　《古汉语常用字典》上说，“操”的本义是“拿着，握在手里”。“持”的本义是“一只手从上托扶”。

**师**　好，结合文意，你觉得应该怎么理解更为恰当？

**生**　“操”显得比较随意，“持”类似于“捧着”，态度恭敬多了。刘邦是前来“请罪”的，所以处处要表示对项羽的尊重。

**师**　看来，张良不如刘邦懂礼貌了？

**生**　（笑）：不是。张良不必对项羽表示恭敬，因为他要效忠的是刘邦。

**生**　他也不会表现出对项羽的尊重。因为张良很聪明，绝对不会在刘邦面前表现出对项羽的尊重的。

**师**　解释得很好。请看下面这句话，樊哙等人是“持剑盾步走”，可不可以说成“操剑盾步走"？

生　樊哙等人不只是拿着武器，而是双手紧握着甚至举着，为防备不测，保护刘邦，所以时刻准备搏斗。这个"持"字显出了他们当时高度戒备小心翼翼的样子。用"操"就显得太随意漫不经心，不符合当时樊哙等人的心态。

师　通过这两个词的辨析，我们可以看出司马迁用词的匠心，也告诉我们一个道理，在理解文言词语时，既要掌握词的本义，也要体会在不同语境中的不同含义和作用。学到这里，我们不妨一起回顾一下前面的《廉颇蔺相如列传》课文中的一句话，"相如持璧却立"，这个句子中的"持"怎么理解？

生　紧紧抱着。

师　为什么？

生　不让秦人抢去啊。为维护国家尊严，准备玉石俱焚。

师　非常好。结合具体情景理解文言词语的含义，不仅有助于对词语的正确理解，也有助于理解文章内容和把握人物形象。

（参考文献：余洋洲."操""持"之辨——《鸿门宴》教学实录片段［J］.中学语文教学，2008（08）：19-20）

## 教例二：运用"主问题探究法"的教学案例

该教例教学流程如下：营造情景，激发兴趣——假拟情景，赏析人物——提出主体问题，引导探究。问题探究："鸿门宴是个大舞台，谁是演技最高超的演员？谁是演技最不过关的演员？谁是操作难度最大的演员？幕后导演又是谁？"通过四个问题的探究带动对文章的故事情节、人物形象、思想主题的思考。

### 教学镜头

师　按照好莱坞的标准，《鸿门宴》是一部紧张刺激、场面火爆的动作大片，具有极高的票房号召力。这里有哪些人物登台亮相，请按阵营分类。（马上有学生分出两大阵营并用了VS表示：刘邦VS项羽，张良VS范增，樊哙VS项庄，曹无伤VS项伯。）

师　鸿门宴是个大舞台，谁是演技最高超的演员？谁是演技最不过关的演员？谁是操作难度最大的演员？幕后导演又是谁？（当四个问题一抛出，教室中立即被学生们惊奇兴奋的情绪所包围，作为教师明显感受到学生参与的热情。）

师　出示研讨成果，须言之有据，自圆其说。

生　我们认为最会演戏的是刘邦这无赖流氓。（教师预料学生会用这种词汇评价并"恶毒"攻击刘邦。）

师　请问无赖刘邦是怎样练成的？（学生经过讨论，达成以下共识）

生　刘邦在危难前，放下主子的架子，称张良这部下为“君”，和《勾践灭吴》中勾践执文种之手一样肉麻。不，恶心。

生　他称项伯为兄，自作多情敬酒攀亲，假戏真唱，唱功迷人。（其中有两生居然扮刘项二人拥抱敬酒故做亲热状。）

生　这无赖在项羽面前装成了弱势群体，两次称自己是“臣”，四次称项为“将军”。

师　打住，项羽在“将军”和“大王”两个称呼中更在乎哪一个？

生　我们认为项羽勇猛、尚武、豪爽，相信武力能解决一切“国际争端”，过分的迷信武力，且自己也能举鼎拔山，他可能比较喜欢“将军”这个称呼，刘邦无非是投其所好迎合项羽这种沽名钓誉的心态，难怪毛泽东告诫说，“不可沽名学霸王。”

生　比如还要借口上厕所（生笑）自己逃命，留下张良入虎口，称张良为“公”。是不是只要自己能活命，称别人什么都无所谓，都不会脸红。脸皮可谓真厚，“天下第一厚脸皮”非此公莫属矣。还有心黑，是个最会演戏的家伙。

教师问题设计非常新颖，创设一个有趣的情境，学生积极参与交流和讨论，彰显了“主问题探究法”的魅力。此时，教师要发扬教育民主，尊重学生的个性化解读。当然，教师对学生的引导也是必要的，比如对刘邦要有一个公正的评价。

（参考文献：刘建松. 经典与现代的亲密接触——《鸿门宴》教学案例［J］. 现代语文（教学研究版），2006（05）：34-35.）

## 教学建议

### 一、夯实基础知识，提升文言文的阅读能力

《鸿门宴》的文言基础知识丰富，如通假字：“采”通“彩”，“距”通“拒”，“内”通“纳”等；古今异义：“山东”“非常”和“谢”等；词类活用：名词作状语，如“项伯乃夜驰之沛公”中的“夜”，“翼蔽沛公”中的“翼”，名词作动词，如“沛公军霸上”中的“军”，还有形容词作名词，形容词作动词，动词作名词和使动用法等。特殊句式也很多，判断句如“此天子气也”，被动句如“吾属今为之虏矣”，宾语前置句如“大王来何操”，状语后置句“沛公欲王关中”，还有定语后置句，省略句，固定句式等。

虽然《鸿门宴》是个精彩的故事，但是它是一篇长篇文言文，学生有阅读障碍，所以要夯实文言基础知识，帮学生疏通文句，理解文章内容。讲解文言字词的意思可以灵活采用多种方法，如理解“常以身翼蔽沛公”中的“翼”字，可让学生表演项伯像鸟张开翅膀一样掩护沛公的情景。“走”字是古今异义，今义是“行走”的意思，不妨用说文解字法理解古义，“走”字金文上部像摆动两臂跑步的人形，下部像人

脚，合起来表示人在跑，所以古义是“跑”的意思。

## 二、运用思辨性阅读，促进学生思维的发展

“思维发展与提升”是语文核心素养之一，教师可引导学生结合生活经验进行思辨性阅读，形成自己的观点。《鸿门宴》表面上看是杀与不杀刘邦的较量，实际上是思想谋略的交锋。对此，教师可引导学生进行思辨性阅读，探析项刘两大阵营人物在斗智斗勇中闪现的智性光芒。

首先，从刘邦的表现来看，他得知自己面临着被讨伐的祸患，实则是十分恐慌的，但是在项伯面前，他却表现得十分镇定。不同的表现背后隐含着刘邦复杂的思维活动，他深知自己不“足以当项王”，在张良的建议之下，他找到了“救命稻草”——项伯。得知项伯与张良的关系，他自降身份，以兄长的礼节对待项伯，“奉卮酒为寿”，而且“约为婚姻”，态度真诚。张良认识到礼待项伯的重要性，让刘邦拉拢项伯。张良知道项伯是一个性情中人，又知项伯在项羽心目中的地位，这个判断十分精准。可见张良处乱不惊、机敏精细，而刘邦此时能够当机立断，听取张良的正确意见并坚决执行，充分表现了他能屈能伸、善于识人用人的特点。这也是刘邦能够成功的基本思维品质，他能认识到“夫运筹帷幄之中，决胜千里之外，吾不如子房；填国家，抚百姓，给饷馈，不绝粮道，吾不如萧何；连百万之众，战必胜，攻必取，吾不如韩信。三者皆人杰，吾能用之，此吾所以取天下者也。项羽有一范增而不能用，此所以为我禽也”①。这就是他作为成功的领导者的思维。

其次，范增的表现也不俗。征讨刘邦本来是范增辨明形势之后对项羽的进言，表明他有先知远见。在宴会上，他多次暗示项羽，但是项羽不为所动。在项羽没有采取行动的情况下，他采取补救措施，召来项庄，让他借舞剑的机会刺杀刘邦。可见，范增认为鸿门宴是除去刘邦的大好时机，不容错过。可惜，项羽没有听从他的建议。当项羽接受刘邦留下的礼物时，他愤然感慨：“竖子不足与谋！”如果项羽接受了范增的“谋”，历史恐怕要重写。

为什么张良的建议刘邦愿意听从，而范增的建议项羽却不听呢？除了听者的问题，建议的人有没有问题？如果张良和范增互换阵营，结果会怎样？可以让学生思考范增是否很好地把握住自己的臣子身份，用命令式的口吻对项羽提议是否合适等，进而理解人的性格和处事方式在重要时刻所起到的作用。

运用思辨性阅读，可以让学生深入研读文本，深刻认识到人物性格的闪光点与不足，客观公正地评价刘项二人胜败的主要原因，促进学生思维能力的发展。

---

① 陈慧君，刘洋. 资治通鉴谋略第1册绣像本［M］. 北京：线装书局，2008：119.

## 三、开拓思路，挖掘丰富的教育价值

《鸿门宴》的教育价值极其丰富，小到个人行为，大到古人关于“义”的认识。

如文中张良说：“沛公今事有急，亡去不义。”项伯则说：“今人有大功而击之，不义也。”那么，古人心目中的“义”与“不义”到底如何评判？其实古人认为“义”就是“宜”。《礼记·中庸》说：“义者宜也。”韩愈在《原道》中则进一步解释：“行而宜之谓之义。”也就是说，人的言行符合一定的道德规范就可称为“义”，反之则为“不义”。文中曹无伤背叛刘邦向项羽告密，项羽置怀王之约于不顾而欲“击破沛公军”，范增以下犯上都可以说是“不义”。而项伯给张良通风报信，“常以身翼蔽沛公”，樊哙闯帐护主等，都可以称之为“义”。“义”是相对的，项伯救护刘邦可以称之为“义”，这一行为却触犯了项羽的根本利益则又可以责之为“不义”。可见“义”在不同的时代，不同的阶级，所具内涵不同，不能以抽象的“义”作为评判是非的标准。

由此探讨，项羽虽性格急躁、识人不清，但坚持仁义，是重情守义的本色英雄；刘邦委曲求全、“小人行径”，又体现随机应变的大智慧。此外，项伯和曹无伤“身在曹营心在汉”、樊哙智勇双全、项羽事败、刘邦在众人协助下顺利脱身等，这些都是极好的讨论话题。可引导学生积极思考，获得启示，教师切忌说教。

## 四、探究细节，抓住文本背后的文化内涵

司马迁为何将没有成为皇帝的项羽列入帝王本纪？后世学者多认为是出于太史公对项羽的偏爱，把他从“世家”抬高到“本纪”，这种说法是否属实？其实，司马迁写《史记》时，他知道项羽实实在在已经是一个帝王了。项羽自立为西楚霸王，还封刘邦为汉王，包括十八个诸侯王，此时的项羽已经位居帝王，因为分封之权，非天子不能有。项羽以灭秦大功与分封诸侯的权势入选本纪实在是顺理成章。司马迁如此书写，是对项羽的欣赏，可见一个史学家的素养。

还可关注文中关于“王”的称呼。鸿门宴的故事发生时，项羽为诸侯上将军，刘邦因起兵于沛，人称沛公，都还没有称王，但文中项刘两人却被称“王”，这是不是作者的疏忽呢？结合文本分析，张良对刘邦三次直呼大王，前两次只有他与刘邦在场，后一次多了几个自己人，这表露出他们君臣同心协力，决心与项羽抗衡，战而胜之的雄心壮志。再如项伯、范增、项庄都是项羽的属下，他们称项羽为项王或君王显然出于自恃强大，认为称王称霸是理所当然的。而张良、樊哙都是刘邦的部下，由于力量悬殊，出于表面上的曲意奉承，自然也称项羽为王。刘邦毕竟身份不同，用语不宜过分阿谀，所以在项伯、项羽面前，先后六次称项羽为将军，只有最后一次与张良谈话时，称项羽为项王。一方面他明知项羽称王是早晚的事，另一方面，他又怕自己

在部下面前有失身份。可见，司马迁在使用称谓时，是经过仔细斟酌的，既符合当时两军对垒的实力状况，又符合人物的心态。

## 综合实践活动设计

### 活动方案一：场景再现——鸿门宴宴饮表演

鸿门宴名为宴饮，实则杀机四伏。请同学们研究文本，分饰角色，分组合作，用表演的形式再现鸿门宴宴会上一波三折、精彩刺激的场景。注意要借助语言、动作、神态等表现出各人物不同的身份地位、性格特征、思想情感。

### 活动方案二：故事会——刘项漫谈

搜集网络上关于刘邦、项羽的相关资料，在教师的组织引导下以“故事会”的形式在班上进行分享和交流，鼓励同学们自由地、有理有据地提出自己的观点，旨在训练学生的收集资料的能力、语言表达能力，激发学生对中国传统文化的热爱之情。

### 活动方案三：职场教育——成功的特质

分小组搜集身边成功人士的事迹或网络上关于成功人士的报道，或阅读一些名人的传记，分析概括这些人身上所具有的成功的特质，思考作为学生如何才能拥有这些特质，最后指派代表在全班同学面前进行交流。

# 《师说》：重视课文外的“功夫”

朗诵视频

韩愈（768—824），字退之，河阳（今河南孟州市）人，祖籍河北昌黎，世称“韩昌黎”，唐代文学家、哲学家。他是唐代古文运动的倡导者，主张学习先秦两汉的散文语言，破骈为散，扩大文言文的表达功能。宋代苏轼称他“文起八代之衰”，明人列他为“唐宋八大家”之首。

《师说》是韩愈的代表作之一，作者针对魏晋以来的门第观念和“耻学于师”的坏风气，以非凡的勇气和见识，抨击时弊，弘扬师道，奖掖后辈，发扬新风，其中对教师职责和择师原则的论述，至今广为流传。本文立论严正，结构严谨，雄辩有力，对比法和例证法的运用，使文章极具说服力。另外，排比和对偶句式的反复运用也增强了文章的气势。《师说》中“师者，所以传道受业解惑者也”“弟子不必不如师，师不必贤于弟子”等皆成了千古名句。

## 课例综述

从搜集的教学设计、课堂实录、课文赏析等资料看，目前一线教师的主要教学内容包括文章主旨、论证结构、论证方法等方面，具体如下。

### 1. 文章主旨

教师介绍“说”的文体知识与写作背景，通过解题，引导学生把握文章主旨。“说”的古义是陈述和解说，是古代的一种议论文体，一般是陈述自己对某种事物的见解，行文自由活泼。《师说》题目的意思是“解说从师的道理”。《师说》是唐贞元十八年（802年）韩愈任四门博士时写给他的学生李蟠的，针对门第观念影响下“耻学于师”的坏风气，韩愈论述了从师学习的必要性和原则，批判了当时社会上“耻学于师”的陋习，借此抨击那些自恃门第高贵、不肯从师学习甚至讥笑别人从师的士大夫阶层，有着鲜明的针砭时弊的作用。实际上，韩愈是古文运动的倡导者，他提倡“言之有物”的古文，将文章从六朝以来艳丽浮夸的形式桎梏中解放出来。因此，《师说》可以看作是韩愈提倡“古文”的一个庄严宣言。韩愈作《师说》并大张旗鼓地宣扬自己的观点，是难能可贵的。

### 2．论证结构

全文共四段，按照“正——反——合”的逻辑顺序行文。具体结构如下。

第一段：先明确老师的职责和作用，即“传道受业解惑”，由此指出从师的必要性，论述了从师之道；接着提出了择师的原则——无贵无贱，无长无少，道之所存，师之所存。

第二段：认为当时社会上“耻学于师”“师道不传久矣”的风气和现实是有很大危害的，即从反面来论证从师的重要性。作者从三个角度批评了这种风气。

第三段：引用孔子的例子从正面证明了从师的重要性，并且论述了以能者为师的道理，提出了“弟子不必不如师，师不必贤于弟子”的原则。

第四段：指出为李蟠作序的原因在于他能行古道，不拘于时，又再次论证了作者写文的目的是鼓励人们从师学习，表明立场。

我国古代论说文有一个传统的结构模式，即“起承转合”，《师说》实际上也依循了这种结构。首句是“起”，说明“什么是师”；接着写“为什么要从师”，是“承”；“嗟呼，师道之不传也久矣”则是“转”，不再讲道理，而是联系实际，从社会现实的角度说明“从师之必要”；“圣人无常师”之后，是“合”，即全文的归结，说明“圣者为师”的道理，回答了“怎样从师”的问题，并与开篇相呼应。整篇文章从立论、论证到结论，都紧扣中心论点，有的放矢，结构严谨，不愧为古代论说文的典范。

### 3．论证手法

（1）对比论证。作者在论证从师的重要性时，运用了三组对比，第一组是“古之圣人”与“今之众人”的对比，结果是“圣益圣，愚益愚”；第二组是某些人为孩子选择老师与自己“耻师”的对比；第三组是巫医乐师百工之人“不耻相师”与士大夫“耻学于师”的对比。这三组对比，造成一种强烈的反差效果，有力地证明了“从师”的重要性。

（2）举例论证和引用论证。除了第二段中所列举的一些概括性事例外，作者在第三段又以孔子的言行为例，说明“从师”的必要性。孔子被尊为“圣人”，有很高的学问和修养，尚且向人请教，那普通人更应该“从师”。通过典型的事例和名言进一步证明了“从师”的必要性。

## 教例展示

### 教例一：探究式阅读教学案例

杨伯威老师的教例力图打破文言文教学旧的思维定式，找到新的突破。以学生对照译文然后检查落实词义和句法为基础，对内容的重点进行辨析、发掘。现摘要如下。

1．设疑以明概念

找出行文概念上可能产生的疑点加以必要的引发阐释。

（1）“古”的时间。“古”是文中树起的一面鉴古以戒今的旗帜。文中“古之学者”“古之圣人”“能行古道”之所谓“古”者，究竟指何历史时期？（先秦两汉）

（2）“师”的形式。文中为论证“学必有师”的论点，在确定“能者为师”的前提下，先后列举“师”的三种形式：问经式；学艺式；交游式。

（3）“君子”的所指。春秋末年以后，“君子”渐指有道德和才能的人，如《荀子·劝学》所引“君子曰：学不可以已”。文中所提“君子”，连同前文“士大夫之族”“众人”（不含“巫、医、乐师、百工”），是“耻于从师”的不同称呼而已，均指“世禄之家”——世代相承的官僚地主。

（4）“圣人”的涵义。文中两处出现“圣人”的字眼。第一处是和“众人”对举的“圣人”。泛指古代统治阶级所推崇的品德高尚、智慧高超的人，包括禹、汤、文武、周公、孔子。第二处“圣人无常师”的“圣人”，专指下文用作例证的孔子，乃儒家定于一尊以后的特称。

2．参读以显意旨

阅读的次第并非单纯直线性的顺序，而是一个互为参照的网络。因此需用参读法，才有可能深透理解。

（1）对比型——用另外的资料和本篇的某一语言现象作比较，以突出本篇的特定观点。韩愈力主“惑必从师”的“学知”，于是涉笔曰“人非生而知之者”，否定了孔子所谓“生知”的“天才论”。

（2）印证型——用有关的史料作本篇某一语句的注脚，以强化它要证明的观点。“孔子师郯子……”一句就是这样。孔子曾向郯子请教少皞氏“以鸟名官”，也曾向鲁国师襄学鼓琴，还曾“问礼于老聃，访乐于苌弘”①。这些史实表明：孔子也是“学知”的，只不过是“圣人无常师”而已。

（3）导引型——由行文线索引出相关资料，以贯通本篇的观点。“恢复师道”是本篇的行文线索。柳宗元曾说：“独韩愈奋不顾流俗，犯笑侮，收台后学，作《师说》，因抗颜而为师。”（《答韦中立论师道书》）《师说》名为李蟠而作，实则借以抨击当时所谓“士大夫之族”。他们自恃门第高贵，不肯应举入仕，从而轻视和厌弃儒家“道统”。因此作者把“传道”引为己任。

（4）发散型——抓住文意的核心予以连续发掘。对统贯全篇之“道”，不宜只囿

① 王志新．孔子家语［M］．北京：团结出版社，2018：104.

于“孔孟之道”的抽象解释，还需联系《原道》相关内容作必要的深化。

还有其他两种探究法：“列图以探思路，诵读以揣文气。”此处从略。

（参考文献：杨伯威.《师说》授课突破法[J]. 中学语文教学参考，2000(04)：54-57.）

## 教例二：思辨性阅读教学案例

教师引导学生辨析论点与论据之间的逻辑关系，进行思辨性阅读教学。

### 教学镜头

生　《师说》道理上讲得通，但是有很多自相矛盾的地方。他说如果一个人真的关爱这个孩子，就会为孩子选更好的老师，然而他自己并不拜师学习，结果师道不传也久矣。这是互相矛盾的一个点。

师　我问你，孩子的从师属不属于这篇文章讨论的从师范围之内？你继续说。

生　文中说这些小的知识几乎是不算作向人请教的范围，所以说传授这些小知识的人，几乎不可以划为师的范围内。然而有一句话说：训蒙授业之师，真师也，其恩深，其义重，在三之制与君父等。就是说传授你启蒙知识的老师，在一定程度上跟你父亲是一样的。另外，读经书是传道授业的基础，如果没有这个基础，怎么理解更高的道？

师　你的意思我大致听明白了。就是说，小的方面学的都是句读，句读都不懂，大的方面能做得好吗？

生　这个有点舍本逐末，把本质上的东西摒弃掉，追求一个更高的境界，我觉得是不存在的。

师　好！把握了重点！这组还有没有补充的？

生　我觉得韩愈的文章如潮，一层一层给你套上去。但是反观他前面说的，会发现一些很奇怪的现象。第二段中间说“师道之不复，可知矣”，按照韩愈的观点，就是儒家这种孔孟之道。文中“巫医乐师百工之人，不耻相师”，是另一种师道。我觉得他论证的对象没有全面性。

师　我大致明白了，他说小孩读书是在从师，巫医乐师百工之人也是在从师，你怎么说现在是师道之不复呢？继续讲！

生　后面不是还说“圣人无常师”吗？圣人无常师，我觉得他举的这个例子并不能证明他的观点。因为他举的圣人，是那种品德道行很高的人，但是我们都知道这种人在现实生活中存在得很少。按照韩愈的意思，他认为当时没有什么圣人，既然没有圣人，他举这个例子真正的作用是什么？他是让我们去向圣人学习，还是来论证学习的作用？如果他说的是向圣人学习，前面又说了“耻师焉”，既然“耻师”，那又怎么会向圣人学习呢？

**师** 哪一组给他解释一下？

**生** 我觉得可以从三个层面来讲。第一个层面：士大夫根本就不尊崇学习的风尚。第二个层面：文中的小孩子、巫医乐师百工之人，他们虽然在学习，但学习的其实并不是韩愈想要说的道。

**师** 韩愈讲的道主要是指什么？

**生** 指的是儒家思想。第三个层面：爱其子择师而教之，教给孩子的还是句读那一类小的方面，不是韩愈所要推崇的道。

**师** 韩愈强调学习的最终目的，应该是这个道。其他同学还有什么看法？

**生** 我觉得在看《师说》的时候，首先要搞清楚它的受众是谁。我觉得它的受众是士大夫阶层。韩愈写《师说》的目的，是为了劝诫士大夫阶层要不耻相师。所以巫医乐师百工之人不耻相师，只是作为一个佐证，并不在讨论范围之内。

（参考文献：陈赣.《劝学》《师说》课堂教学实录[J]. 语文建设，2020(01)：29-32.）

## 教学建议

《师说》作为韩愈“古文运动”的宣言，振聋发聩地提出“尊师重道”的教育观，蕴含着丰富的文学价值、思想价值、思政价值。下面从这三个方面进行分析。

### 一、《师说》的文学价值

韩愈的散文，在风格上具有雄健明快、汪洋恣肆的特色。北宋的苏洵评价韩愈的文章“如长江大河，浑浩流转”（《上欧阳内翰第一书》）。《师说》充分体现了韩愈的散文风格，有很高的文学价值。

#### 1. 句式的运用

首先是排偶句式。所谓的排偶句式，指把两个结构相同或相似、字数大体相等、意义相关或相对、语气一致的语句并列在一起的修辞方式。《师说》里的排偶句式很多，例如：“生乎吾前，其闻道也固先乎吾，吾从而师之；生乎吾后，其闻道也亦先乎吾，吾从而师之。”“是故无贵无贱，无长无少，道之所存，师之所存也。”这种排偶语句读起来不仅让人感到气势很盛，而且有一种节奏美，它跟骈体文雕琢堆砌的排偶不同，所以常为古代散文家所运用。

其次是交错句式。如第二段中：“句读之不知，惑之不解，或师焉，或不焉。”这种句式奇突而不一般。如果把它改写为直叙句：句读之不知，则师焉；惑之不解，则不焉。两相对比，直叙句显然就变得比较平淡而没有原来那样的力度了。

此外，模拟问答形式，陈述句、疑问句、感叹句等句式的巧妙运用与承转，增强了作品的论辩力度和讽刺效果。

### 2．语气词的运用

例如文章第二段连用三组对比，每组对比的结尾所用的语气词都不一样。第一句把古之圣人和今之众人对比：“圣人之所以为圣，愚人之所以为愚，其皆出于此乎?”这个语气词带有质疑、设问和论辩的味道，发人深思。第二句拿为子弟择师与自己不愿从师对比：“小学而大遗，吾未见其明也。”完全是下判断的肯定语气，说得斩钉截铁，毫不含糊。最后把巫医乐师百工和士大夫作对比：“巫医乐师百工之人，君子不齿。今其智乃反不能及，其可怪也欤!”采用了感叹的语气，不仅表露了作者的不满，而且带有深深的鄙夷和蔑视。这三句对比不但语气不同，在次序的安排上也颇有匠心：先疑问，后肯定，再感叹。这样，不仅文气很顺，而且也增强了文章论辩的逻辑力量。

### 3．字句的运用

比如作者创造性地采用接字法：前两句“古之学者必有师。师者，所以传道授业解惑也”。第二句句首的“师”字和第一句末尾的“师”字连接。接下来的“人非生而知之者，孰能无惑？惑而不从师，其为惑也，终不解矣”。第二个“惑”字紧接着前一句末尾的“惑”字。又如“生乎吾前，其闻道也固先乎吾，吾从而师之；生乎吾后，其闻道也亦先乎吾，吾从而师之”，也是采用的接字法。这种写法有助于加强文章的气势，使文气承接而下，不可抑止。

再如第二段中“彼与彼年相若也，道相似也”直接采用士大夫们对话的口吻来写，不仅表明了士大夫们从师顾及年龄地位的错误态度，而且也写出了他们的神情。文章直接引用他们的原话之后，紧接着“位卑则足羞，官盛则近谀”两句，是作者对士大夫们的言行的评述，针锋相对，极尽讽刺。

## 二、《师说》的人文价值

韩愈总结我国文学创作经验时，提出“文以载道，文道合一”的主张，他的“不平则鸣”的政治主张，为后人所继承和发扬，至今仍然闪烁着智慧的光芒。

### 1．文以载道

“文以载道”是中国古代文学的重要理论，与西方古代学术不同，中国历代思想家对文艺的社会功能极为重视，即认为文学艺术必须具有社会教化的效用。韩愈思想上推崇儒家孔孟之道，倡导了唐代古文运动，提出了以“文以载道”为核心的一整套文学主张，并身体力行创作了大量诗文，名列“唐宋八大家”之首。他强调作家的修养，重视文章的社会现实性。

《师说》体现了韩愈“文以载道”的文学主张，他观点鲜明，针砭时弊，立论深刻。

**2．不平则鸣**

韩愈怀着对士大夫之族“位卑则足羞，官盛则近谀”，耻学于师行径的鄙视，不顾世俗，奋然提出“尊师重道”的教育主张。韩愈是一位高瞻远瞩的教育家，一位胸怀天下的政治家，一位“道济天下”的儒者，其“不平则鸣”的批判精神具有历史进步意义。

## 三、《师说》的思政价值

**1．学习韩愈的精神品质**

《师说》体现的是韩愈非凡的勇气和斗争精神，他不顾世俗独抒己见。从文章的严密论述过程中，可以感受到韩愈那种近乎直白的情感表达。文章第一句“古之学者必有师”，直截了当，言简意赅，含有“今之学者更不可无师”之意，“必”字有千钧之力。第二段未说先叹：“嗟乎！师道之不传也久矣！欲人之无惑也难矣！”这一声沉重的慨叹，表明作者对世风日下、师道不存现状的忧虑。接着，用三个层次的对比批评士大夫之族自恃清高、不屑从师的愚蠢行为，嬉笑怒骂，淋漓尽致！文章第四段字数不多，只有38个字，但洋溢着对晚辈的关爱和勉励之情，“李氏子蟠，年十七，好古文，六艺经传皆通习之，不拘于时，学于余”。韩愈对后辈的勤奋好学给予了高度的肯定和赞许，表达了对有志于学的后辈子弟的提携爱护之情。

**2．继承尊师重道的传统**

引导学生深入探讨文章主旨，明确真正的学习不仅仅是学习文化知识，还要学会做人，即通过学习，提升个人的品德修养。文中“是故无贵无贱，无长无少，道之所存，师之所存也”“是故弟子不必不如师，师不必贤于弟子，闻道有先后，术业有专攻，如是而已”，是“师道”的方法，教师要引导学生以尊师重道为美，以“耻于从师”为丑，树立正确的学习观念，形成好学、乐学的学习品质。

## 综合实践活动设计

### 活动方案一：《师说》诵读

组织学生分组进行《师说》诵读，可集体诵读，也可一人一句轮流诵读。还可以配音诵读。有条件的可以组织评分和比赛。

### 活动方案二：资料查找：古文运动

布置学生查找“古文运动”相关的资料，在适当的场合进行交流分享。

### 活动方案三：小练笔：我和老师

以“我和老师”为题，写一篇作文，说说学生和老师之间发生的故事，以及从他（她）身上获得哪些教诲和帮助?

# 《六国论》：批判性阅读的典范

朗诵视频

苏洵（1009—1066），字明允，眉州眉山（今属四川）人，北宋散文家。他的儿子苏轼、苏辙也以文学著名，后人并称他们父子为“三苏”。

北宋中期，国势日弱，民族矛盾十分严重。为求苟安，北宋每年都得向契丹、西夏纳币输帛，结果极大地削弱了国力，带来了无穷的祸患。针对这种情况，苏洵写了此文进行讽谏。文章根据秦并六国而一统天下的历史事实，提出“六国破灭，弊在赂秦”的观点，指出赂敌必然资敌而弱己，最后招致灭亡，从而以古鉴今，讽谏北宋统治者改变对外屈辱求和的政策，以免国家破亡。文章中心突出，论证缜密，持之有据，言之成理，言简意赅，具有很高的史学价值和文学价值。

## 课例综述

通过梳理近二十年的相关课例，发现这篇作品因其文体难以确定，教学内容多种多样。现选取其中具有代表性的几个课例（包括教学设计、教学实录、备课参考等），对其文体样式、作品主题、艺术特色进行综述评议。

### 1. 文体样式

关于《六国论》的文体，一种认为是政论文，另一种认为是史论文，文体不同，教学策略也会不同。

政论文主要用于发表作者对于时政的见解和主张，史论文主要通过评论历史、总结历史教训为当时的统治者提供治国借鉴。两者如何区分？浙江宁波市镇海中学教师李汝认为史论文是理性逻辑至上的一种实用类文体，它以历史的真实为说理的依据，而政论文则是以情动人的劝说类文体，虽以历史为依据却不以历史的真实为论述，这是它与史论文的根本不同点[①]。《六国论》存在着论点过于绝对，论据有些失真，论证欠严密的问题，其情感占先，应视为政论文。因此在解读文本时，往往要注重其情感逻辑的分析而非理性逻辑的分析。

① 李汝. 说理与劝说——苏洵《六国论》的另一种评价视角［J］. 语文学习，2021（02）：43-46.

### 2．作品主题

关于作品主题大致有以下几种看法：①借古讽今，以“六国破灭，弊在赂秦”的道理，讽喻宋王朝要以史为鉴，抨击统治者的昏庸无能和苟且偷生。②赞颂古代文人忧国忧民的情怀和以天下为己任的担当。③吸取六国灭亡的教训，强调内部团结的重要性。④要懂得分析利弊，目光放长远，一味地妥协与退让，无异于抱薪救火。

一般认为，苏洵是主战派，这篇文章从六国灭亡的教训立意，提出了六国要团结一致共同抗秦的观点，作者的写作目的主要是针对当时北宋外有契丹、西夏强敌的现状，提出内部团结的重要性。

### 3．艺术特色

（1）论证结构方面。对于论证结构的教学，大致有三种方式。

一是浏览全文，概括文章结构。第1段，开门见山提出中心论点；第2~3段，首先从“赂者”（燕、楚、魏）入手，分两层论证第一个分论点：“赂秦而力亏”；第4段，从“不赂者”（齐、燕、赵）论证第二个分论点：“不赂者以赂者丧”；第5段，在总结了六国破灭的教训后，得出“为国者无使为积威之所劫”的结论；第6段，告诫北宋朝廷：“从六国破亡之故事，是又在六国之下矣。”

二是画结构图。如让学生绘制鱼骨图，概括出文章中心观点及灭亡的原因，从而把握论证的思路。

三是评价论证结构。如预习时让学生完成“论证结构提纲”，上课时组织学生根据起承转合、环环相扣、回合照应的结构要求，评选出最佳的论证结构。

（2）论证手法方面。文章使用的论证手法有：①举例论证，列举六国灭亡的史实，以论证观点的正确性。②引用论证，引用苏代的话加强论证的说服力，证明“赂秦而力亏，破灭之道也”。③对比论证，用秦国与六国对比，六国之间的对比，以证明六国破灭的历史必然性。此外还使用了因果论证、假设论证。

关于论证手法的教学，不少教师都是随文分析，由于本文的论证方法类型丰富，归纳起来进行专门学习，不失为一种好的教学策略。

（3）语言特色方面。《六国论》语言精粹，有警策之意。文中有大量四字句，或对仗，或交错，言简意赅，如“举以予人”“如弃草芥”“奉之弥繁，侵之愈急”“胜负之数，存亡之理”。“为国者无使为积威之所劫哉”一语多关，既是针对六国，也是针对当时的北宋统治者，提醒统治者一味忍让，换来的不是和平，而是破灭。

在所找到的教学设计和课堂实录中，大部分教师对于语言特色都是一笔带过，精细解读语言特色的比较少。个别教师有意识地让学生朗读展示，通过朗读让学生进一步品味语言，感受文章的气势，体会作者的情感，是一种不错的教学方法。

## 教例展示

### 教例一：运用批判性阅读理清论证结构

批判性阅读强调在阅读过程中运用批判性思维，对文章进行理性分析，查找相关资料，判断信息的真实性，并在此基础上分析文中信息能否支持作者的观点与立场。徐德琳老师认为课文有一个复合式的论证结构，即用相互依赖的两个分论点——“赂秦而力亏，破灭之道也”和“不赂者以赂者丧，盖失强援，不能独完”，来论证中心论点“六国破灭，非兵不利，战不善，弊在赂秦”。作者举出相关的论据来支撑每个分论点，最后提出警示：“为国者无使为积威之所劫哉！”教师可以引导学生质疑：不赂秦，就可以避免被灭国吗？赂秦真的是六国破灭的主要原因吗？

以下引用徐老师的分析：

论点的审辨：①《六国论》后半部分“以赂秦之地，封天下之谋臣，以事秦之心，礼天下之奇才，并力西向，则吾恐秦人食之不得下咽也”，（编者注：此处标点符号有误，原文应为“以赂秦之地封天下之谋臣；以事秦之心礼天下之奇才；”）认为图存之道是重用谋臣、礼贤下士、联合抗秦，其中既有国力自强，也有政治外交，与开篇“弊在赂秦”（只将原因锁定在政治外交）出现了逻辑矛盾，说服力降低了。②引入贾谊《过秦论》的论述：“当是时也，商君佐之，内立法度，务耕织，修守战之具；外连衡而斗诸侯。”和杜牧《阿房宫赋》的论述：“灭六国者六国也……使六国各爱其人，则足以拒秦。”三篇文章相互对照，学生可以发现，“弊在赂秦”只是六国灭亡的一个非主要原因，将其当作最重要的原因，有以偏概全之嫌。

论据及论证的审辨：①通过查找资料（或教师直接展示史料），对韩、魏、楚三国送出的土地与战败所失的土地作明确的比较可知：三国送给秦国的土地远少于战败所失的土地。因此“较秦（受赂）之所得，与战胜而得者，其实百倍。诸侯之所亡，与战败而亡者，其实亦百倍”绝对是夸大其词，以此作为论据来证明“赂秦力亏”，缺乏说服力。②苏洵认为齐、燕、赵三国“不赂者以赂者丧”，原因是“盖失强援，不能独完”。作者本应扣住“盖失强援，不能独完”这一观点指出这三个国家的强援都是谁，在失去强援之后处在怎样孤危的境地之中。然而文章并没有按照这一逻辑展开，反而集中写这三个国家自身的问题。唯一与“盖失强援，不能独完”相联系的一句是“且燕赵处秦革灭殆尽之际，可谓智力孤危，战败而亡，诚不得已”，然而这句话也与事实不符：赵国是六国中第二个被秦国消灭的国家，没有处在“殆尽之际”。这样的分析缺少因果联系，逻辑性弱，不能证明分论点“盖失强援，不能独完”。

由此，徐老师认为《六国论》对六国灭亡原因的分析论证不合事实之“真”、逻辑之“理”，在立论、论据与论证有偏颇之处，因此不能看作严谨典范的议论文。但《六国论》潜在的阅读者是北宋的统治者，因此苏洵带着沉痛激切的情感站在六国的立场上，指出六国灭亡的根本原因是“赂秦”。这并不是在为六国灭亡的原因寻找历史结论，而是为了讽谏北宋王朝吸取历史教训，抛弃投降主义的外交政策，奋起抵抗外侮。因此，不能否定本文的经典性。

（参考文献：徐德琳．运用批判性思维审视文本价值——以《六国论》为例［J］．语文建设，2018（03）：30-32．）

## 教例二：以读促写，提升写作能力

《六国论》是古文经典，隐含着很多策略性的写作知识，在阅读教学中，教师可引领学生挖掘文本中的策略性知识，帮助他们在更为直观的体验中提高写作能力。姚云照老师在教学《六国论》时，让学生进行以读促写的训练，可资借鉴。选录部分内容如下。

### 1．化虚为实，把抽象的内容转化为具体可感的事物

如“思厥先祖父，暴霜露，斩荆棘，以有尺寸之地。子孙视之不甚惜，举以予人，如弃草芥。今日割五城，明日割十城，然后得一夕安寝。起视四境，而秦兵又至矣”，这些语句本身带有主观感情色彩，生动感人，表达效果很好。学生据此进行仿写练笔，写作能力会有很大提升。

### 2．运用多种修辞手法，使语言生动形象

学生练笔摘录：

利益如同鲜艳的毒品，娇艳却引人坠入深渊；利益如同镀金的囚笼，华丽却禁锢自由的心；利益如同斑斓的枷锁，美丽却束缚前进的步伐。利益看似美好实则万丈深渊，唯有在利益面前坚守本心，方可破除利益的魔咒。（选自学生习作《利益面前，坚守本心》）

实际上，姚老师提到的修辞手法较少，而《六国论》运用了多种修辞手法，如比喻的运用：“以地事秦，犹抱薪救火，薪不尽，火不灭”，此处“薪”喻指六国有限的土地，“火”喻指秦国无边的贪欲。“抱薪救火”的结果是赂者的土地越来越少，以至于枯竭；被赂者的土地越来越多，而贪欲更大。又如对比、夸张手法的运用：“较秦之所得，与战胜而得者，其实百倍；诸侯之所亡，与战败而亡者，其实亦百倍。”

一增一减的两个“百倍”的对比振聋发聩；“以有尺寸之地”中的“尺寸”极言其小，这个缩小夸张和前文的夸大夸张把六国先辈创业之漫长艰苦与子孙败业之迅速进行鲜明对比，沉痛惋惜之情不言而喻。“今日割五城，明日割十城，然后得一夕安寝”，“今日”“明日”相连续，割地速度之快被夸张到无以复加。

（参考文献：姚云照. 以读促写，提升写作能力——《阿房宫赋》《六国论》读写结合教学探索［J］. 语文教学通讯，2016（28）：79-80.）

## 教学建议

### 一、注重朗读，体味语言特色

本文语言生动，气势充沛，除了具有一般政论文用词准确、言简意赅的特点之外，还有语言生动形象的特点。建议教师有意识地引导学生重视朗读，在朗读中体味文章的语言特色。

### 二、合理利用史实，理解文章主旨

有些教师在教学《六国论》时只强调借古讽今的手法，忽视了创作背景的分析。有些教师只简单地把文章主旨归纳为向统治阶级发出警告，无法让学生感受苏洵深沉的爱国情怀。也有极少数教师走向另一个极端——过分注重史实，将教学目标定为认识六国破灭的根本原因，让学生结合历史课所学过的知识来谈对六国灭亡的看法。诚然，将课文和历史结合的出发点是好的，但过分强调史实，则把语文课上成了历史课。

### 三、补充社会背景，领会爱国情怀

文言文的教学往往只重视字词讲解而忽视了传统文化的继承，由于时空差距，学生对本文的理解存在一定的障碍，教师可补充介绍时代背景，让学生理解苏洵这篇文章具有强烈的现实针对性，领会苏洵深沉的爱国情怀。

北宋建国后的一百年间，与契丹、西夏军队大小六十余战，败多胜少。北宋加强中央集权的措施，导致官僚机构膨胀和军队不断扩充。到北宋中期，官俸和军费开支浩大，政府财政入不敷出。政治上的专制腐败，军事上的骄惰无能，带来外交上的极端软弱。到苏洵生活的年代，北宋每年要向契丹和西夏上贡大量银两以及商品。这样贿赂的结果，助长了契丹、西夏的气焰，加重了人民的负担，极大地损伤了国力，带来了无穷的祸患。苏洵正是针对这样的现实撰写了《六国论》。

## 综合实践活动设计

### 活动方案一：观点争鸣

组织课堂讨论或专题辩论会，话题:《六国论》中，作者认为燕国的灭亡是“以荆卿为计，始速祸焉”，你是怎么看待这种说法的？

观点一：作者认为燕国的灭亡是“以荆卿为计，始速祸焉”，只是为了证明他的论点，至于这一史实的细节，我们可以不加细究。从这个意义上说，我们可以认同这种说法。

观点二：这种认为燕国的灭亡是“以荆卿为计，始速祸焉”的说法，是欠妥的。作者并没有抓住问题根本，而是撷取了一个偶然情况作为论据，把问题简单化了，令人难以信服。要知道，当时强秦灭燕，是历史的必然。

请围绕以上两种观点展开讨论或辩论。

### 活动方案二：三苏《六国论》的比较阅读

苏洵、苏轼、苏辙三父子都写了同名文章《六国论》，各自论述了秦灭六国的原因，教师布置阅读任务，请学生交流阅读的感受。

### 活动方案三：时政大讨论：中国的困境与突破

面对美国为首的西方发达国家对中国的遏制，中国如何突破？请大家查找一些具体的事例，谈一谈应对策略及措施。